Mikhail Didenko

# SURVIVAL AUF RUSSISCH



WIELAND

Mikhail Didenko

# Survival auf Russisch

2. Auflage, 2022



ISBN 978-3-938711-96-5


Wieland Verlag GmbH, Rosenheimer Straße 22, D-83043 Bad Aibling
Telefon 08061/38998-0, Fax 08061/38998-20
Internet: www.wieland-verlag.com
E-Mail: service@wieland-verlag.com

Illustrationen: Victor Nikonenko
Umschlaggestaltung und Layout: Caroline Wydeau

Druck: Print Consult
Printed in EU

# INHALT

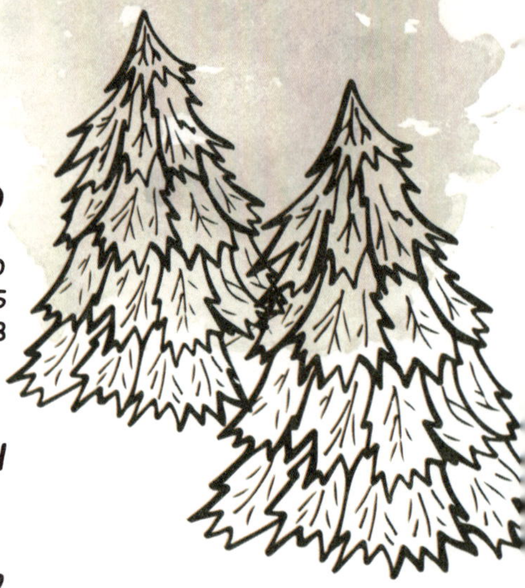



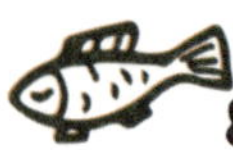

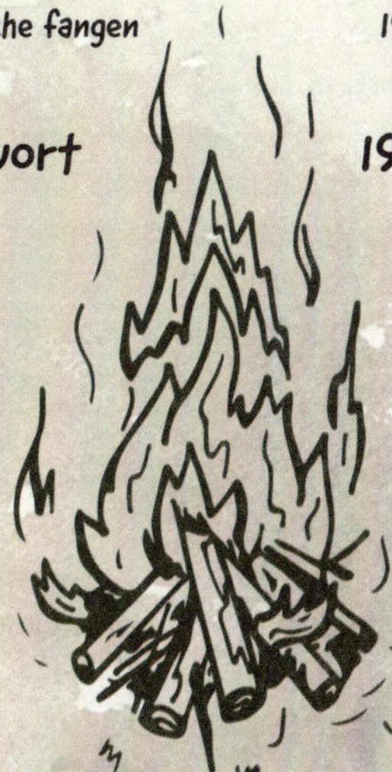

# EINFÜHRUNG

Das Überleben nach russischer Art unterscheidet sich von der westlichen dadurch, dass sich der Mensch nicht auf verschiedene Ausrüstungsgegenstände verlässt, sondern auf sich selbst – auf sein Können und seine Pfiffigkeit. Nach dieser Art grenzt sich ein Mensch nicht von der Natur ab – durch Zelte, Kocher und andere Hilfsmittel – sondern versucht im Gegenteil, mit der Natur zu verschmelzen, sich in der Natur aufzulösen, ein Teil davon zu werden. Dafür gibt es auch Gründe.

Der erste und wichtigste Grund ist die Technik: Jedes Gerät kann ausfallen. Und wenn du keine Angel dabei hast oder nicht in der Lage bist, einen Trinkbecher oder auch ein Messer aus dem „Nichts“ herzustellen, bist du aufgeschmissen. Kannst du fischen, ohne ein Netz zu haben? Nein. Ein Feuer ohne Streichhölzer entfachen oder Brennholz ohne Säge beschaffen? Wenn du das alles kannst, umso einfacher schaffst du das Ganze auch mit verfügbarer Ausrüstung. Wenn nicht – dann lies weiter.

Zweitens: Wenn du misstrauisch gegenüber der Natur bist, kann sie dir auch einen bösen Streich spielen. Wenn du den Wald unbewusst für etwas Böses und Dunkles, für eine Gefahrenquelle hältst, wird dieses Gefühl dich immer in einer Anspannung halten und unbemerkt deine Kräfte schwinden lassen. Du wirst deine Lebensenergie für diese Anspannung vergeuden, ohne es wirklich zu merken. Wenn du hingegen glaubst, der Wald ist dein Lehrer und du magst ihn, wird dir die Natur von selbst entgegenkommen. Du bekommst die Unterhaltung der Bäume mit, der Wind wird dich begrüßen, die Pilze vergessen ihr Versteckspiel, und die Vögel teilen mit ihrem Gezwitscher ihre Lebensfreude mit dir.

Der dritte Grund: Diese Art Überleben ist im Prinzip ein Kampftraining. In den frühen Zeiten der Menschheitsgeschichte wurden Heranwachsende allein in den Wald oder in die Berge geschickt. Sie sollten ihren Geist stärken, indem sie am Rande des Überlebens ihre Möglichkeiten ausschöp-

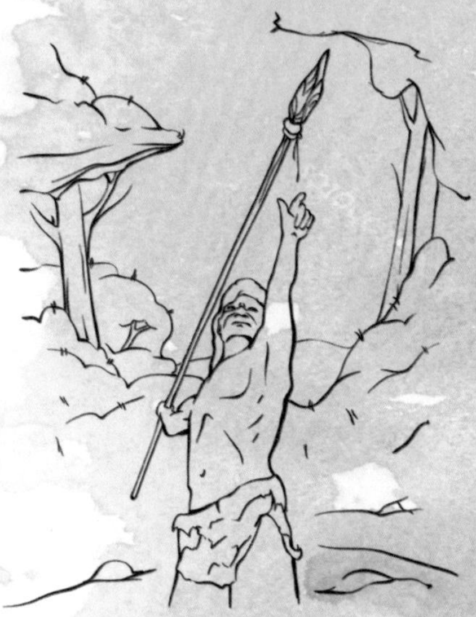

Die russische Art von Survival-Training basiert auf den Methoden der steinzeitlichen Jäger. Schon damals wurden Jugendliche allein in den Wald geschickt.

fen. Dieses Vorgehen entspringt urzeitlichen Praktiken. Es existiert die Meinung, dass diese Verhaltensweise ihren Anfang in der Altsteinzeit nahm. In diesen Zeitraum lässt sich der Beginn der Kampf- und Heilkünste datieren.

In Russland gibt es einige Regionen, in denen das Wissen aus uralten Zeiten überlebt hat. Dazu zählen vor allem Taiga und Tundra, deren einheimische Völker wie die Ewenke, Khanty, Tschuktschen und andere Gruppen ihre Fähigkeiten bis in die heutige Zeit erhalten haben. Das betrifft auch die russischen Altgläubigen, die vor den Zaren in die Taiga geflüchtet sind und dort die letzten 500 Jahre verbracht haben. Im Vergleich zu ihren Fähigkeiten in der Natur verblassen auch erfahrene Jäger. In letzter Zeit haben sich auch militärische Spezialeinheiten dieser Überlebenskunst zugewandt und lassen sich dort ausbilden.

Heute haben auch die modernen Wissenschaftler verstanden, dass das Bild eines zotteligen Waldmenschen in Fellkleidung längst überholt ist. Über Quantenmikroskope und iPhones verfügten unsere Vorfahren natürlich nicht. Das Fehlen technischer Errungenschaften bedeutet aber nicht das gleichzeitige Fehlen von Intelligenz und Weisheit.

Die Natur gab ihnen alles Notwendige fürs Leben – Flüsse voller Fische, Wälder voller Wild und dazu Beeren und andere Früchte. Sie erstickten

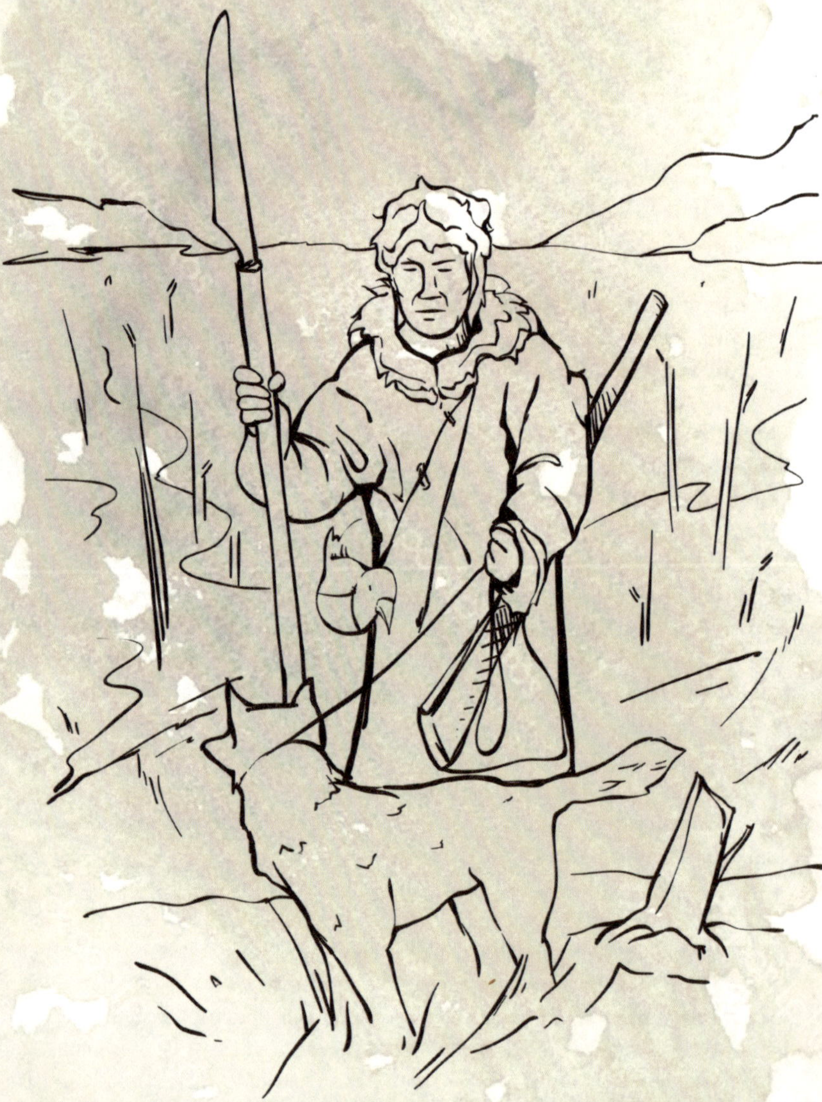

Im nördlichen Russland haben indigene Völker sich einen steinzeitlichen Lebensstil bis ins 20. Jahrhundert bewahrt. Ihre Kenntnisse sind heute wieder wertvoll.

nicht im Smog der Großstädte, wo die Leute sich fremd sind, wo man für Bioprodukte das Doppelte bezahlen muss, und wo man einfache Sachen wie Gänseschmalz lange suchen muss.

Dieses Buch beschäftigt sich mit dem Überleben mit einer minimalen (oder gar keiner) Ausrüstung. Die Methode, die hier vermittelt wird, ist aber mehr als nur ein Überlebenstraining: Es ist eine Art Kunst, im Einklang mit Geistes- und Körpererziehung. Das Überleben ist nur ein Teil dieser Kunst, wenn auch ein untrennbarer und ein sehr wichtiger. Und es ist auch ein Werkzeug für eine spirituelle Entwicklung.

Die Überlebensfähigkeit hilft immens, das Selbstbewusstsein eines Menschen zu stärken, die gesetzten Lebensziele zu erreichen und ein Zufluchtsort für andere Menschen zu werden. Das Kuriose daran ist, dass all dies ganz simpel und gleichzeitig sehr kompliziert ist. Der Wald ist der beste Lehrer und ein gigantischer, kostenfreier Crosstrainer.

Die in diesem Buch beschriebenen Praktiken sind vom Autor und seinen Freunden ausführlich getestet worden. Interessant ist, dass jeder Mensch, der in eine ähnliche Situation gerät, die gleichen Empfindungen verspürt und zu den gleichen Schlussfolgerungen kommt. Das ist kein Zufall, sondern ein System, entstanden aus gesammelten Erfahrungen der Jahrtausende.

*Schwer ist es uns in diesem Moment, körperlich schwer, wir erholen uns aber seelisch. Die Verwirrung quält uns nicht. Wir sind sicher, dass wir früher oder später den Ausgang aus dem Wald finden werden. Wir sind innerlich sogar dazu bereit, dass es nicht so schnell passiert. Im Gegensatz empfinden wir ein wunderbares, längst vergessenes Gefühl: Wir sind ein Teil vom dem, was uns umringt.*

*(Leonid Repin:*
*„Verschollen in der Taiga")*

# MENTALE VORBEREITUNG

## Den Wald kennenlernen

*Hier in der Taiga verläuft die Zeit anders ... Jegliche Eile ist der Taiga fremd. Alles in ihrem Ablauf wird ohne Eile gemacht. Als ob sie in einer anderen Dimension existiert. Wenn ein Mensch die Möglichkeit bekommen hätte, in diese andere Dimension, den anderen Lebensrhythmus hereinzukommen und in diesem Rhythmus einige Zeit zu leben, würde er merkwürdige und interessante Sachen erleben. Er könnte sehen, wie die Wurzeln der Bäume den Boden anschwellen lassen, sich regen und bewegen, wachsen in die Tiefe und in die Breite. Wie die Baumstämme dicker werden und sich zum Himmel ziehen. Wie die Knospen im Frühling aufquellen und platzen, um den Blättern den Weg frei zu machen, damit sie im Herbst wieder von Kälte getroffen herunterfallen... In dieser Dimension verwandelt sich sichtlich die ganze Erde. Nun ist es uns nicht gegeben, dieses zu sehen. Wir haben unseren eigenen Lebensrhythmus. Wir ziehen es vor, uns zu beeilen, zu rennen, uns zu verspäten und wieder zu rennen... Wir merken nicht mal, dass unser Leben uns keine Zeit mehr lässt, über uns selbst nachzudenken.*

*(Leonid Repin: „Verschollen in der Taiga")*

Bedauerlicherweise müssen wir modernen Individuen den Wald und die Natur erst aufs Neue kennenlernen. Die meisten Menschen leben nicht mehr in ihrem natürlichen Lebensraum, sondern in den künstlichen Käfigen einer Stadt. Unsere Aufgabe ist es, sich der Natur nicht nur zu nähern, sondern in sie einzudringen. Wir müssen uns die Harmonie mit der Natur nach und nach zurückholen. Für den Anfang reicht ein einfacher Spaziergang im Wald. Er bringt uns Beruhigung und gibt uns die Möglichkeit, über unser Leben nachzudenken, ohne sich von den täglichen Problemen ablenken zu lassen. Nicht umsonst zieht es einen modernen Menschen intuitiv in die Natur. Er erholt sich dort.

Gehen wir nach dem Spaziergang beim nächsten Mal einen Schritt weiter: Suche dir eine schöne Stelle und mache dir da ein Lager – weit weg von Lärm, Stromleitungen und Wanderwegen. Es sollte keine Musik dabei zu hören sein. Die brauchen nur Menschen, die Angst vor der Stille haben – und davor, allein mit sich selbst zu sein. Mache keinen Lärm, führe nur leise Gespräche. Du kannst ein Handy mitnehmen, für den Notfall.

Entzünde ein Feuer – benutze dafür aber nur trockene Äste und Trockenholz. Auf keinen Fall lebende Bäume verletzen! Überhaupt sollte nach deinem Abzug nur eine Brandstelle zurückbleiben. Und die kann man mit Erde abdecken.

Beobachte die Bewegungen der Flammen. Du kannst schweigen, du kannst dich unterhalten. Verfolge deine Gedanken. Beobachte. Wärme dich auf.

## Verhaltensmaßregeln im Wald

- Selbstverständlich wird kein Müll zurückgelassen. Alle Abfälle werden wieder mitgenommen. Nicht dazu zählen Bioabfälle – die lassen sich im Boden vergraben.
- Auf keinen Fall sollte man irgendwelche Äste grundlos knicken, es sei denn, es ist tatsächlich notwendig.
- Wenn man als Gruppe in den Wald geht, sollte die Zahl der Teilnehmer minimal sein. Man kann (und sollte auch!) allein hinfahren.
- Die Ausrüstung sollte ebenfalls so minimal wie möglich sein.
- Die Kleidung sollte keine grellen Farben aufweisen, sondern an die Farben der Umgebung angepasst sein. Du sollst nicht aus der Natur herausfallen, sondern ein Teil davon werden. Trage keine Fremdkörper, vor denen Vögel zurückschrecken.

Langsam kommt Ruhe in deine Seele – die uralten Schichten deines Bewusstseins sind in Bewegung gekommen. Das sind deine Vorfahren, die genauso abends vor den Flammen gesessen und sie beobachtetet haben. Merke dir diesen Zustand, damit du ihn heraufbeschwören kannst, wenn du nach Ruhe suchst. Merke dir das Feuer, damit du sein Bild im Gedächtnis abrufen kannst, wenn du eine Entscheidung treffen musst.

Eine Kerze zu Hause als Feuerersatz einzusetzen geht auch, ist aber nicht empfehlenswert. Das Feuer ist eine Sache, die in uns ein genetisches Gedächtnis weckt. Und eine ganz andere ist die einfache Kerze. Nach einer harten Arbeitswoche ist es das Beste, in einen Wald zu gehen, ein verborgenes Plätzchen zu suchen und dort ein Feuer zu entfachen.

Wenn es Nacht wird, bewege dich weg vom Feuer, in die Dunkelheit des Waldes. Untersuche vorher noch im Tageslicht die Umgebung auf tückische Erdlöcher und Holzwürfe. Entferne dich so weit, dass du das Feuer nicht mehr sehen kannst. Achte darauf, dass du dich nicht verläufst. Wenn du ein richtiger Stadtmensch bist, wirst du dich vermutlich fürchten. Und das

## Ist Feuermachen erlaubt?

In Deutschland (und anderen Ländern) ist das Entzünden von offenem Feuer in der Natur gesetzlich reglementiert. Hier die wichtigsten Regeln für offene Feuerstellen in Deutschland:

1. Offenes Feuer ist im Wald grundsätzlich verboten.
2. Auch ein Hobo-Kocher ist ein offenes Feuer, wird aber oft toleriert.
3. Man kann Ausnahmegenehmigungen bei der Forstbehörde beantragen.
4. Offizielle Feuerstellen sind grundsätzlich legal zu nutzen.
5. Für Feuer auf Privatbesitz braucht man die Genehmigung des Eigentümers.
6. Auch Flussufer sind kein Niemandsland, sondern gehören jemandem.
7. Kleine Feuer, die gut kontrolliert sind, werden oft toleriert.

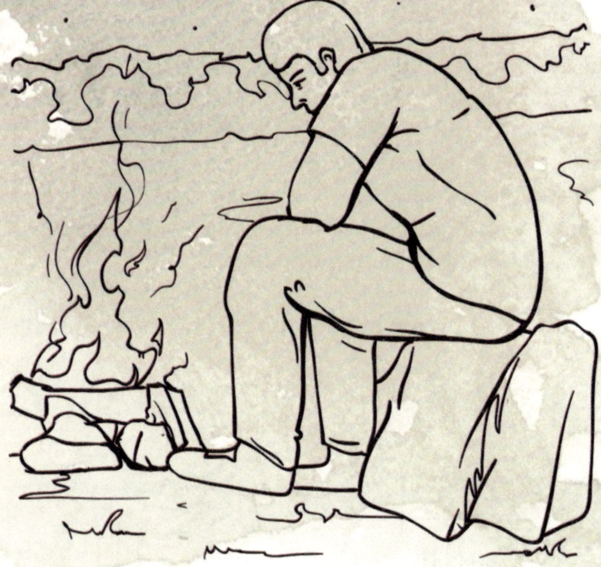

Einfach nur in ein Feuer zu schauen, ist eine archaische Form der Meditation. Lasse deine Gedanken fließen.

ist gut so! Dieser leichte Stress aktiviert deine körperlichen und geistigen Kräfte. Halte deine Angst nicht zurück – sie ist ganz natürlich. Es ist die uralte Furcht eines vorzeitlichen Menschen vor der Dunkelheit, vor dem Unbekannten. Wenn du dich sehr fürchtest, entferne dich nicht noch weiter.

Diese natürliche Angst rüttelt deine Psyche auf. In einer städtischen, sicheren Umgebung wird das nicht möglich sein. Der Mensch braucht eine natürliche Angst. Seit alten Zeiten waren Gruselgeschichten in jeder Kultur vertreten. Ein Nachtwald hilft uns dabei, die Psyche zu schulen. Mit jedem weiteren Mal wirst du dich weniger fürchten. Das wird auch in deinem Alltag positive Auswirkungen zeigen.

Genauso hilfreich ist es übrigens, während der Dämmerung in den Wald zu gehen, wo jeder Busch oder Baumstumpf schnell wie ein Ungetüm aussieht. Wenn du näher trittst und dich überzeugst, eine Illusion gesehen zu haben, wirst du mutiger und beruhigter. Das ist nicht immer einfach, aber es funktioniert!

Wenn du nicht weit von einem See campierst, kannst du versuchen, die ursprüngliche Leere zu erleben. Die Leere, die noch vor der Schöpfung der Erde da war: Tauche in der Dunkelheit mit geschlossenen Augen tief ins Wasser ein. Klar solltest du tagsüber das Gewässer auf Tiefe, Sturmholz und Glasscherben geprüft haben. Du wirst das Gefühl der Urfinsternis kennenlernen, in dem du schwerelos dahin fliegst. Man könnte auch sagen, du wirst an das Gefühl im Mutterleib erinnert.

Am nächsten Tag kehre in die Stadt zurück und verinnerliche, dass sich etwas verändert hat.

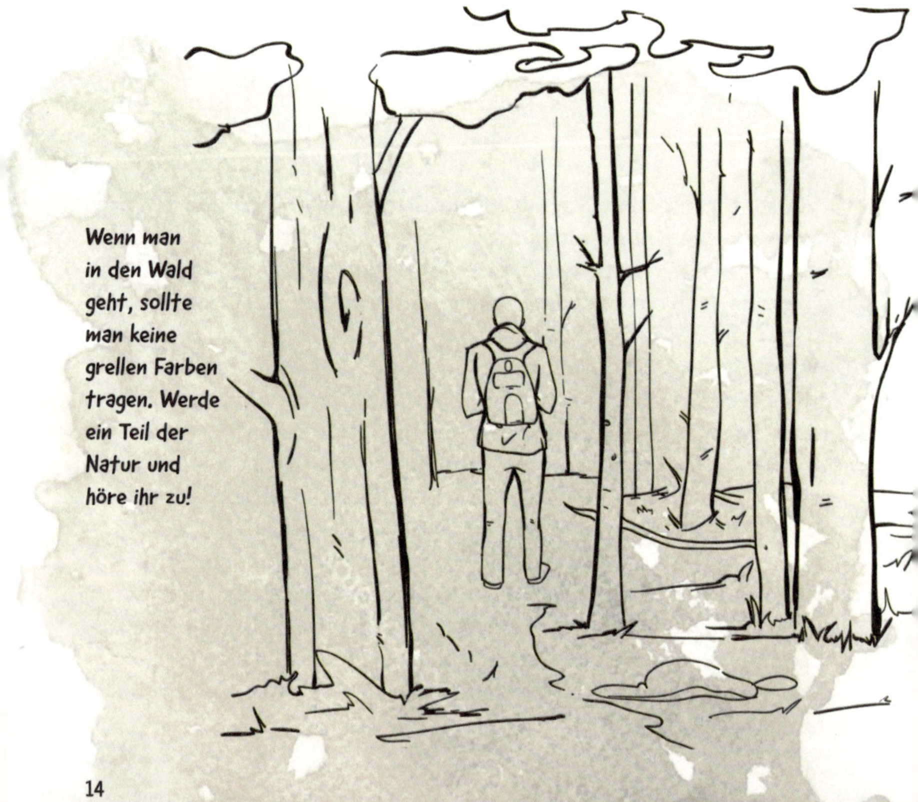

*Wir saßen noch lange am Feuer und nahmen die Wärme in uns auf, die es ausstrahlte. Wir schwiegen. Sehr oft stieg in uns ein Gefühl auf, dass wir nicht reden wollten. Eine fremde Stimme war nicht wirklich störend, lenkte aber von den eigenen Gedanken ab. Anscheinend diesem Gefühl folgend, sind wir dann in verschiedene Richtungen gegangen und haben uns auf das Gras gelegt, haben in die undeutlichen Geräusche und das leises Rascheln im Gras und der Baumwipfel hineingehorcht.*

*(Leonid Repin: „Verschollen in der Taiga")*

## Eine Nacht im Wald

*Bedarf ist Einfallsreichtum*
*(Daniel Defoe: „Robinson Crusoe")*

Wenn ein Baumstamm auf dem Boden liegt, kann man leicht der Länge nach darüber laufen. Wenn der gleiche Stamm auf eine Höhe von einem Meter gebracht wird, bewegt man sich schon viel vorsichtiger. Und was, wenn sich der Baumstamm wie eine Brücke drei Meter über dem Boden befindet? Der eine geht gar nicht mehr darüber, der andere nur mit kleinen Schritten, und nur wenige werden den Stamm mit sicherem Schritt passieren.

Warum? Höhe erzeugt Angst. Was kann man dagegen tun? Der Psychologe Vladimir Viktorovitsch Antipov hat in seinem Buch „Psychologische Anpassung an extreme Situationen" eine alte Formel russischer Kämpfer verwandt: „Ich bin nicht mein, ich bin Gottes." Das ist ein Konzept, das nicht nur auf dem Schlachtfeld einsetzbar ist. „In deiner Hand, o Herr Jesus Christus, o mein Gott, empfehle ich meinen Geist..." Jedes Volk hatte schon immer eigene Fassungen derartiger Weltansichten. Und Miyamoto Musashi, der im 17. Jahrhundert den Ehrenkodex der japanischen Samurai beschrieb, hatte für den Kämpfer folgenden guten Rat: Wenn du einen Kampf überleben willst, dann musst du so kämpfen, als würdest du den Tod suchen.

Der Kernpunkt ist immer der gleiche: Ein Mensch lässt los, denkt nicht an das mögliche Ergebnis und wird dadurch freier und ungebundener in seinen Handlungen. Er denkt nicht daran, was passieren könnte. Er steht sich selbst nicht im Weg, sondern konzentriert sich auf seine Aufgabe. Das heißt nicht, dass man in einer Gewitternacht aufs Dach klettern und sich an einem Blitzableiter festhalten sollte. Es bedeutet eher, dass man sich während eines Gewitters auf offenem Feld keine besonderen Sorgen machen und nicht in Panik ausbrechen sollte.

Teste deine Ängste und lerne damit umzugehen: Gehe allein in einen Wald, zu einer menschenleeren Stelle, wo auch keine von Menschen verursachten Geräusche zu hören sind, und übernachte dort. Mitnehmen darfst du nur ein Messer und Streichhölzer (oder auch ein Feuerzeug oder andere Mittel, um ein Feuer zu machen). Kein Zelt, keinen Rucksack und keine modernen Kocher.

Stelle dir vor, du hast dich verlaufen und musst jetzt im Wald übernachten. Jetzt ist auch dein Einfallsreichtum gefragt: Wie und wo schlafen? Womit sich zudecken? In der Nacht, wenn überall komische Geräusche zu hören sind und die Äste knacken, musst du einschlafen können. Dabei hilft es dir, loszulassen. Wenn du das schaffst, ist das in der Zukunft ein sicherer Hafen für dich.

In der Nacht verstärken sich alle Gefühle, umso mehr in einem Wald, der um diese Zeit sehr gespenstisch wirkt. Jetzt kannst du fühlen, was unsere uralten Vorfahren gespürt haben. Es kann sein, dass du gar nicht in den Schlaf kommst, oder dass du das Experiment abbrichst. Das ist kein Problem, es muss nicht beim ersten Mal klappen. Grundsätzlich gilt: Eine solche Prüfung sollte man in einer warmen Jahreszeit (im Sommer) vornehmen. Man muss es sich am Anfang nicht gleich noch schwerer machen.

Zuerst baue dir eine Sitzgelegenheit oder Ruhebank. Nimm dicke Äste und lege quer darüber eine Reihe dünnerer Äste. Auf diese Äste legst du Nadelholzzweige, so dass dabei ein „Kissen" von etwa 15 Zentimetern Dicke entsteht. Du kannst auch andere Zweige dafür verwenden, und auch Schilfrohr – je nach Situation.

Das Trockenholz bekommst du ohne Anstrengung aus dem Boden heraus. Es liegen auch oft genug umgefallene trockene Bäume herum. Die Stämme sind aber noch überall voller Äste, die du entfernen musst. Wie? Einzeln abzubrechen dauert zu lange. Du solltest dich auch beeilen, bevor es dunkel wird. Im Dunkeln nach Tannenästen zu suchen, ist auch nicht gerade spannend. Lehne deinen Stamm (er ist meistens sehr leicht) an einen anderen Baum und ziehe ihn kräftig daran entlang – der Stamm bricht alle Äste von selbst ab. Drehe den Stamm und breche die restlichen Äste an den anderen Seiten auf die gleiche Art und Weise ab.

Danach kannst du dir einen Schutzschild aus den Ästen errichten – sowohl hinter deinem Rücken als auch hinter dem Feuer, damit sich die wertvolle Wärme nicht nutzlos in die Botanik ergießt, sondern reflektiert wird und dich somit wärmt. Du kannst den Schirm flechten, indem du ein paar

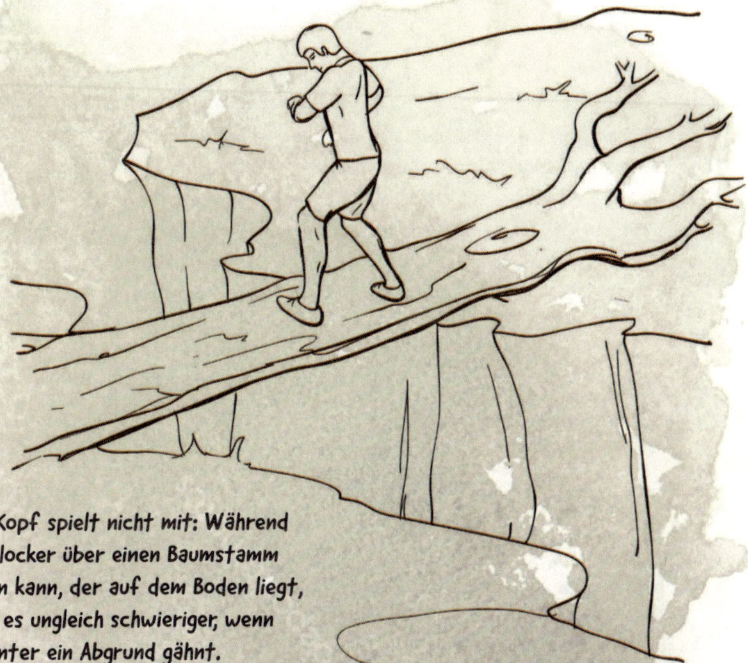

Der Kopf spielt nicht mit: Während man locker über einen Baumstamm gehen kann, der auf dem Boden liegt, wird es ungleich schwieriger, wenn darunter ein Abgrund gähnt.

Stöcke in den Boden steckst oder einrammst. Du kannst dafür einen dickeren Stock wie einen Hammer einsetzen. Lege um diese vertikalen Stöcke die Baumzweige herum, damit dein Schutzschild fester wird und weniger Wärme durchlässt.

Du kannst einen Schutzschild auch aus Tannenzweigen herstellen. Richte dazu ein Stützgestell auf und lehne die Tannenzweige daran oder befestige sie.

Wenn du dein Lager in der Nähe eines Gewässers aufgeschlagen hast, wo du eventuell Tonerde findest, kannst du deinen Schutzschild damit bedecken. Das ist noch effektiver als die Zweige. Die zurückgeworfene Wärme wird noch stärker sein. Dein Lager wird auch heller erleuchtet. Damit es wärmer wird, kannst du unter deine Kleidung auch noch trockenes Laub und Gras stecken.

*Für die nordamerikanischen Initiationen ist es typisch, dass sie meistens im Alleingang durchgeführt werden. Die Jungen im Alter zwischen 10 und 16 Jahren gehen in die Wälder oder Berge. Es handelt sich nicht nur um eine Trennung von der Mutter, als eine der Traditionen des Erwachsenwerdens, sondern auch als Trennung von der Gemeinschaft. Die religiöse Prüfung eines Neophyten beginnt mit seinem Eintauchen in die Welt des Universums und mit geistlicher Vervollkommnung durch Askese. Er ist sich selbst überlassen. Seine Mentoren nehmen an diesem Prozess nicht teil.*

*(Mircea Eliade: „Das Mysterium der Wiedergeburt")*

## Eine Woche im Wald

*Sobald Andreev einen Urlaubsschein in der Hand hielt, lieh er sich von seinem Trupp ein Gewehr, 30 Schuss Munition, Messer, Streichhölzer, Kompass, Rucksack mit Sand und verschwand für drei Wochen in die fernöstliche Taiga. Von dort kam er bärtig, verwildert und von Mücken zerstochen zurück... Er ruhte ein paar Tage und sah danach aus, als ob nichts gewesen wäre. Er tat es, um seinen Menschenkörper an den*

*Rand seiner menschlichen Fähigkeiten zu bringen, an diesem Rand zu laufen und um seinen uralten menschlichen Glauben an die eigenen Kräfte wieder zu gewinnen, vor der Mutter Natur und vor dem Rest der Welt.*

*(Alexej Sukonkin: „Das kaputte Visier")*

Es ist sinnlos, Kampfkünste zu erlernen oder Gewichtheben zu trainieren, nur um sich selbst verteidigen zu können. Das funktioniert auch nur, wenn du ständig in „Form" bleibst. Sobald du das Training unterbrichst – auch nur für einen Monat (Familie, Arbeit, Krankheit) – war's das. Die Beweglichkeit verschwindet zuerst. Danach die Kraft. Als drittes baut das Herz-Kreislauf-System ab.

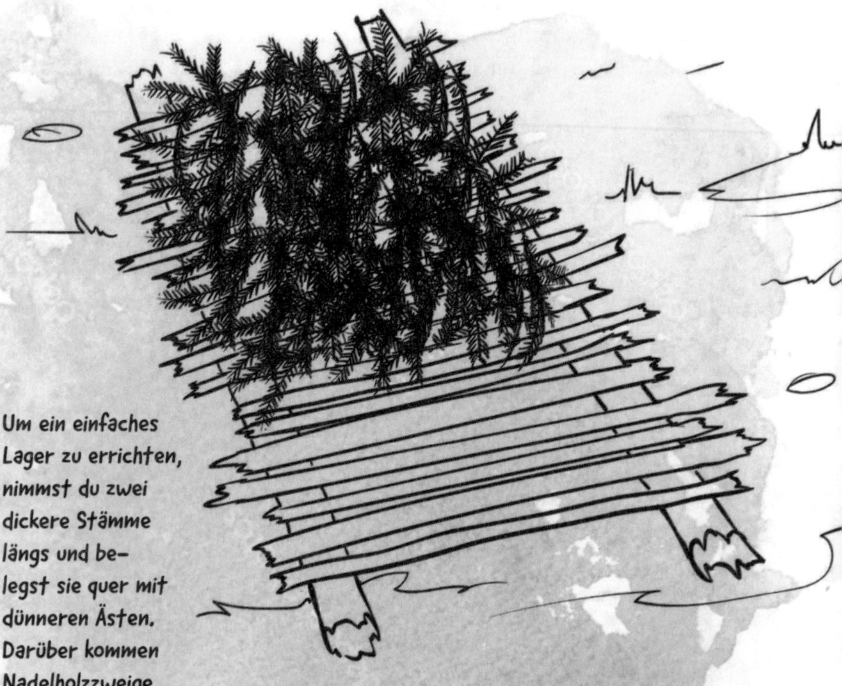

Um ein einfaches Lager zu errichten, nimmst du zwei dickere Stämme längs und belegst sie quer mit dünneren Ästen. Darüber kommen Nadelholzzweige.

Die Routine, der Automatismus bleibt. Aber nur für eine Weile. Du kannst weiterhin einen direkten Schlag ausführen, du kannst einen Tritt mit dem Bein ausführen. Deine neuronalen Verbindungen lassen nur langsam nach, werden feiner. Du kannst dich nicht mehr darauf verlassen.

Was bleibt? Übrig bleibt dein Geist, dein Charakter, den du mit deinem Körper zusammen trainiert hast. Dein Geist ist immer mit dir und wird dich nicht verlassen. Im Gegensatz zu Reaktion und Geschwindigkeit, die im Laufe der Zeit nachlassen werden. Verlege deinen Schwerpunkt auf die Praktiken, die deine Persönlichkeit verändern, nicht deinen Körper. Und du gewinnst immer.

Eine konkrete Methode kann x-beliebig sein. Zum Beispiel kannst du mit der Höhenangst arbeiten, die praktisch jeder Mensch empfindet: Fallschirmspringen, Bungeejumping, Klettern. In militärischen Eliteeinheiten und bei Luftlandetruppen wird der Charakter eines Menschen durch Zerschlagen

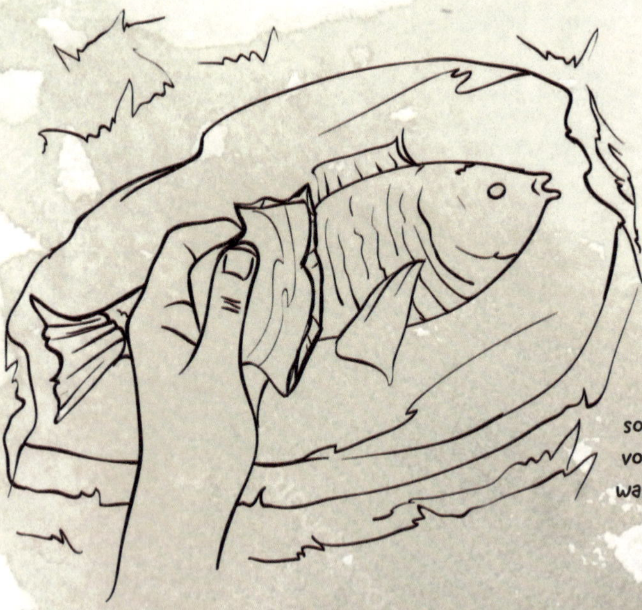

Nimm keine Nahrung mit, sondern versuche von dem zu leben, was dir Flüsse und Bäche geben.

einer Flasche auf dem Kopf getestet. Man kann diese Methode für grausam halten, sie ist aber eine billige und äußerst wirksame Art herauszufinden, ob ein Mensch über sich selbst hinauswachsen und seinen Selbsterhaltungsinstinkt überwinden kann – oder nicht. Der zuvor zitierte Alexej Sukonkin schreibt, dass die Soldaten, die diese Prüfung aus verschiedenen Gründen nicht bestanden haben, früher oder später aus der Truppe ausgeschieden sind. Es ist kein Spiel, es ist eine Herausforderung.

Hier ist noch ein Auszug aus der Erzählung eines Soldaten, der während seines Luftlandetruppendienstes einen Lehrgang bei türkischen Ausbildern absolvierte:

*Öfter wurden wir fast an den äußersten Rand des psychischen Zusammenbruchs gebracht. Zum Beispiel mussten wir während einer Klettervorbereitung einen steilen Fels 60 Meter herunterklettern. Jeder hatte Angst. Es hat Situationen gegeben, wo Soldaten vor Angst das Seil losgelassen haben und keinen Schritt mehr tun konnten. Während eines nächtlichen Aufstiegs hat ein Soldat Lähmungen bekommen. Das war ein Abenteuer, ihn da wieder herunterzubekommen.*

Im Grunde genommen kann es irgendeine Methode sein. Wichtig ist, dass sie dir hilft, an die Grenze deiner Fähigkeiten zu kommen – und etwas darüber hinaus. Es existieren uralte Militärpraktiken, die dazu dienen, sich selbst zu prüfen, den Geist zu stärken und die Überlebensfähigkeiten zu steigern. Ein männlicher Jugendlicher im antiken Sparta musste allein ein Jahr lang im Wald oder in den Bergen verbringen. Erst nach dieser Zeit durfte er nach Hause zurückkehren – und war dabei zum Mann gereift. Selbstverständlich konnte es passieren, dass er nicht zurückkam, weil er Tieren, Krankheit, umfallenden Bäumen oder auch Räubern zum Opfer gefallen war. Diejenigen, die zurückkamen, waren jedoch stark genug, um die Perserarmee aufzuhalten.

Wir leben in einer anderen Zeit. Die gleichen Sondereinheiten werden heute lediglich für eine Woche geschickt. Noch ein Zitat aus der Erzählung eines Luftlandetruppen-Soldaten:

*Wir haben auch ein Überlebenstraining absolviert, währenddessen wir eine Woche lang kaum etwas zum Essen hatten, da es in den winterlichen Bergen kaum etwas zu Essen gibt. Hungerbedingt fing eine akute Psychose an. Wegen irgendeiner Kleinigkeit haben mein Vorgesetzter und ich uns beinahe gegenseitig umgebracht, und zwar real. Anscheinend wird ein Mensch aus Hungergefühlen zu einem der besten Raubtiere. Du bist bereit, jeden zu töten – einen Menschen, ein Tier. Hier fallen die letzten Barrieren. Du schätzt das fremde Leben nicht mehr und bist bereit, bis zum Schluss zu gehen. Die anderen Menschen sind für dich wie die Stiere für die Wölfe.*

Also, du hast eine Woche Zeit, um dich wie ein Soldat einer Sondereinheit zu fühlen. Natürlich im Sommer (für den Anfang). Es gibt dabei ein paar Regeln: Du darfst warme Kleidung für die Nacht, Messer, Feuerzeug (oder Streichhölzer), Feldkessel (oder einen Becher) mitnehmen, aber nichts sonst. Und erst recht keine Gadgets. Dein Handy darfst du nur in einem Notfall einschalten.

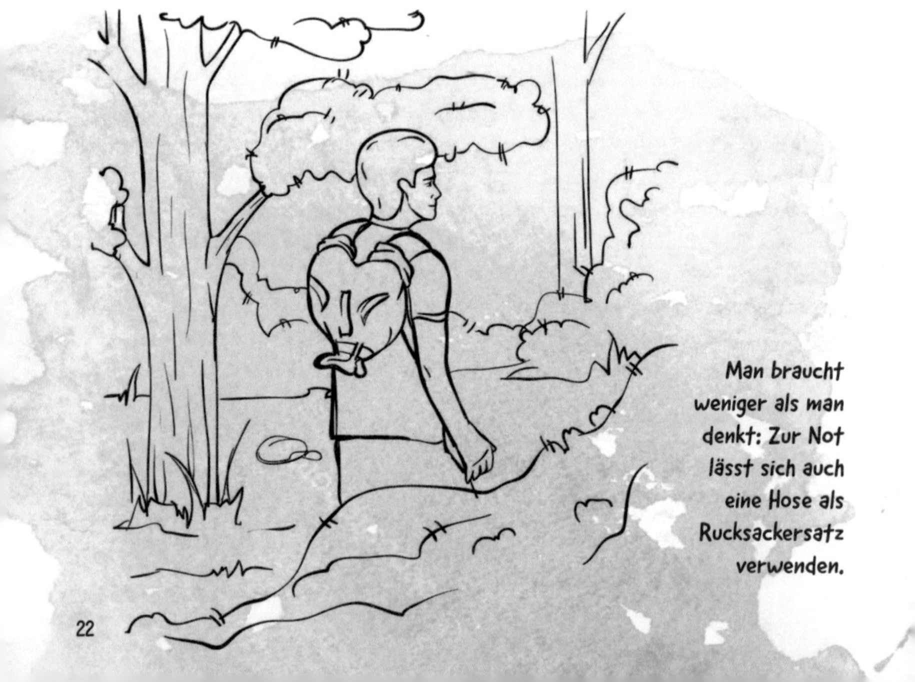

Man braucht weniger als man denkt: Zur Not lässt sich auch eine Hose als Rucksackersatz verwenden.

**Das Wichtigste aus Kapitel 1:**

- als moderne Menschen müssen wir die Natur wieder neu kennenlernen
- gehe in den Wald und werde eins mit ihm
- mache ein Feuer und nutze es, um zur Ruhe zu kommen
- verbringe eine Nacht allein im Wald
- nimm nur das Allernotwendigste mit
- lasse die Angst zu, sie ist völlig normal
- wenn du soweit bist, dann verbringe eine ganze Woche im Wald

Das ist heilsam: In einer Woche wird deine innere Welt von den klebrigen Netzen des Internets gereinigt. Keine Verpflegung – nur was du fängst oder pflückst. Es ist eine Aufgabe mit Erfindungsreichtum. Am besten schlägst du dein Lager am Ufer eines Flusses auf – dort gibt es normalerweise Frösche und Krebse, und vielleicht gelingt es dir auch, einen Fisch zu fangen. Außerdem kannst du im feuchten Gras noch Schnecken finden. Desweiteren kannst du dir ein Regendach oder eine Laubhütte aus Gerten und Tannenzweigen bauen.

Sehr wichtig ist, diese Zeit allein durchzustehen. Es kst nicht einfach, sich zum Schlafen hinlegen und immer auf der Hut zu sein, weil du weißt, dass niemand zur Hilfe kommt, falls etwas ist.

Diese Erfahrung bringt dich zur Urtümlichkeit zurück, schärft deine Instinkte und Sinne. Schalte deine inneren Reserven ein. Du lernst, dich nur auf dich selbst zu verlassen. In der Zeit reinigst du deinen Kopf von Müll und Gehetztheit. Der Sternenhimmel und ein Lagerfeuer werden dir dabei helfen zu verstehen, wohin du dich weiter bewegen sollst.

# STRATEGIEN BEI NOTFÄLLEN

In diesem und den folgenen Kapiteln werde ich ganz bestimmte Ratschläge und Empfehlungen für die Einrichtung eines Lagers geben: das Anlegen eines Feuers, das Auftreiben und die Zubereitung des Essens, die Herstellung des Geschirrs und andere Überlebensaspekte. Im Grunde sollte sich eine Person das alles selbst aneignen können, ein moderner Mensch schafft es aber aus eigener Kraft nicht. Also ist dieser Buchabschnitt ein Spickzettel.

Was ist zu tun, wenn du dich verlaufen hast? Oder du hast einen Flugzeugabsturz überlebt? Oder du hast dich bewusst entschieden, deine Walderfahrung zu sammeln. Als erstes bewahre Ruhe. Das ist sehr wichtig. Hunger oder Flüssigkeitsverlust bringen dich nicht um, und auch die bösen Bären mit Unterstützung der bösen Mücken nicht. Die Angst bringt dich um.

Um dich abzulenken, suche dir eine Beschäftigung. Mache dich mit deinen Möglichkeiten vertraut – was steht dir zur Verfügung? Welche Vorräte, Verpflegung und welches Werkzeug? Welche Kleidung hast du an? Sie kann dir eventuell auch als „Werkzeug" dienen. Was hast du in deinen Taschen? Es kann alles gebraucht werden, auch eine Büroklammer.

Die Schnürsenkel deiner schicken Gucci–Schuhe kannst du als Seil einsetzen oder auch als ein Fanggerät oder zu einer Schlinge formen. Aus Nägeln oder anderen Eisenteilen kann man wunderbare Angelhaken machen! Deine Socken kannst du in einzelne Fäden auflösen und als Angelschnur einsetzen. Genauso kannst du auch von deiner Hose Gebrauch machen.

Im Notfall kannst du eine Hose als Rucksack benutzen. Dafür musst du nur den Hosenbund zuziehen und festbinden. Die Hosenbeine, die über die Schulter gelegt werden, dienen als Träger. In diesen behelfsmäßigen Rucksack kann viel hineinpassen. Aus dem zusammengedrehten Gummiband deiner Unterhose kannst du eine Schleuder – auch als Zwille bekannt – basteln. Die Munition dafür lässt sich aus dünnen, geknickten Ästen machen.

Trenne das Futter einer Hose oder eines Sakkos sorgfältig auf und bastele daraus ein paar Fußlappen oder repariere damit deine Kleidung und Schuhe, präpariere dir Schuhhüllen, Kopfbedeckung, Rollbinde, Kescher oder eine Schutzmaske.

Aus Kleiderhaken und Metallknöpfen kannst du Angelhaken und Blinker herstellen. Auch aus Münzen kriegst du das hin. Eine robuste Angelschnur bekommst du aus einem reißfesten Faden, den du aus einer Naht herausziehen kannst. Ein in dünne Streifen zerschnittener Gürtel gibt dir das Rohmaterial für die Herstellung von dickeren Angelschnüren, Schleudern, Bogensehnen, Jagdfallen und Schlingen. Eine Schnalle kannst du locker in ein paar größere Angelhaken oder Pfeilspitzen umwandeln.

Manschettenknöpfe, Krawattennadel und Brillenbügel ersetzen Angelhaken, Blinker und Gewichte, genauso wie eine Anstecknadel von deinem Sakko oder ein Uhrenarmband. Mit Hilfe von zwei mit Harz zusammengeklebten Uhrengläsern kannst du an einem sonnigen Tag versuchen, ein Feuer wie mit einer Lupe zu entfachen.

Hab keine Eile, dich in einem Notfall übereilt von vermeintlich unnützen Dingen zu befreien. Jede leere Flasche oder Konservenbüchse, ein Stück Bindfaden oder Draht kannst du schon im nächsten Moment gebrauchen. Zum Beispiel kannst du dir mit einer Plastiktüte ein Essen zubereiten, einen Fluss überqueren, deine Füße vor Kälteschaden schützen. Eine kaputte Glasflasche kann dir ein Glas oder ein Messer ersetzen. Die Alufolie einer Schokoverpackung kann dir bei der Zubereitung von Essen helfen, als Spiegel ein Warnsignal abgeben oder zum Angeln dienen – und noch einiges mehr.

Eine leere Cola-Flasche aus Kunststoff kann für die Aufbewahrung von Wasser oder von Dingen wie Streichhölzern eingesetzt werden, die nicht nass werden dürfen. Mit ihrer Hilfe kannst du ein Wasserhindernis überwinden. Schau nur unter deine Füße: In der Natur liegen um dich herum so viele nützliche Sachen! Ein Baum, ein Stein, ein Stück Rinde, die festen Seiten einer Muschel, Tier- und Fischknochen – sei dir nicht zu schade, sie aufzuheben. Du kannst daraus alles Mögliche basteln: Kraxen, Schuhe, Schneeschuhe, Angelausrüstung, Jagdfallen und Schlingen, Pfeile und Bogen, Harpune, Schaufel, Geschirr, Schleppschlitten und mehr. Genauso haben auch unsere Vorfahren gehandelt – sie haben ihre Werkzeuge und Waffen aus dem hergestellt, was sie gefunden haben.

Wenn du damit fertig bist, prüfe, ob deine eigene Kleidung trocken ist. Wenn sie durchnässt ist und du etwas zum Wechseln hast, ziehe dich um, um dich nicht zu verkühlen. Das kann sonst schnell zu Energieverlust und Krankheiten führen.

Wenn jemand informiert ist, wo du hinfahren wolltest, oder weiß, wo du dich befindest, bleib besser an dieser Stelle. Wenn nicht – gehe weiter und suche nach anderen Menschen. Große Rettungseinsätze werden nicht so

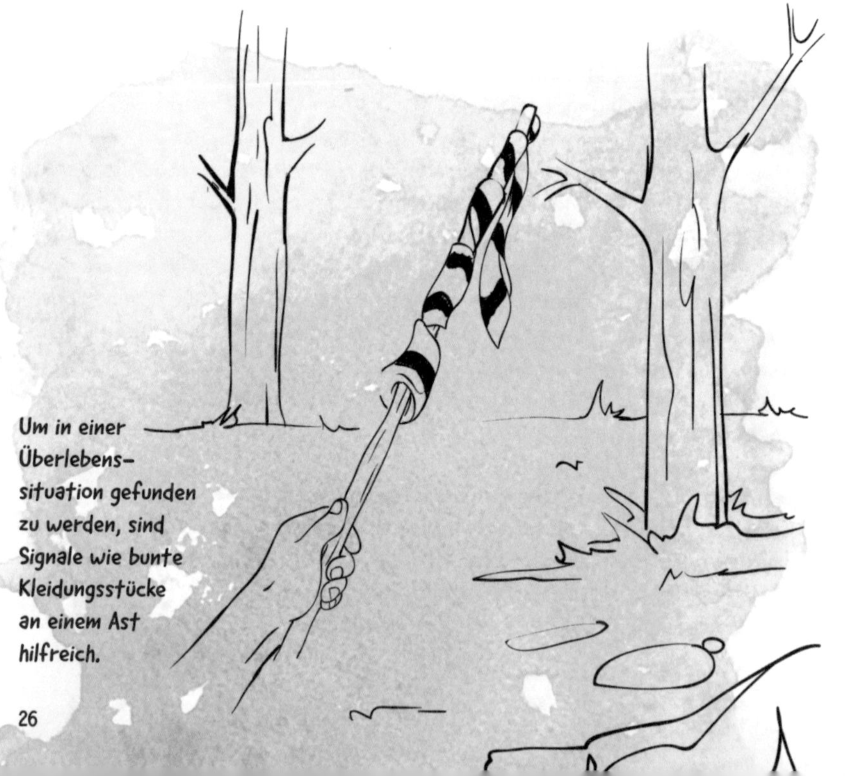

Um in einer Überlebenssituation gefunden zu werden, sind Signale wie bunte Kleidungsstücke an einem Ast hilfreich.

oft durchgeführt. Öfter passiert es eben, dass du dich selbst retten musst. Sozusagen nach dem Motto: „Die Rettung Ertrinkender ist die Sache der Ertrinkenden selbst." Es liegt nicht an menschlichem Zynismus, sondern nur daran, dass niemand etwas von einem Unfall mitbekommen hat. Wenn am Himmel ein Flugzeug plötzlich verschwindet, wird das gesehen. Wenn sich aber ein einsamer Tourist, Pilzsammler oder Angler verläuft, sich ein Bein bricht oder krank wird, wird nur er selbst es merken.

Die Familie kann anfangen, diesen unglücklichen „Abenteurer" zu vermissen, wenn er zu einem bestimmten Zeitpunkt nicht zurückgekehrt ist. Die Suche nach dieser Person kann dann aber auch einige Tage oder gar Wochen dauern, da seine Wanderroute nicht bekannt ist. Lange Rede, kurzer Sinn: In vielen Fällen kann man nur auf seine eigenen Kräfte zählen.

Wichtig ist, dich an den von dir gewählten Plan zu halten. Berücksichtige dabei, dass du nach ein paar Tagen durch Hunger schwächer wirst, Gedanken nicht mehr klar fassen kannst. Hier kann dir dein festgelegtes Ziel weiterhelfen. Wenn du von deinem Plan abweichst – zum Beispiel hast du dich zuerst entschieden, weiter zu gehen, es dir dann aber anders überlegt und angefangen, ein Lager aufzuschlagen – dann kann dir das einen schlechten Dienst erweisen. Es hat sich in der Praxis erwiesen, dass in der Regel der erste Plan der richtige ist.

Wenn du dich doch entscheidest zu gehen, hinterlasse für die Rettungskräfte Zeichen – lege einen Pfeil aus Steinen in Richtung deiner Bewegung aus, bringe gut erkennbare Einkerbungen an Bäumen an, knicke Äste entsprechend deiner Bewegungsrichtung. Wenn du dich entscheidest zu bleiben, bereite ein Signalfeuer vor. Ein Feuer ist die einfachste und vielleicht älteste Signalart. Seit undenklichen Zeiten haben die Wachen an weit voneinander entfernten Grenzstellen brennbares Material angezündet, wenn sie einen Feind sichteten. Ein grelles Feuer oder ein starker Rauch dienten als Warnsignal.

Die Wirksamkeit eines Feuers hängt in erster Linie von seinem Ort ab. Es ist offensichtlich, dass ein Feuer, wenn es in einem Dickicht oder einer Felsenschlucht versteckt wird, nur wenig als Signal nützt. Ein Feuer in einer offenen Gegend, auf einem Hügel, einer Waldlichtung, einer baumfreien Insel mitten im Wasser oder einem Felsen wird im Gegensatz dazu von weitem gesehen. Es sind Fälle bekannt, in denen eine Rauchsäule an einem klaren, windstillen Tag bis in einer Entfernung von 50 Kilometern zu sehen war!

Am besten legst du mehrere Feuer an und verteilst sie in einer geometrischen Form. Zum Beispiel drei Feuerstellen in einer Entfernung von 300 Metern in Form eines Dreiecks, oder aber die gleichen drei Feuer in einer Linie gelegt – ein internationales Notsignal. Fünf Feuer gelegt in der Form des Buchstaben „T“ bedeuten einen sicheren Landeplatz. Auf diese Weise haben zum Beispiel die russischen Partisanen während des Zweiten Weltkriegs die Landebahnen für Hilfsflüge gekennzeichnet. Auf jeden Fall müssen die Feuerstellen mindestens 30 bis 50 Meter voneinander gelegt werden, um nicht als „zufällig“ zu erscheinen.

## Überlegungen bei Notfällen

- Gibt es in dieser Region größere bewohnte Orte?
- Welche Orte befinden sich in der Nähe, wie viele Bewohner gibt es, wie schnell können sie Hilfe holen?
- Wie ist das Wetter (die Sichtweite)?
- Wie viele Flugzeuge fliegen vorbei? Befindest du dich eventuell im Bereich eines Flugkorridors?
- Können die Retter dich von oben aus der Luft entdecken? Wenn du zum Beispiel in einer Talsohle bist, solltest du eine Erhöhung ausfindig machen, von wo aus du besser gesehen wirst. Du solltest auch ein Warnsignal basteln – zum Beispiel einen Schal oder ein Hemd in grellen Farben auf einer Baumstange aufspannen.
- Weißt du genau, wie du den nächsten bewohnten Ort erreichst? Kannst du dich selbst genau orten?

Neben jeder Feuerstelle solltest du einen Vorrat an Brennholz deponieren. In diesem Fall darfst du auf keinen Fall an deinen Kräften und deiner Zeit sparen. Besser ist es, wenn du gleich genug Brennholz übrig hast, anstatt im passenden Moment keinen Holzscheit zu haben, um das Feuer zu unterhalten oder zu vergrößern.

Wenn es stark regnet oder schneit, solltest du die Feuerstelle – und deinen Holzvorrat – vor Nässe schützen, indem du sie mit einer Plastikfolie, einem Stoff oder einer dicken Schicht von Tannenzweigen zudeckst.

Bei einem aufziehenden Unwetter ist es besser, das Feuer doppelschichtig aufzubauen. Die untere Schicht wird auf einem Holzgestell aufgebaut, mit Anmach- und Trockenholz. Die obere Schicht wird aufgetürmt und bildet einen Nässeschutz. Sie wird aus trockenen Tannenzweigen und Ästen von Laubbäumen gebildet. Wenn es darauf ankommt, wird zuerst das Anmach-

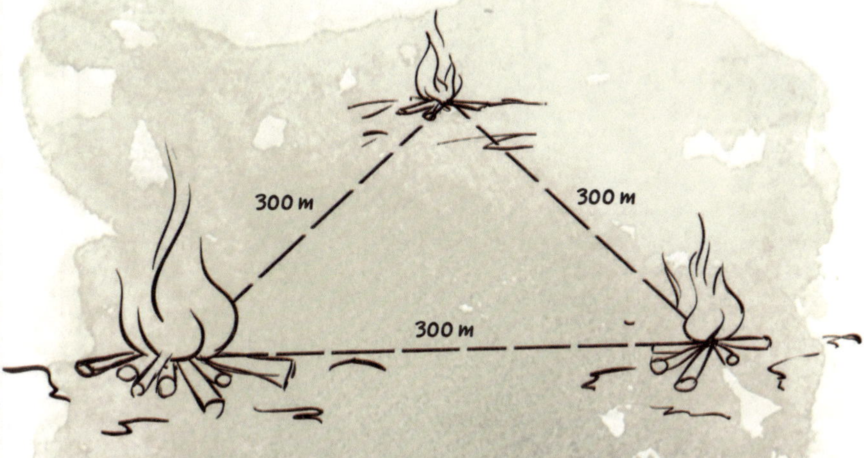


Aus der Luft sehr gut erkennbar: Drei Feuerstellen, im Dreieck mit einem Abstand von 300 Metern angelegt, sind ein wirksames Notsignal.

holz angezündet, das wiederum die obere Schicht in Brand setzt. Auf einem feuchten Boden oder gar in einem Sumpf baust du ein höheres Gestell auf, das verhindert, dass das Brennmaterial nass wird.

Du solltest das Feuer von Zeit zu Zeit abdecken und unsichtbar machen – mit einem Stück Stoff oder Tannenzweigen. Ein unterbrochenes Signal zieht mehr Aufmerksamkeit auf sich als ein kontinuierliches. An einem klaren Sonnentag wird wirbelnder heller Rauch sehr gut gesehen. Dafür musst du feuchte Äste, Moos und Gras ins Feuer werfen. An einem bedeckten oder diesigen Tag hingegen wird dunkler Rauch gut gesehen – werfe grüne Blätter, Tannenzweige und feuchtes Moos ins Feuer.

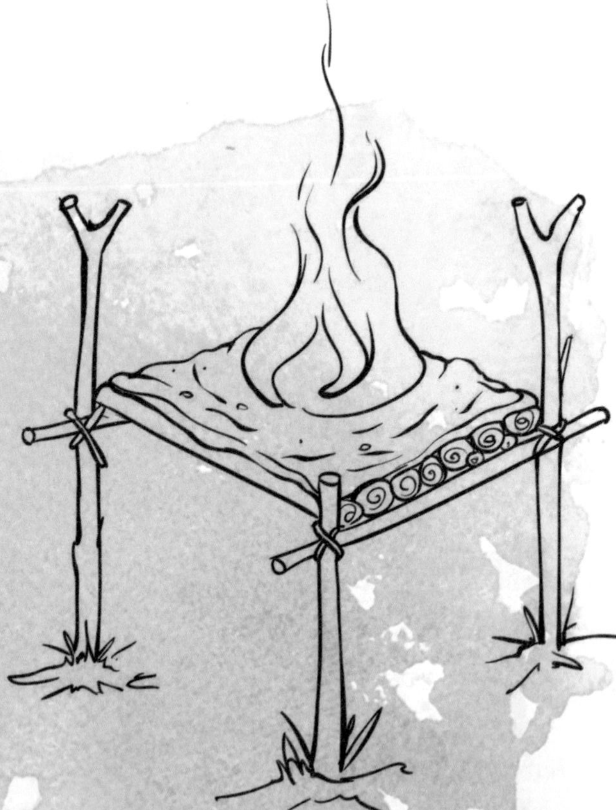

**Mit einem Signalfeuer kann man Rauchzeichen geben. Bei feuchtem Untergrund empfiehlt sich ein höher gelegtes Gestell als Unterlage.**

Für unterwegs lassen sich selbstgemachte Fackeln mitnehmen. Dafür musst du von einer noch nicht zu alten morschen Birke etwas Rinde abschälen. Drehe die Borke in eine lockere Rolle und setze sie auf einen langen Stock. Eine Birkenrindenfackel brennt lange und gibt ein helles und gleichmäßiges Licht ab. Die Brenndauer der Fackel hängt von der Menge der eingesetzten Rinde, der Stärke und der Dichte dieser „Rolle" ab. In einem Notfall kannst du auch einen Bund aus zwei bis drei vorher vorbereiteten Tannenzweigen als eine primitive Fackel einsetzen.

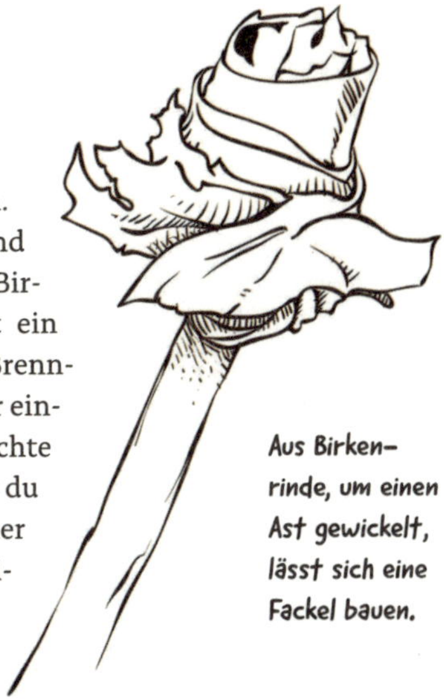

Aus Birkenrinde, um einen Ast gewickelt, lässt sich eine Fackel bauen.

## Das Wichtigste aus Kapitel 2:

- in einem Notfall gilt es zunächst einmal, Ruhe zu bewahren und sich einen Überblick über die Situation zu verschaffen
- wäge deine Chancen ab, an Ort und Stelle gefunden zu werden
- entscheide, ob du dort bleiben oder Hilfe suchen willst
- wie immer du dich entscheidest, bleibe bei deinem Plan
- man kann praktisch aus allem etwas Nützliches machen, also wirf nichts weg!
- lege Feuerstellen an oder bastle andere Signale, mit denen du auf dich aufmerksam machen kannst
- versuche, trocken und warm zu bleiben, denn Erfrieren ist in Notsituationen die Todesursache Nummer eins

# ORIENTIERUNG OHNE KOMPASS

Du hast eine Vielzahl an Möglichkeiten, dich im Gelände zu orientieren oder in eine bestimmte Richtung zu laufen:

• Nach der Sonne: Wenn du dich morgens mit dem Gesicht zur Sonne stellst, dann ist vor dir Osten, hinten Westen, rechts Süden und links Norden. Wenn du dich am Abend zur Sonne stellst, dann ist alles genau umgekehrt. Gegen Mittag hilft dir die Schattenbeobachtung hoher Gegenstände, die Himmelsrichtungen festzustellen, im Wald sind es die Bäume. Gegen Mittag ist der Schatten am kürzesten. Die Sonne strahlt die Bäume von Süden an, die kurzen Schatten legen sich zum Norden. Merke dir: Am Mittag legt sich der kürzeste Schatten Richtung Norden. Jetzt kannst du auch die anderen Himmelsrichtungen leicht finden. Morgens steht die Sonne im Osten, die Schatten legen sich zum Westen. Abends ist es umgekehrt: die langen Schatten legen sich zum Osten.

• Nach den Sternen: In der Nacht können die Himmelsrichtungen mit Hilfe der Sterne bestimmt werden. Am einfachsten ist es, den Polarstern (Polaris) zu suchen, der ziemlich exakt über dem Nordpol steht. Demzufolge zeigt er die Nordrichtung an. Suche dazu das Sternbild „Großer Bär“ am Himmel. Es ist leicht zu erkennen, wenn man sich das trapezförmige Gebilde als Wagen mit den Rädern unten und der Deichsel nach rechts zeigend vorstellt. Verlängere eine gedachte Linie durch die Rückwand des Wagens fünf Mal nach oben. Hier entdeckst du den Nordstern.

Eine Variante zum „Großen Bären“ ist der „Kleine Bär“. Er befindet sich über dem „Großen Bären“, besteht aus sieben Sternen und sieht wie ein kleiner Wagen aus, dessen Deichsel nach oben gebogen ist. Das Ende dieser Deichsel markiert der Polarstern. Wenn der „Große Bär“ hinter den Wolken nicht zu sehen ist oder zu tief im Himmel steht, kannst du den Polarstern auch mit Hilfe von „Kassiopeia“ finden. Das so genannte „Himmels-W“ besteht aus fünf sehr hellen Sternen, die an einen etwas verformten Buchstaben

„W“ erinnern. Der Polarstern befindet sich gegenüber dem mittleren Stern des Sternbildes, ungefähr gleich weit entfernt wie vom „Großen Bär“ aus.

• Nach mit Moos bewachsenen Bäumen: In der Tat wächst das Moos nicht immer auf der Nordseite eines Baums, und die Jahresringe sind nicht immer breiter auf der Südseite! Das sind Klischees. Moos (dann müsste man aber auch genau wissen, welche Art) kann auf Feuchtigkeit im Boden hinweisen.

Die folgenden sind indirekte Merkmale, die dir nur etwas in einem Zusammenhang „erzählen“ können.

• Richtungswinkel: Um sich nicht im Kreis zu bewegen, sollte man einen Punkt (Baum, Fels, Geröll) auswählen und zu ihm gehen. Sobald der Orientierungspunkt erreicht ist, wird der nächste ausgesucht und dann zu diesem gegangen.

Der Polarstern (Polaris) steht im Norden. Er ist der hellste Stern im Sternbild »Kleiner Wagen«, auch »Kleiner Bär« genannt. Links darunter findet sich der »Große Wagen«.

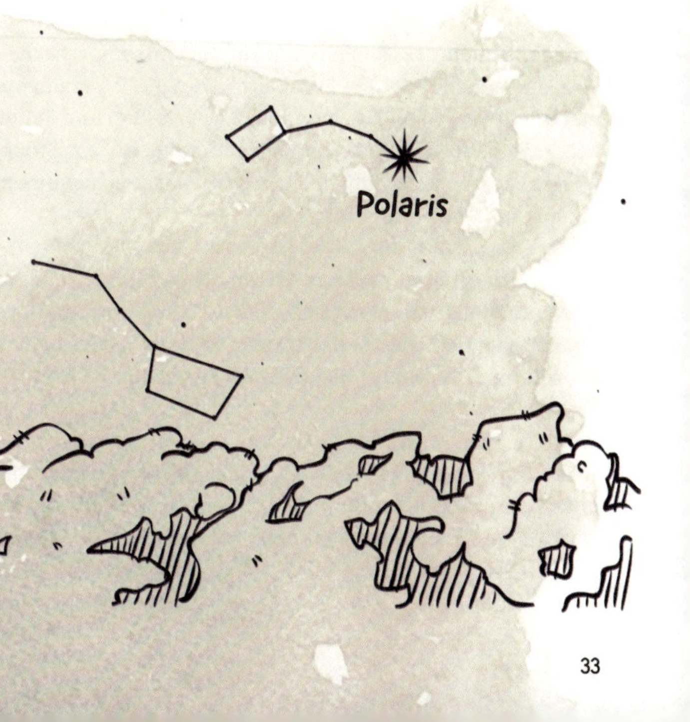

• Wind: Wenn es in der Region, in der du dich aufhältst, immer windig ist, dann solltest du deine Fortbewegung nach dem Wind richten – am einfachsten ist es, indem du die Wolkenbewegungen beobachtest.

• Kompass: Du kannst einen Kompass bei Bedarf selbst herstellen: Lege eine magnetisierte Nadel oder die von einer Nadel abgebrochene Spitze, die du vorher zwischen deinen Fingern oder an deinen Haaren reibst, auf eine ruhige Wasseroberfläche. Nach und nach richtet sich dieses Metallstück entsprechend dem Magnetfeld der Erde in die Nord-Südrichtung aus. Beachte: Der geographische Nordpol entspricht nicht dem magnetischen Nordpol. Die Abweichung beträgt über 1000 Kilometer! Das macht vor allem in nördlichen Regionen einen erheblichen Unterschied.

Wenn die Nadel untergeht, dann solltest du sie zusätzlich mit Fett einreiben und langsam mit Hilfe von zwei Schlaufen auf die Wasseroberfläche setzen. Damit dickere Nadeln im Wasser nicht untergehen, könntest du sie in ein Stück Kork, Rinde, Schaumstoff, einen Strohhalm oder zwei bis drei Streichhölzer hineinstechen und auf die Wasseroberfläche legen. Man kann eine magnetisierte Nadel komplett in einen Strohhalm stecken. Nur sollte man nicht vergessen sich zu merken, wo Norden und Süden sind. Letztendlich kannst du deine „Kompassnadel“ auch auf ein Stück Papier oder ein Baumblatt legen, die auf der Wasseroberfläche schwimmen, oder einfach an einem dünnen Faden aufhängen.

Man sollte generell mehrere Merkmale berücksichtigen und nicht nur eines. Nur alle zusammen können zuverlässige Informationen liefern. So ist es auch möglich, ein Merkmal (zum Beispiel die fehlende Sonne an einem bewölkten Tag) durch ein anderes zu ersetzen.

Wenn du das Gefühl bekommst, dass du dich verlaufen hast, mache Halt, kehre zurück bis zu der Stelle, von wo aus du dein Orientierungsziel wieder sehen kannst. Kehre nur anhand deiner Spuren zurück, versuche nicht, eine „Abkürzung“ zu nehmen! Ansonsten kommst du in die Gefahr, dich endgültig zu verlaufen.

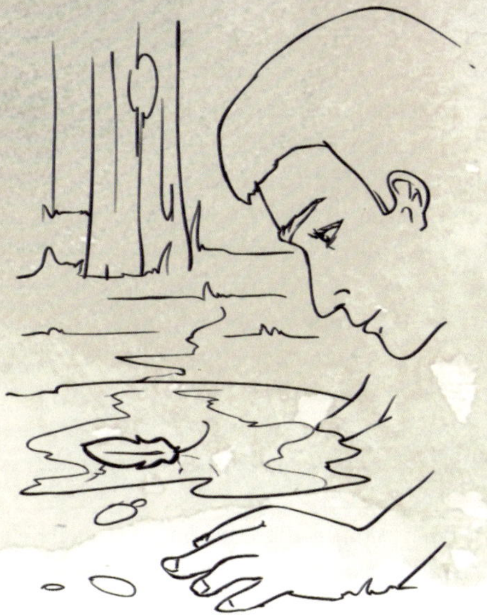

Um einen Kompass zu improvisieren, legt man eine magnetisierte Nadel auf ein Blatt und lässt es in einer Pfütze schwimmen. Die Nadel richtet sich in der Nord-Süd-Achse aus.

Suche nach Wasser – es könnte sich in Bodensenken befinden. Sobald du eine Wasserquelle gefunden hast (einen Fluss oder einen Bach) laufe mit der Strömung. Ein Bach wird letztendlich irgendwann in einen Fluss münden, an einem Fluss wirst du irgendwann auch Menschen treffen (oder du findest Fußwege, die dich zu Menschen bringen). Je größer der Fluss ist, desto höher die Wahrscheinlichkeit, dort Menschen anzutreffen. In der Regel haben alle Städte und größeren Siedlungen einen Zugang zu Wasserläufen.

Außerdem ist es in der Nähe eines Gewässers einfacher, an etwas Essbares zu kommen. Neben dem Wasser wachsen oft essbare und nahrhafte Pflanzen. Im Wasser gibt es Fische, im Wasserdickicht sitzen Vögel, und auch größere Tiere kommen zum Trinken zum Wasser. In sumpfigen Gegenden befinden sich in der Nähe von Wasserufern oft noch einigermaßen feste Stellen.

Schließlich kannst du mit einem Floß aus Baumstämmen mit der Strömung weiterkommen. Allerdings solltest du auch auf Flüssen mit ruhiger Strömung vor der Fahrt entsprechende Sicherheitsmaßnahmen treffen. Auch ein ruhiger dahin strömender Fluss kann Stufen, Wasserfälle und andere Hindernisse aufweisen.

Anhand von schwimmenden und treibenden Gegenständen kannst du feststellen, was sich im Oberlauf eines Flusses befindet. Flößholz deutet auf Holzschlagplätze hin. Schwimmender oder gestrandeter Haushaltsmüll, abgesägtes oder abgehacktes Reisig, aber auch Fettflecken auf dem Wasser weisen auf die Anwesenheit eines Wohnortes hin.

Achte auf die Umgebung! Gibt es zum Beispiel Einkerbungen an Bäumen, Bäume mit abgeschnittener Spitze oder Stämme, die bis zur Hälfte ihrer Länge von Ästen befreit sind? Das sind so genannte Baum-Leuchttürme, die die Einheimischen sich eingerichtet haben für die eigene Orientierung. Diese Merkmale können dich zu einem Fußweg oder einer Jagdhütte bringen.

Horche aufmerksam in die Umgebung – vielleicht nimmst du technische Geräusche wahr. Ein Mensch kann die Geräusche eines fahrenden Zuges noch bis in einer Entfernung von zehn Kilometern hören. Autos, Motorräder, Hundegebell, das Krähen eines Hahns – das alles ist deine Rettung.

Klettere während deiner Wanderung auf Anhöhen oder auf Bäume (wenn deine Kräfte reichen) und schaue dich um. Auf die Anwesenheit von Menschen deuten Lichter, Rauch, Leucht- und Bohrtürme, Fabrikkamine, Stromleitungen und Lichtungen hin. Selbst Heuschnitte sind künstliche Einrichtungen, wie auch Staub von einem fahrenden Auto. Wenn du den Himmel im Auge behältst, kannst du Flugzeuge sichten und ein Signal mit Hilfe eines Spiegels oder deines Lagerfeuers geben. Denk daran, dass die Signale in der Nacht besser gesehen werden als bei Tageslicht.

Wenn du einzelne Zeichen entdeckt hast, mach dich nicht überstürzt auf den Weg, beobachte lieber weiter. Vielleicht liegen die leere Shampooflasche, das Zeitungspapier oder die Tüte rein zufällig hier. Viele Gegenstände und Flecken im Wasser sind jedoch schon ein richtiges Merkmal.

Manchmal haben verirrte oder verunglückte Personen viel Glück in ihrem Notfall. Sie finden nicht nur einzelne Spuren, sondern ganze Fuß- und Waldwege. Wenn man sich nur etwas Mühe macht, lässt sich oft viel Nützliches aus dem Zustand eines Weges herauslesen. Falls du einen Weg entdeckst, überzeuge dich zunächst, dass er von einem Menschen und nicht von einem Tier stammt. Anzeichen eines Tierpfades sind zahlreiche Abdrücke von Pfoten und Hufen auf dem Boden, Kot, Fellbüschel an den Büschen und Bäumen, fehlende Stege über Bäche und Flüsse, sowie das Fehlen jeglicher menschlicher Spuren.

Noch ein typisches Zeichen für einen Wildwechsel: Wenn Äste oder Dornenranken in den Pfad hängen und sich auch auf Höhe des menschlichen Gesichts oder der Brust befinden – dann hat ein Tier, das kleiner als ein Mensch ist, diesen Pfad angelegt. Wenn ein Mensch diesen Pfad nutzen würde, hätte er schon längst alle unbequemen Äste und Zweige entfernt.

Kennzeichen eines Bärenpfads sind in der Regel ein harter, wie mit einer Walze geplätteter Boden ohne Gras, mit einer zehn bis 20 Zentimeter tiefen und bis zu einem halben Meter breiten Furche in der Mitte. Die Ranken von wilden Brombeer-, Himbeer- und Johannisbeeren entlang dem Pfad sind meist zu diesem „Weg“ hingebogen, und an einzelnen nahen Baumstämmen sind tiefe Rillen zu sehen. Das sind typische „Bärenzeichen“, mit denen das Tier sein Areal markiert.

Ein menschlicher Pfad, der ständig genutzt wird, ist anhand der an ihm stehenden Bäume erkennbar – die Stämme sind von den Wurzeln bis über mannshoch von allen Ästen befreit. Im Wald werden kleine Pfade auf der Brusthöhe eines Menschen in solchen Abständen markiert, dass die eine Marke von der Stelle der anderen zu sehen ist. Sehr oft werden die Zeichen in größere Bäume gesetzt, die von weitem schon auffallen. Der einfachste Einschnitt stellt eine tiefe Auskerbung dar, die durch ein bis zwei Axthiebe entsteht. Kompliziertere Markierungen werden eher seltener angebracht, da die Herstellung komplexer Zeichnungen an den Stämmen zeitaufwändig und umständlich ist.

Eine frische Einkerbung an einem Baumstamm hat eine gelbliche Färbung. Ein sehr frischer Einschnitt von etwa ein bis zwei Wochen Alter ist besonders grell, die einzelnen Späne um den Schnitt herum sind auch nicht dunkel oder trocken, sondern haben die gleiche Farbe wie die Einkerbung. Ein älterer Einschnitt wird mit der Zeit durch Witterung dunkel und ist nach einem halben Jahr grau, kann aber trotzdem gut erkannt werden.

Ein in die Mitte des Weges gesteckter Ast weist darauf hin, dass ein Mensch in den Wald abgebogen ist. Die Spitze des Astes zeigt dabei an, in welche Richtung die Person sich bewegt hat. Es ist ein provisorisches Zeichen, das oft von Jägern angewendet wird. Die Rolle eines Wegweisers haben auch Holzsplitter oder ein kleiner Ast, die in der Spalte eines Pfahls stecken, der mittig auf dem Weg steht.

Je näher man an menschlichen Wohnorten ist, desto breiter und fester wird der Fußweg. Ab und zu gibt es Gabelungen oder Verzweigungen, die meist nicht markiert sind. Plätze, an denen sich häufiger Menschen aufhalten, sind durch herumliegende Gegenstände oder Müll wie Blechdosen, Zigarettenkippen, Streichhölzer, alte Feuerstellen usw. recht auffällig. Je weiter man von einem Wohnort weg ist, desto weniger dieser Merkmale gibt es.

In den Schnee gesteckte Äste und Tannenzweige oder auch an Laubbäumen befestigte Tannenzweige sowie an Baumstämmen angelehnte Pfähle dienen oft als provisorische Merkmale. Diese Zeichen können manchmal jedoch eine ganze Saison überstehen und die Suche nach einem Weg wesentlich einfacher machen.

Ein regelrechtes Zeichensystem haben die Berufsjäger. Neben gewöhnlichen Einkerbungen können es auch abgebrochene Äste sein oder an Bäumen befestigte oder angelehnte Gerten – oder einfach in den Schnee gesteckte Pfähle. Sehr oft weisen Pfähle auf nahebei aufgestellte Fallen hin. Falls du ein solches Zeichen entdeckst, schaue dir die Umgebung sehr aufmerksam an, um dich zu überzeugen, dass es eine absichtlich aufgestellte Markierung ist – und nicht ein zufällig vom Baum gefallener Ast. Eine Falle kann entweder direkt an diesem Pfahl aufgestellt sein oder mit ihm mittels eines Seils verbunden sein, wenn sie in der Nähe aufgestellt ist.

Wenn du eine Falle entdeckt hast, schlage dein Lager in der Nähe auf und warte auf den Jäger. In der Regel werden die Fallen alle paar Tage überprüft.

Bleib bei der entdeckten Falle, denn eine Jagdhütte selbstständig zu finden, könnte sich als aussichtslose Aktion erweisen. Fallenstrecken sind oft weit entfernt von menschlichen Ansiedlungen oder Hütten, damit Tiere nicht verschreckt werden. Eine Hütte kann die einzige Anlaufstelle weit und breit sein! Und schau dir die Falle genau an: Ist es eine wirklich scharfe Falle oder womöglich nur eine alte, nicht mehr aktive Falle?

Zur Auswahl eines Rastplatzes präge dir einige Grundsätze im Gedächtnis ein: Du darfst nie direkt am Ufer eines Flusses oder Bachs dein Lager aufschlagen – und dort schon gar nicht an einem Steilhang. Jederzeit kann es anfangen zu regnen. Und wenn dadurch der Wasserspiegel des Gewässers ansteigt, wird dein Lager unter Wasser gesetzt. Das bedeutet nicht gleich die Gefahr zu ertrinken. Aber es kann unangenehm werden, wenn das Wasser dein Lagerfeuer auslöscht (du hast aber keine Streichhölzer mehr), deine Kleidung durchnässt (die ganze kalte Nacht regnet es) oder deine Habseligkeiten davon schwimmen.

Gleichwohl solltest du darauf achten, dass du in der Nähe zum Wasser bleibst – wegen deiner Wasserversorgung, der guten und schnellen Verfügbarkeit beim Kochen, aber auch als Nahrungsquelle (Fische). Du solltest aber nicht zu nah an einem Bach campieren: Einerseits wegen der hohen Luftfeuchtigkeit – deine Kleidung und das Brennholz können feucht werden – und andererseits könnten aufgrund des Wasserplätscherns Halluzinationen aufkommen. Du könntest Stimmen, Lachen und solche Dinge hören.

Ein moderner Mensch ist Geräusche und Lärm gewohnt. Die Stille des Waldes – die „Informationsleere" – kann ihn bedrücken. Man kann versuchen zu singen oder sich mit Selbstgesprächen unterhalten. Nicht umsonst neigen Stadtmenschen im Wald dazu, laut Musik zu hören. Diese Angewohnheit ist nur ein erster Punkt. Ein zweiter ist, dass unser Gehirn die Realität von selbst vervollständigt, anhand der gewohnten Klischees. Jedes Geräusch oder eine visuelle Gestalt wird in eine Übereinstimmung seiner „Datenbank" gebracht – oder ignoriert, wenn zu viele Informationen vorhanden sind.

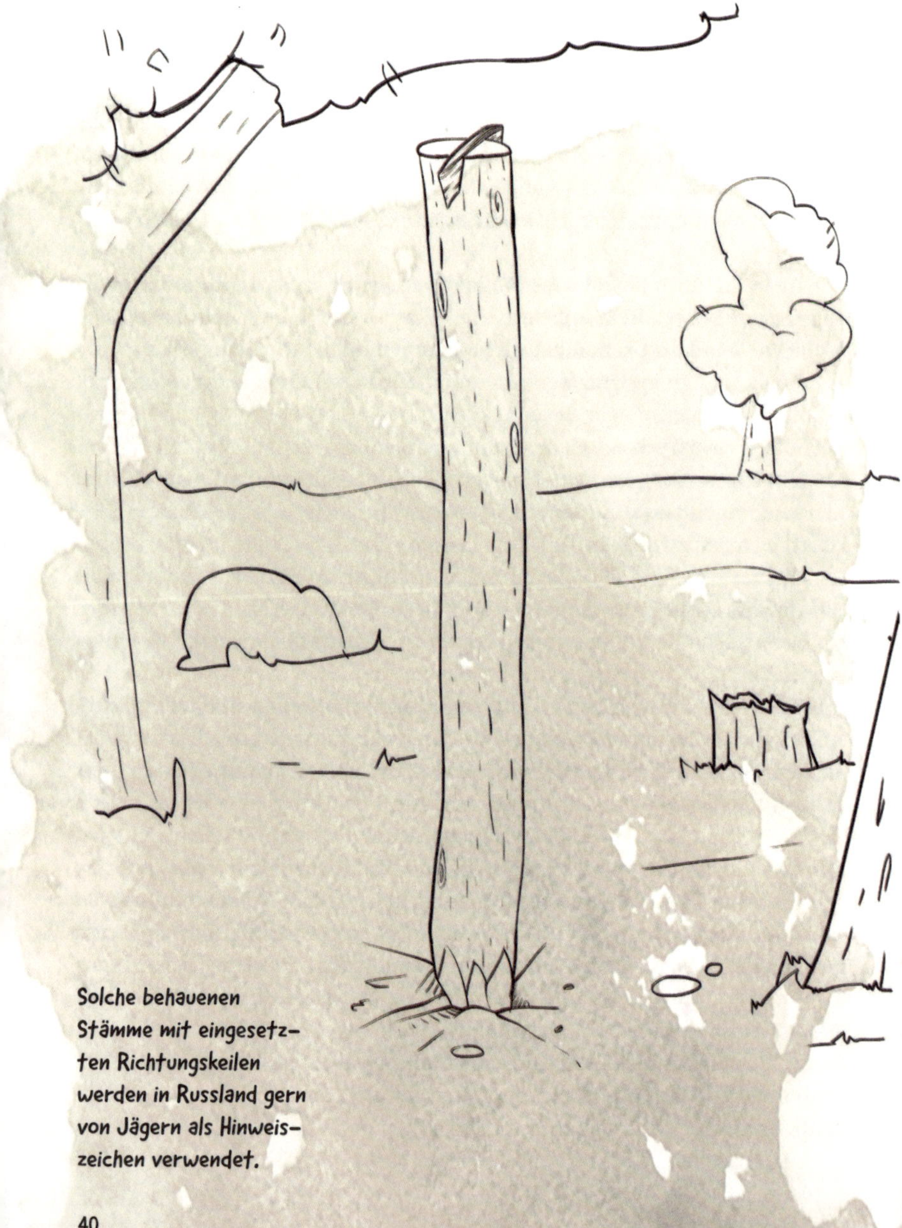

Solche behauenen Stämme mit eingesetzten Richtungskeilen werden in Russland gern von Jägern als Hinweiszeichen verwendet.

Es liegt nicht daran, was wir sehen oder hören, sondern wie es unser Gehirn interpretiert. Im Prinzip sehen wir unsere Realität nicht so, wie sie in Wirklichkeit ist. Ein Aufenthalt im Wald kann dir helfen, näher an die Realität zu kommen, wenn du dich aus deinem Käfig voller Klischees losreißt.

Bedrückend ist für einen modernen Menschen außerdem, das Zeitgefühl zu verlieren – etwa dann, wenn der Akku deines Handys sich endgültig verabschiedet. Anstatt sich ohne Uhr glücklich zu schätzen, werden wir nervös und orientierungslos. Du kannst die Tage zählen, indem du Einschnitte auf einem Stock machst – das reicht schon.

Noch etwas: Schlag dein Lager nicht unter einem Baum auf. Er könnte durch Wind oder Blitzschlag umkippen. Und ein Baum ist auch kein großer Schutz vor Regen. Wenn der Niederschlag vorbei ist, wird noch lange Wasser von den Ästen und Blättern tropfen.

## Das Wichtigste aus Kapitel 3:

- orientiere dich tagsüber an der Sonne, nachts an den Sternen
- auch der Wind und geographische Merkmale können hilfreich bei der Orientierung sein
- ein Kompass lässt sich mit einer Nadel improvisieren
- suche Wasserläufe und Seen, hier findest du Wasser, Nahrung und oft auch Menschen
- achte auf Zeichen von Menschen und Zivilisation
- schlage dein Lager nicht zu nah am Wasser oder unter einem Baum auf

# BRENNHOLZ GEWINNEN

Also, du hast eine passende Stelle gefunden. Als erstes musst du ein Feuer anzünden. Die Wärme eines Feuers ist wichtig, um in der Nacht nicht zu erfrieren. Das Feuer hilft, Essen zu kochen oder Wasser aufzuwärmen. Es spendet Licht, das dir ermöglicht, deine Zufluchts- oder Schlafstelle vorzubereiten. Im Grunde genommen ist es Leben. Auf den kommenden Seiten werden wir daher unterschiedliche Situationen und Techniken unter die Lupe nehmen, wie ein Feuer angezündet werden kann – durch Reiben, Sonnenstrahlen, oder auch mit Hilfe von trockenen Brennnesseln. Man darf nicht vergessen, dass auch bei feuchtem Wetter Feuer gemacht werden muss. Also zum Pilze suchen im Herbst nicht nur den Sammelkorb und das obligatorische Messer mitnehmen, sondern auch ein Feuerzeug und etwas Birkenrinde! Und ein paar Schnipsel alten Fotofilm nicht vergessen. Die bestehen aus Zelluloid, und das brennt hervorragend und sogar feucht.

Das Entfachen eines Feuers geschieht Schritt für Schritt: Zuerst erfolgt das Anfeuern, dann kommen Holzspäne drauf, danach dünne Äste. Auf die legst du etwas dickere Äste, und zum Schluss kommt das Brennholz zum Einsatz. Ein Rat vorab: Bei feuchtem Wetter kann man die Holzspäne durch eigene Körperwärme trocknen, indem man sie unter die Kleidung steckt.

Anzündholz und Zunder: Das kommt erst später. Als erstes muss das Brennholz beschafft werden. Wir nehmen an, du hast weder eine Säge noch eine Axt. Was tun? Einfach aufgeben? Nein! Dein Brennholz kannst du auch ohne Werkzeug beschaffen.

Wie soll das Brennholz denn aussehen? Je dicker der Durchmesser, desto besser. Aber warum? Weil ein dicker Stamm bis zu acht Stunden brennen kann und du so ruhiger schlafen kannst. Ein dünner Stamm verbrennt schneller, und früher oder später musst du Holz nachlegen. Entweder wirst du wach, weil dein Feuer runter gebrannt ist und dir kalt wird, oder du bleibst gleich wach und passt weiter auf. In beiden Fällen ist deine Nachtruhe nicht erholsam. Es ist einfacher (und schneller), einen dicken Stamm zu finden und zur Lagerstelle zu bringen, als mehrere dünne zu suchen. Obwohl dünnere Stämme und Reisig zunächst mehr Hitze abgeben, brennen sie schneller runter. Für Wärme und Schlaf sind langsam verglimmende Stämme besser . Das Holz darf man nicht klein hacken. Zerkleinertes Holz verbrennt bedeutend schneller – und wird schneller zu Asche.

Welche Baumarten können wir gebrauchen? Die Erfahrung hat gezeigt, dass Birke unbrauchbar ist. In einem Wald steht die Birke immer voll im Saft, das Holz ist daher feucht. Um gut zu brennen, muss Birkenbrennholz mindestens ein Jahr (!) lang zu einem Stapel aufgesetzt trocknen. Das hat mit einer wilden Natur nichts mehr zu tun. Eine tote und trockene Birke ist im Wald nicht so oft zu finden, denn Birkenrinde ist wasserabweisend, und deshalb vermodert eine Birke hauptsächlich von innen.

Kiefer und Fichte passen gut aufgrund ihres mittleren Harzgehalts. Im Inneren sind sie meist relativ trocken und damit gut brennbar. Eine Tanne ist sehr harzreich und erzeugt beim Verbrennen viele Funken, die deine Kleidung in Brand setzen könnten. In Zentral-Russland und in der Taiga sind reichlich Kiefern und Fichten vorhanden. Eine Kiefer lässt nur wenig Wasser eindringen und bleibt als ein äußerlich feuchter Baum innen trocken.

Im Wald ist es immer etwas feucht, und wenn ein Baumstamm auch nur eine Woche auf dem Boden gelegen hat, brennt er nicht mehr gut. Von außen kann man das vielleicht nicht sehen, aber von innen ist er bereits feucht. Das Holz wird nur langsam brennen und dabei auch viel Rauch entwickeln. Also sollten liegende Bäume liegen bleiben.

Ergo müssen wir abgestorbene und noch stehende Bäume finden – aber trockene. Wie stellt man das fest? Am Stamm. Ein trockener Baum verliert seine Rinde von selbst. Achte zudem auf die Äste: Auch wenn ein Stamm fast frei von Ästen ist, heißt das nicht, dass er tot ist. Sobald oben Nadeln oder grüne Blätter zu sehen sind, lebt er. Lass ihn stehen – er ist am Leben und das heißt feucht von innen. Die Nadeln müssen genährt werden, und die Versorgung erfolgt durch den Saft im Stamm nach oben.

Wir nehmen auch keine Bäume mit abgebrochener Spitze. Regenwasser kommt zwar schlecht durch die Rinde, aber umso schneller durch den Bruch. Außen trocken, innen feucht. Abhaken.

Haben wir den passenden Baum gefunden, stellt sich die Frage: Wie bringen wir ihn zu Fall? Das geht ganz einfach: Umdrücken! Die Sache ist, dass oben trockene Bäume an den Wurzeln verfaulen – an der zum Wasser nächsten Stelle. Unter Einwirkung der Schwerkraft sinkt das Wasser im Baum nach unten bis in den Boden, und der Stamm wird von Wind und Sonne ausgetrocknet. Der Teil, der sich im Boden befindet, verfault dann allmählich. Deshalb kannst du viele Bäume umkippen, indem du seitlich Druck auf sie ausübst – je höher, desto besser, da somit die Hebelwirkung steigt.

Aus dem gleichen Grund sollte man sich bei einem Unwetter nicht neben einen solchen Baum stellen. Die Gefahr, dass er von selbst umkippt, ist einfach zu groß. Schau nach oben, wenn du anfängst den Baum zu schütteln und zu schaukeln, da die Spitze abrechen und genau an die Stelle fallen kann, wo du gerade stehst.

Auf diese Weise kannst du allerdings nur dünne Bäume umkippen. Wie aber lassen sich dickere Bäume fällen, die dich die ganze Nacht pausenlos wärmen können? Die Lösung ist ein längerer Hebel. Mit Hilfe eines Stocks und einer Schlaufe darauf kannst du versuchen, deinen ausgewählten Baum oben zu packen und ihn dann umzukippen. Für die Schlaufe kann ein beliebiges Seil verwendet werden. Wenn ein Seil nicht zur Hand ist, können ein Gurt, eine Hose oder eine Jacke genommen werden, egal was. Wir heben unseren Stock mit der Schlaufe auf die maximale Höhe und befestigen ihn am Stamm oder an einem noch stabilen Ast. Dann beginnen wir zu schaukeln. Merke dir: Ein trockener Baum wird knirschen. Wenn er nicht knirscht, suche dir einen anderen.

Was tun, wenn nichts da ist, um eine Schlaufe zu basteln? Abhilfe bieten Kiefern- und insbesondere Fichtenwurzeln. Von denen gibt´s im Wald reichlich. Kiefernwurzeln werden brüchig, wenn sie austrocknen. Fichtenwurzeln sind hingegen genial. Schon die Wikinger haben diese Wurzeln zum Bau ihrer Schiffe verwendet – statt Nägeln. Dadurch wurden die Schiffe elastisch und überstanden den Wellengang der rauen Nordsee besser. Kiefern- und Fichtenwurzeln wachsen nahe an der Oberfläche, nicht tief im Boden. Sie sind Flachwurzler, und die obere Bodenschicht ist ihre Nährschicht. Die Wurzeln sehen wie Schnüre aus. Beim Buddeln verwende einen Stock. Wenn du dir die Finger verletzt, könnte sich die Wunde entzünden.

Mache aus dem ausgegrabenen Geflecht eine gewöhnliche Schlaufe und setze sie wie vorhin beschrieben ein, um deinen Baum zu fällen. Nimm zur Kenntnis: Ein Baum fällt nicht unbedingt dorthin, wo du ihn hinhaben möchtest. Er kann auch zur Seite oder in eine ganz andere Richtung stürzen – je nachdem, wie sich seine Fasern beim Wachsen verdreht haben, oder welche Wurzeln ihn noch halten.

Um einen großen Baum zu zerteilen, lege zwei bis drei andere Stämme quer auf ihn und entfache an den Kreuzstellen ein Feuer. Sie verbrennen schnell, besonders wenn das Angekohlte abgetragen wird. Wenn sie durchgebrannt sind, kann schon mal das bekannte Stammstapelfeuer aufgebaut werden. Das kommt später.

Mit dünneren Stämmen ist alles viel einfacher. Suche dir zwei bis drei

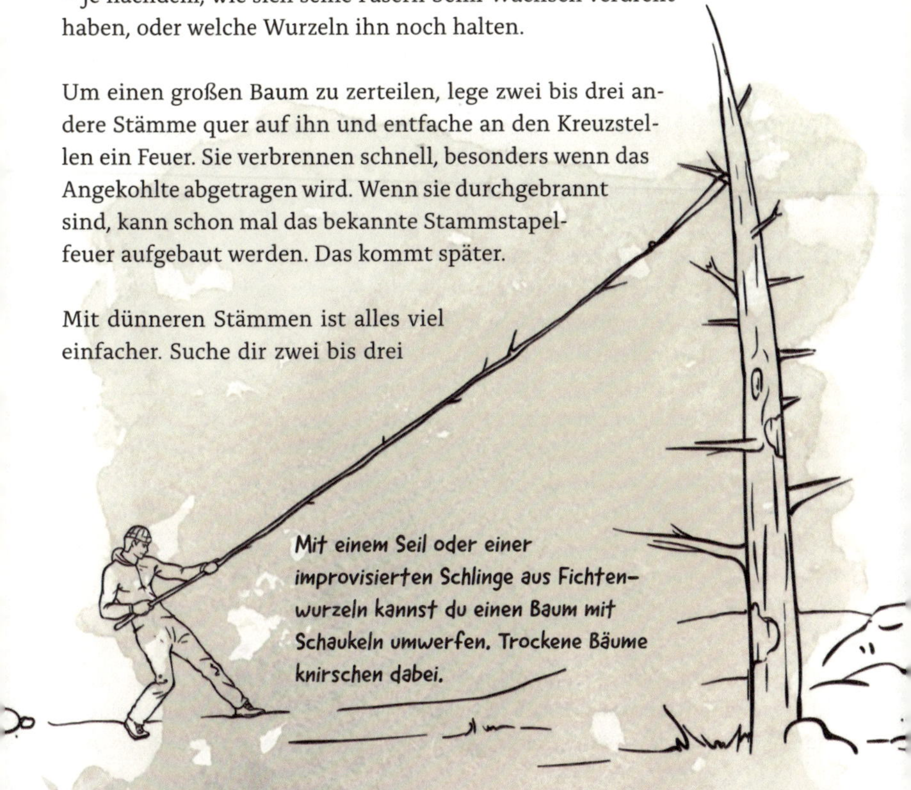

Mit einem Seil oder einer improvisierten Schlinge aus Fichtenwurzeln kannst du einen Baum mit Schaukeln umwerfen. Trockene Bäume knirschen dabei.

nebeneinander stehende große Bäume aus. Wir werden sie als eine Art Widerlager oder Klammer verwenden. Je näher zueinander sie stehen, desto besser. Dünne Bäume sind biegsam und federnd und können in einem unpassenden Moment brechen. Deshalb solltest du den Gipfelabschnitt zwischen den stehenden Bäumen einlegen und dann am dicken Stammende kräftig in deine Richtung ziehen, bis er bricht (siehe Zeichnung rechts). Wenn der Baum nicht gleichmäßig quer bricht, sondern der Länge nach, dann umso besser – so hast du gleich Holzscheite. Drehe den Stamm um 180 Grad und mache weiter, damit der Riss sich verlängert und gleichgroße Holzscheite erzeugt.

Und wie lässt sich ein Baum nur mit Hilfe eines Messers fällen? Nehmen wir an, du hast ein Messer. Das ist gut, denn es wird jetzt zu unserer Axt. Ein dickes Stück Holz wird dabei die Rolle eines „Schlägers" übernehmen – zum Beispiel ein etwa 40 Zentimeter langer armdicker Knüppel oder ein entsprechendes Holzscheit (Ellenmaß). Am besten aus einer schweren und dennoch elastischen Birke. Die ziemlich leichte und brüchige Kiefer ist zu diesem Zweck weniger geeignet. Im Grunde ist ein Laubbaum am besten.

Der Knüppel sollte besser vorher entrindet werden. Die Rinde entfernt man am einfachsten mit einem Schabeisen – das Messer schräg in den „Schläger" hineinstoßen und hobeln, dabei mit beiden Händen den Messergriff und das Holzscheit festhalten. Das Scheit dient als Schlagstock, mit dem auf dem Messerrücken geschlagen wird, um die Schneide ins Holz zu treiben. Diese Methode eignet sich sehr gut für Stämme mit einem Durchmesser von etwa 20 bis 30 Zentimetern. Man könnte natürlich auch einen dickeren Baum fällen, das wird sich aber nicht lohnen.

Für den Anfang entrinden wir bei unserem zu fällenden Baum die Stelle, an der wir „hacken" werden, und zwar in Brusthöhe – dort kann man das Messer später beim Fällen bequem halten und von oben draufschlagen.

Haben wir den Stamm vorbereitet, legen wir das Messer an der entrindeten Stelle in einem Winkel von 45 Grad an und schlagen mit dem Schlagholz auf den Messerrücken, um die Hackspäne herauszubekommen. Sobald wir diese

## Das Wichtigste aus Kapitel 4:

- Birken sind immer feucht und brennen schlecht
- dicke Stämme brennen länger als dünne, was in der Nacht wichtig ist
- am besten sind abgestorbene, aber noch stehende Bäume
- auch ohne Axt kannst du einen Baum zu Fall bringen und zerteilen

Diagonaleinkerbung um den ganzen Stamm herum gemacht haben, stellen wir das Messer in einen geraden Winkel und schlagen die Holzspäne heraus. Nach mehreren Umläufen ist der Stamm so weit eingekerbt, dass der Baum von allein fällt oder man ihn umwerfen kann.

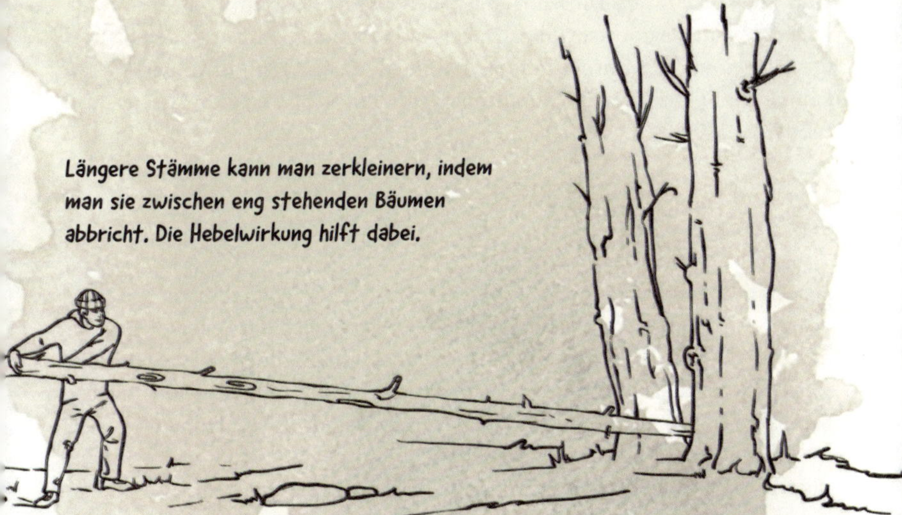

**Längere Stämme kann man zerkleinern, indem man sie zwischen eng stehenden Bäumen abbricht. Die Hebelwirkung hilft dabei.**

# FEUER MACHEN

Es ist sehr bequem und einfach, ein Feuer zu entzünden, wenn alle Brennstoffe trocken sind – ein Funke, und alles brennt! Was ist aber zu tun, wenn es regnet – was in Zentral-Russland (und nicht nur dort) recht oft der Fall ist. Zuerst muss man daher Brennholz „schlagen", wie bereits erklärt. Anschließend wird auf dem feuchten Erdboden eine Unterlage für das Feuer errichtet, indem du zum Beispiel Holzscheite nebeneinander auslegst. Die Feuerstelle muss etwas über dem Boden liegen, damit zusammenlaufendes Regenwasser sie nicht erreicht.

Zum Anzünden lassen sich kleine Holzspäne einsetzen – nimm dir einen von den „Holzscheiten" und hobele ihn mit dem Messer so ab, als ob du einen Bleistift anspitzen würdest. Die Späne solltest du von der Herzstelle des Stamms abhobeln. Da ist der Baum bestimmt trocken. Die Hobelspäne verstaust du in deinen Taschen, besonders dann, wenn es regnet. Sie sind wertvoll! Je kleiner, desto besser. Wenn deine so erzeugten Holzspäne feucht sind, stecke sie durch deinen Hemd- oder T-Shirt-Ausschnitt direkt an den Körper, damit sie dort trocknen. Dabei solltest du dein Shirt mit dem Gürtel unten fest um den Körper binden, damit die Späne auch drin bleiben. Du kannst die Späne und kleine Äste auch auf dem Kopf trocknen lassen – unter deiner Mütze!

## Der Feuerbohrer

Der Handfeuerbohrer mit Feuerbrett (Bild rechts) ist die klassische Outdoor-Methode, um ohne Streichhölzer oder Feuerzeug ein Feuer zu entzünden. Um dieses Gerät herzustellen, brauchen wir allerdings spezielle Hölzer. Das Brett muss flach sein und sollte am besten aus Pappel, Hasel oder Fichte bestehen. Buche und Eiche sind zu hart, Lärche hat zu viel Harz. Wenn wir ein geeignetes Holzstück gefunden haben, spalten wir es auf, indem wir das Messer in eine Seite schlagen und wie einen Spaltkeil einsetzen. Das ist insbesondere dann einfach, wenn der Klotz Risse hat. Du kannst auch einen Riss mit Hilfe deines Messers entstehen lassen, indem du es in den Klotz steckst und mit einem Stock wie mit einem Hammer draufschlägst – analog zum Baumfällen.

Jetzt musst du prüfen, ob das gespaltene Holzstück trocken ist. Ein feuchtes Feuerbrett hat den Vorteil, beim Feuerbohren nicht gleich in Flammen aufzugehen, wenn mal der Funke entstanden ist – es lässt diesen dafür aber sogleich wieder erlöschen, weil der Zunder die Feuchte des Bretts annimmt und dadurch unbrauchbar wird! Die Prüfung ist ganz einfach: Drücke das Holzstück an die Lippen. Wenn es kalt ist, dann ist es feucht. Wenn es warm ist – entsprechend trocken. Genau das, was wir brauchen.

Das Feuerbrett für den Bohrer muss flach sein, die Fasern müssen aber waagerecht verlaufen – das ist sehr wichtig. Von deinem Feuerbrett muss die

**Der Feuerbohrer besteht aus einer Grundplatte, dem eigentlichen Bohrer, dem Bogen mit Sehne und dem Druckstück oben.**

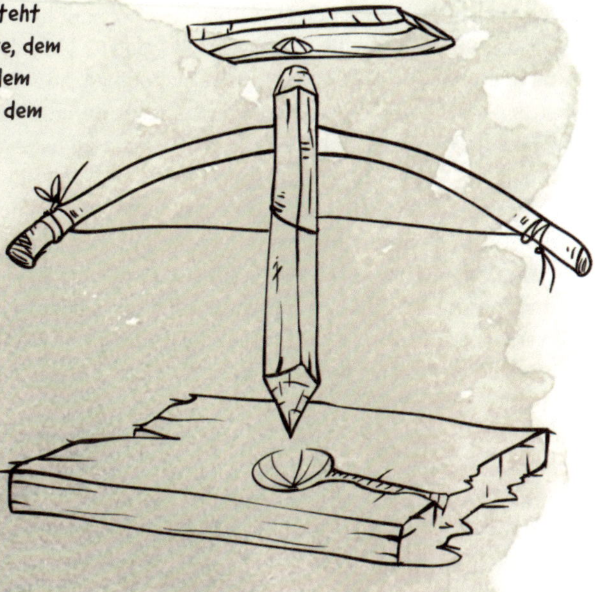

erste feuchte Schicht mit Hilfe des Messers abgetragen werden, wenn sie vorhanden ist. Wenn es regnet, wird das eher der Fall sein. Also abtragen – und immer wieder mit den Lippen prüfen. Warm ist gut, kalt heißt weiter abtragen. Im Grunde genommen muss sich das Holzscheit in ein Brett verwandeln, das mehr oder weniger plan und glatt sein sollte.

Nun markiere mit deinem Messer etwa zwei Zentimeter vom Brettrand entfernt eine Stelle für den Bohrer. Hier arbeitest du eine leichte Vertiefung hinein, um dem Bohrer einen Drehpunkt zu geben. So bleibt er an dieser Stelle, wenn du ihn drehst. Das ist die Feuerpfanne. Vom Brettrand bis zwei Millimeter vor dieses Loch musst du nun eine Kerbe schnitzen. Sie sollte wie ein Stückchen Torte aussehen und ein Achtel eines Kreises ausmachen. In diese Kerbe legst du Zunder, der auch noch bis in die Pfanne reichen sollte.

Jetzt wenden wir uns der Spindel zu. Sie sollte etwa die Länge deines Unterarms haben, möglichst gerade sein, damit er sich gut drehen lässt, und aus Hartholz wie Buche oder Eiche bestehen. Spitze sie an einem Ende wie einen Bleistift an, das andere Ende solltest du eher rundlich bis kaum angespitzt ausarbeiten. Warum der Unterschied? Das spitze Ende ist für das Druckholz gedacht, mit dem du Druck auf den Bohrer ausübst. Das stumpfe Ende bewegt sich in der Feuerpfanne und erzeugt durch die höhere Reibung die benötigte Hitze, um den Zunder zum Brennen zu bringen.

Für das spitze Ende benötigst du noch ein Druckholz, mit dem du den Feuerbohrer an deinen Bauch oder die Brust drücken kannst. So hast du für das Bohren beide Hände frei und kannst neben dem Drehen des Bogens den Zunder an die Vertiefung halten. Das Druckholz muss auf einer Seite eine Vertiefung für die Spindel haben, die andere Seite sollte jedoch glatt und abgerundet sein, um beim Pressen gegen den Körper nicht weh zu tun.

Etwa in der Mitte der Spindel musst du eine umlaufende Rille einkerben, in der die Sehne läuft. Mache die Rille nicht rund, sondern kantig, damit die Sehne den Bohrer immer gut mitnimmt und zieht. Wenn der Bohrer hier im Querschnitt rund ist, wird die Sehne durchflutschen. Das können wir überhaupt nicht gebrauchen.

Woraus machen wir die Sehne? Am besten nehmen wir dazu eine kräftige Rundschnur von etwa drei Millimeter Durchmesser. Sie sollte gut drei Mal so lang sein wie der Bogen, also rund 1,5 Meter. Haben wir keine Schnur parat, müssen wir uns im Wald etwas Geeignetes suchen. Lianen, Wurzelwerk oder Rindenstreifen sind faserig und bei entsprechend vorsichtiger Bearbeitung als Sehne durchaus einsetzbar. Allerdings erfordert die Herstellung eine ordentliche Portion Übung.

Wenn wir eine Sehne haben, was brauchen wir dann noch? Richtig – einen Bogen! Dafür kannst du einen beliebigen, leicht gebogenen Stock nehmen, zum Beispiel einen Fichtenzweig. Befestige die Sehne an einem Ende des Bogens und wickle sie einmal um die Spindel. Achte darauf, dass sie gut in der Rille liegt und sich nicht verklemmt hat. Dann bindest du die Sehne am anderen Ende des Bogens fest. Nicht zu sehr biegen, denn sonst wird die Sehne zu stark gespannt und wird durch die Rille flutschen, ohne die Spindel mitzunehmen.

Auf einer maximal ebenen Fläche (alle Äste und Späne wegräumen) platzierst du einen „Unterbau" – am besten ein Stück Holz, das nicht zu groß ist, aber flach. Erst darauf legst du das Feuerbrett – natürlich mit der Seite nach oben, auf der das Drehlager für die Spindel ist. Die seitliche Einkerbung sollte auf dem Unterbau liegen. Hier kommen die kleinen Späne aus deiner Tasche zum Einsatz. Sie werden auf den Unterbau gestreut. Alle Utensilien – Spindel, Bogen, Druckholz, Brennmaterial – sollten in greifbarer Nähe liegen, damit du dich nicht mehr bewegen musst, um die Konstruktion nicht zu zerstören.

Jetzt wird es ernst – wir legen los. Stelle nun den linken Fuß auf das Feuerbrett, um es so am Unterbau zu fixieren. Mit deinem rechten Bein (Linkshänder nehmen das linke Bein) kniest du dich hin. Stelle den Bohrer mit seinem kurzen, stumpfen Ende in die Vertiefung auf dem Feuerbrett. Die Spindel – der Bohrer – muss bereits in der Sehne stecken. Auf das längere Ende der Spindel legst du das Druckholz mit seiner Vertiefung und hältst es mit der linken Hand fest. Mit der rechten Hand hältst den Bogen – mit der Sehne zu dir.

Beginne, den Bogen nach rechts und links zu ziehen, als ob du sägen würdest. Der Bohrer wird durch die Einkerbung im Feuerbrett fixiert und bewegt sich mithilfe des Bogens. Mit guter Handfertigkeit raucht es schon nach wenigen Sekunden. Das ist aber noch kein Feuer, sondern nur Holzkohle. Wenn der Bohrer sich schlechter bewegen lässt, nimm das Druckholz ab und prüfe das Widerlager. Vielleicht musst du die Spitze von Kohle reinigen, denn auch hier entsteht beim Drehen Hitze, und das Holz verkohlt. Ziehe die untere Spitze der Spindel, die im Feuerbrett steckt, nicht heraus, damit sie sich nicht abkühlt und die entstehende Kohle nicht erlischt. Bei Bedarf mache eine neue Vertiefung in deinem Feuerbrett und setze den Vorgang fort.

Sobald sich Kohle bildet, ist es wichtig, sie nicht zu verlieren! Keine Eile – die Kohle wird glimmen wie Torf. Verwandle deinen Stock mithilfe eines Messers ganz schnell in einen „Zahnstocher“ und hole weitere Späne aus den Taschen. Platziere sie auf dem Unterbau in der Kerbe des Feuerbretts – nah an die Kohle in der Vertiefung – und schiebe vorsichtig und langsam ein Kohlestückchen zu den Spänen. Nimm dabei das Feuerbrett zur Seite. Jetzt lege die ganz feinen Späne zu der noch glimmenden Kohle – ganz sachte. Puste nun vorsichtig auf die Kohle, bis sie aufleuchtet und die kleinen Späne Feuer fangen. Stelle den Unterbau mit den brennenden Spänen auf die Bühne aus Holzscheiten und lege Holzchips und kleine Äste nach, bis das Lagerfeuer losbrennt.

## Feuer machen mit Hilfe von Brennnesseln

Feuer entfachen kannst du auch mit Hilfe von Brennnesseln: Die Fasern dieser Pflanze lassen sich durch eine besondere Behandlung zu einem Anzünder verarbeiten, der mittels Reibung und der dabei entstehenden Wärme schließlich anfängt zu brennen.

In Frühlings- oder in Winterzeiten kann man Brennnesseln anhand des „Federwischs“ finden, der oben an den Stängeln steht. Dieses buschige Material kann abgebrochen werden. Wir brauchen es nicht. Als nächstes ziehen wir die Fasern (die Haut) vom Stängel ab. Allerdings lässt sich die Haut nicht einfach lösen, sondern reißt ständig ab. Dann musst du nach einer neuen Stelle suchen, von der aus du die Haut weiter abziehen kannst.

Dazu gibt es einen Trick: Du drückst den Stängel vorsichtig mit den Fingern auf der ganzen Länge platt zusammen, von einem Ende bis zum anderen. An einigen Stellen wie etwa den Verdickungen – man sagt fälschlicherweise „Gelenk" dazu – wird das nicht gehen. Hier knickst du die Stelle oder brichst sie an. Du musst auch nicht den ganzen Stängel zusammendrücken, sondern nur sein dickes Ende, etwa 40 bis 50 Zentimeter weit. Öffne den Stängel wie eine Schachtel. Dann breche die Stängelstücke heraus. Die verbliebenen Fasern werden abstehen und sich einfach abziehen lassen. Also dran denken: Ein Stängelstück abbrechen – Fasern abziehen, Stängel – Faser und so weiter.

Die einzelnen Fasern solltest du von den Stängelresten befreien. Dazu nimm die Fasern und reibe sie aneinander, als ob sie per Hand gewaschen werden. Es wird sofort stauben – das Zeug besser nicht einatmen! Puste lieber auf die Fasern in deinen Händen, damit der Staub verschwindet. Der ganze Vorrat an Brennnesseln muss so abgerieben und abgeschüttelt werden. Letztlich sollten dann nur die dünnen Fasern, die wie Flachs aussehen, zurückbleiben. Daraus lassen sich wunderbar Fäden und Seile flechten, aus denen du dann Fangschlingen und andere Gegenstände herstellen kannst.

Die gewonnenen Fasern teilst du in zwei Häufchen. Eines legst du erstmal zur Seite. Aus der anderen Hälfte versuchst du einen Strang zu fertigen, indem du die Fasern zerpflückst und zwischen deinen Handflächen zu einer „Wurst" verdrehst. Die Fasern sollten entlang dieses „Würstchens" verlaufen. Walze den „Strick" in deinen Händen weiter, damit die Fasern sich ineinander verdrehen und das Gebilde fest wird. Verdrehe den Strick schließlich in eine feste Wulst, so wie eine selbstgedrehte Zigarette oder ein Teppich gedreht oder vielmehr aufgerollt werden. Also erst längs, dann quer drehen. Wichtig: von Anfang an bis zum Schluss immer sehr fest drehen! Diese Methode eignet sich sehr gut, weil du auch frische Brennnessel verwenden kannst. Durch die erhöhte Temperatur beim Reiben und Drehen wird das Material trocken.

Jetzt muss die entstandene Wulst mit Hilfe eines Bretts auf einer geraden Oberfläche noch mehr gedreht werden. Das Walzen geht auch auf einem Baumstumpf, wenn seine Oberfläche glatt genug ist, oder auf einem Stein – also den Umständen entsprechend. Lege die Wulst auf die glatte Oberfläche, darauf ein Brett. Schiebe das Brett über die Wulst und rolle sie dadurch. Wichtig ist, immer eine Richtung beizubehalten – nämlich in die ursprüngliche Drehrichtung! Halte dabei das Brett mit beiden Händen. Herauskommen sollte eine dicke und kurze (fingerlange) „Zigarre".

Nun musst du ein Bindemittel zusetzen, damit die Wurst nicht von allein auseinanderfällt. Im Idealfall kannst du Kreide oder Asche aus dem Feuer nehmen. Wenn das nicht zur Hand ist, reicht auch Spucke, damit der Klumpen ganz fest wird. Keine Angst vor der Feuchtigkeit, sie verfliegt beim Warmwerden. Und walze weiter mit dem Brett. Aber nur in eine Richtung, damit die „Zigarre" sich immer fester dreht! Sie darf sich auf keinen Fall lose drehen. Je fester, desto besser. Merke dir die Drehrichtung der „Zigarre" und lege sie zur Seite.

Nimm jetzt das zweite Häufchen. Bilde daraus den gleichen Streifen und verdrehe ihn, damit die Fasern sich ineinander verschlingen. Ziehe sie etwas auseinander, damit der Streifen gleichmäßig wird.

Jetzt legst du deine „Zigarre" auf diesen Streifen und beginnst, den Streifen aufzudrehen. Der Sinn liegt darin, dass die erste „Zigarre" innerhalb der zweiten bleibt, die genauso beim Drehen entsteht, nur dass sie in entgegengesetzte Richtungen gedreht wird. Sagen wir mal, die erste im Uhrzeigersinn, die zweite gegen den Uhrzeigersinn. Auf diese Weise drehen sie sich beim weiteren Reiben nicht auf. Genau wie eine Schraubenmutter und Gegenmutter. Die äußere Schicht verhindert, dass die innere Schicht sich auflöst.

Sind beide Hälften derart eingewickelt, fährst du fort, alles mit dem Brett zu walzen. Appliziere immer wieder etwas Spucke beziehungsweise Kreide oder Asche, falls zur Hand – und wickle weiter. Im Laufe des Walzens wird die „Zigarre" recht lang. Du kannst sie halbieren, damit sie in etwa die Länge eines großen Fingers hat. Wiederum etwas Spucke darauf (wenn kein Bindemittel da ist) und weiterdrehen.

Wir sind jetzt am wichtigsten Punkt angelangt: Dem Erwärmen der „Zigarre" durch Reiben. Aber Achtung: Wenn du damit einmal angefangen hast, darfst du keine Pause mehr einlegen. Durch das Walzen reiben die stark zusammengedrückten Fasern aneinander und erhitzen sich langsam. Im Inneren der „Zigarre" beginnt ein Zersetzungsprozess, der schließlich zur Folge hat, dass dort Glut entsteht, die wir wie ein glimmendes Kohlestück nutzen können. Also das Faserbündel kräftig walzen, damit es entfacht wird. Wenn du den Vorgang unterbrichst und die „Zigarre" sich abkühlt, wird beim nächsten Versuch keine Glut mehr entstehen, sondern alles zu Asche zerfallen.

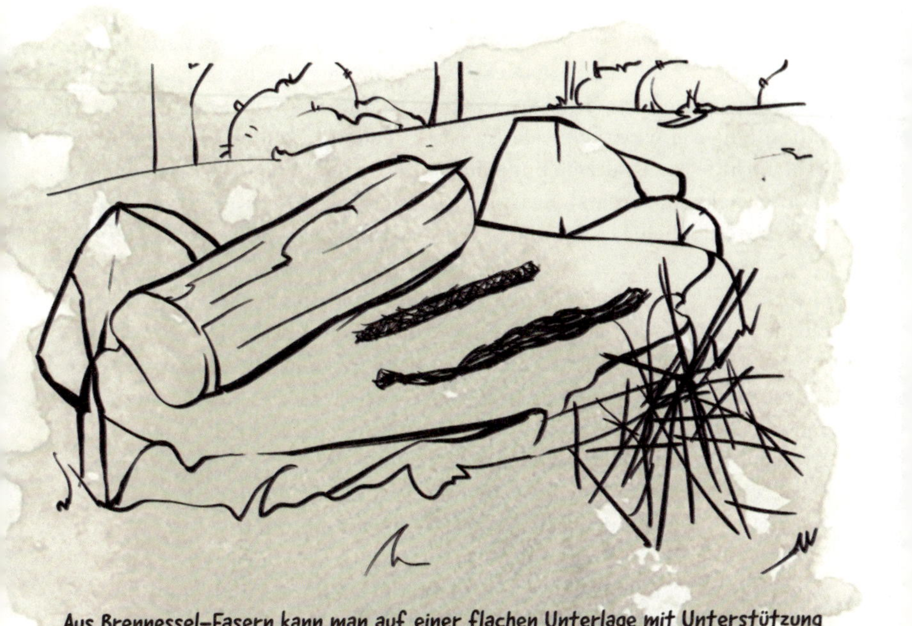

Aus Brennessel-Fasern kann man auf einer flachen Unterlage mit Unterstützung eines Asts kleine »Zigarren« rollen, die durch Reibung Hitze entwickeln.

# Bauformen des Lagerfeuers

## Stapelfeuer aus einem Stamm

Ein Stammstapelfeuer ist die bekannteste Art eines sibirischen Lagerfeuers. Es gibt unterschiedliche Varianten. Ein Stammstapelfeuer aus einem Stamm ist etwas arbeitsaufwändig. Es spendet dafür aber ausreichend Wärme, und zwar von Anfang an. Falls du kein Werkzeug zur Verfügung hast, wirst du mit nur einem Stamm weniger Zeitaufwand haben. Für ein anständiges Stammstapelfeuer werden recht dicke (und schwere) Stämme eingesetzt. Du kannst aber müde, entkräftet oder gar verletzt sein. Deshalb solltest du nicht die Stämme zu deinem Lagerplatz schleppen, sondern dein Lager direkt an dem umgefallenen Stamm aufschlagen.

Wünschenswert wäre, dass der Stamm noch einen länglichen durchgehenden Riss hat. Es lohnt sich, nach so einem Stamm Ausschau zu halten. Den Riss brauchen wir, um den Stamm etwas zu „öffnen“ – aber nicht komplett aufspalten! Wenn keine Axt da ist, ist es auch kein Beinbruch. Der Stamm wird mithilfe von Spaltkeilen „geöffnet“, die du mit einem Messer herstellen kannst (siehe Bild rechts). Es ist zwar etwas aufwändiger als mit einer Axt, aber es ist möglich. Die Spaltkeile sollten ganz flach sein.

Je mehr Spaltkeile, desto besser. Wenn die Zeit drängt, kommst du auch mit zwei bis drei Keilen aus. Den ersten Keil setzt du in geringer Entfernung vom einen Ende des Stamms. Schlage ihn mit Hilfe eines schweren Holzstocks ein. Schaue jetzt, wohin sich der Riss weiter bildet und setze den zweiten Keil nicht weit vom ersten entfernt an. Um dem zweiten Keil etwas „nachzuhelfen“, musst du den ersten etwas tiefer einschlagen, um den Riss etwas zu verbreitern. Jetzt abwechselnd auf die Keile hämmern – auf den ersten, dann auf den zweiten und wieder auf den ersten.

Danach setzen wir den dritten Keil. Wenn du den dritten Keil eingeschlagen hast, kannst du anfangen, den ersten neu zu setzen – und zwar hinter dem dritten Keil. Versetze die Keile weiter der Reihe nach – den ersten vor den dritten, den zweiten vor den vierten und so weiter, bis zum anderen Stammende. Auf diese Weise wird der Stamm auf der ganzen Länge geöffnet.

Als nächstes setzt du an beiden Enden des Stamms Keile ein und stellst ihn aufrecht an einen anderen Baum. Stopfe Späne in den Spalt. Nun wird am unteren Ende neben dem Keil das Feuer angezündet. Die aufrechte Position sorgt dafür, dass das Feuer im Spalt nach oben steigt. Durch diesen Schornsteineffekt ist das Feuer schnell entfacht. Warte etwas, bis die ganzen Späne verbrannt sind, und der Spalt beginnt, von innen zu verkohlen.

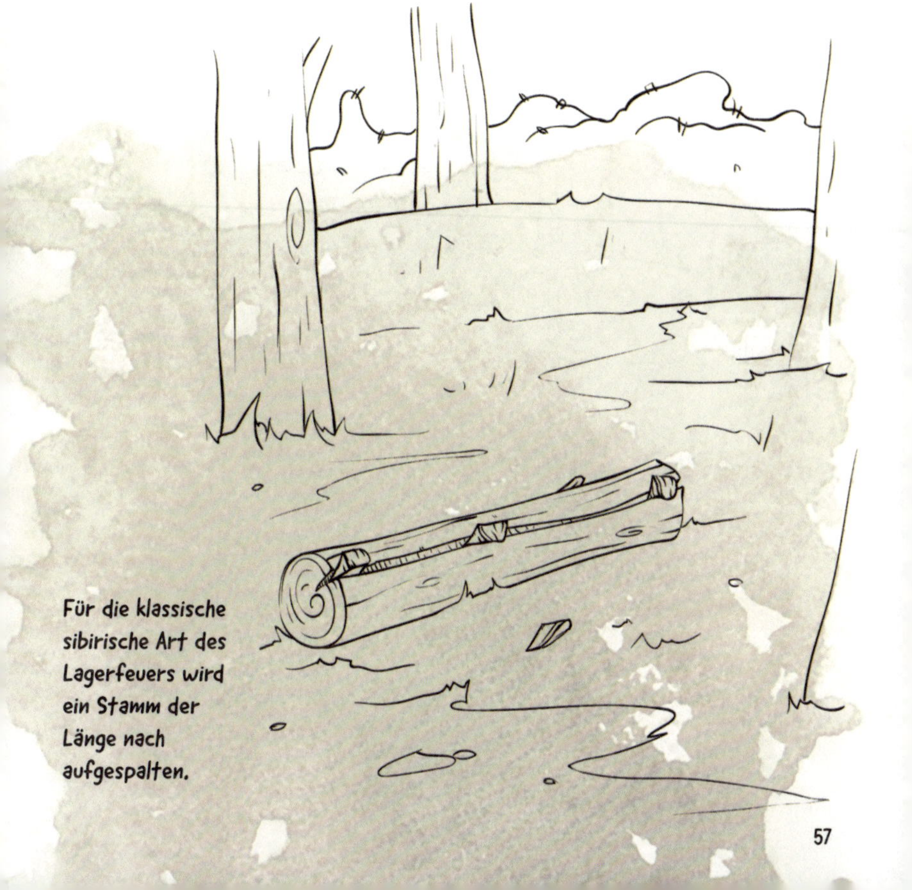

Für die klassische sibirische Art des Lagerfeuers wird ein Stamm der Länge nach aufgespalten.

Hat der Stamm einmal Feuer gefangen und brennt von innen heraus, ist das Stammstapelfeuer fertig. Du kannst den brennenden Stamm jetzt auf den Boden neben deinen Schlafplatz legen und die Wärme genießen. Denk an die Windrichtung, damit der Rauch dir nicht zusetzt. Im Schnitt brennt so ein Lagerfeuer in einem Stamm mit einem Durchmesser von etwa 20 Zentimetern etwa vier Stunden. Die Dauer hängt unmittelbar vom Stammdurchmesser ab.

Dieses Stammstapelfeuer ist praktisch, weil es angehoben und zu einem anderen Platz getragen werden kann. Es lässt sich auch auf einem Torfuntergrund anzünden.

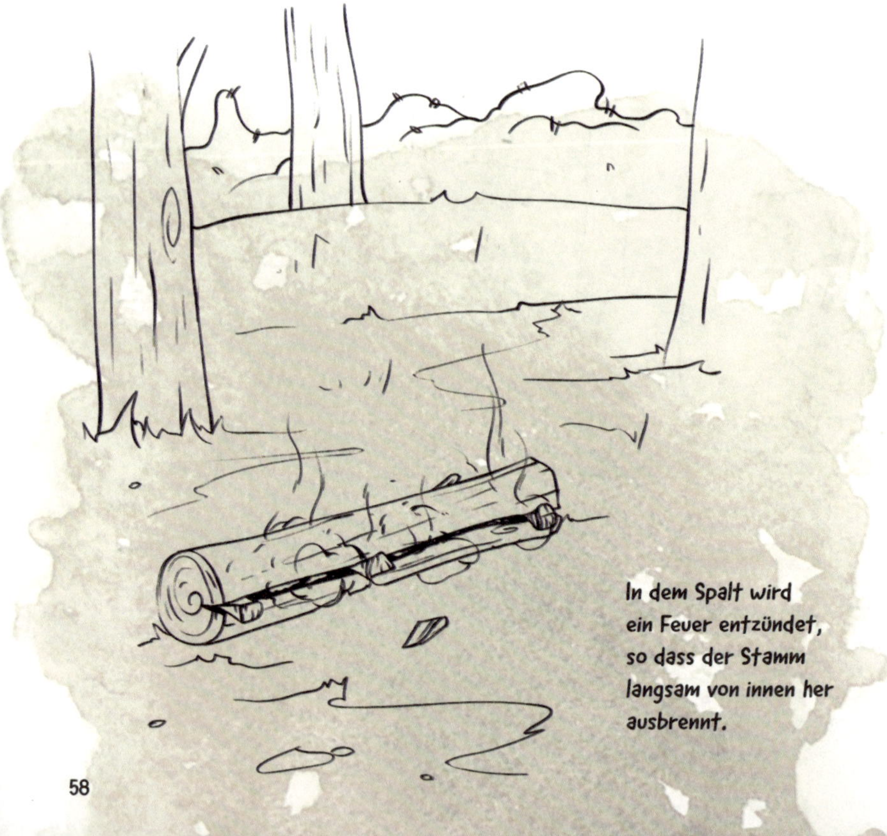

In dem Spalt wird ein Feuer entzündet, so dass der Stamm langsam von innen her ausbrennt.

## Stapelfeuer aus zwei Stämmen

*Variante 1*

Die Stammlänge sollte in etwa deiner Körpergröße entsprechen, damit du komplett gewärmt wirst. Entrinde jeden Stamm über die gesamte Länge in Form eines Streifens. So lässt sich das Holz einfacher anzünden – Rinde ist eine gute Wärmedämmung und brennt nicht gut. Die Stämme bleiben so auch stabiler aufeinander liegen. Fülle den Raum zwischen den Stämmen mit kleinen Ästen, damit sie standfest bleiben.

Anschließend wird in diesem Raum auch das Feuer entzündet. Packe dazu das Reisig in Häufchen darauf, damit der Spalt nicht komplett zu ist. Sobald der Stammstapel brennt (das Feuer brennt in der ganzen Länge an der Nahtstelle der Stämme), kann der mittlere Stamm entfernt und für ein zweites Feuer verwendet werden.

*Variante 2*

Diese Variante kannst du anwenden, wenn du keine Axt, dafür aber eine Säge hast. Ohne Axt ist es schwierig, die Stämme längs zu entrinden. Um sie dennoch standfest zu machen, schlägst du vier Pfosten in den Boden – je zwei Pfosten seitlich an den beiden Stammenden. Dann kannst du die Stämme aufeinander dazwischen legen (siehe Bild nächste Seite). Oder du schlägst einen speziellen Keil in den oberen Stamm, der sich mit einem noch daran befindlichen Ast gegen den unteren Baumstamm abstützt.

Du kannst auch eine Stützstange an deinem Stapel befestigen, damit die ganze Konstruktion festgehalten wird und nicht umfällt. Die Baumstange wird nicht durchbrennen, da die Flammen im Stammstapelfeuer nicht bis nach oben durchbrennen.

Zum Anbrennen kannst du folgende Möglichkeit verwenden: Befestige mit Hilfe von zwei Stützen (x-beliebige Holzstangen) einen dritten, dünneren Stamm in Höhe des Schlitzes zwischen den Baumstämmen. Unter diesen

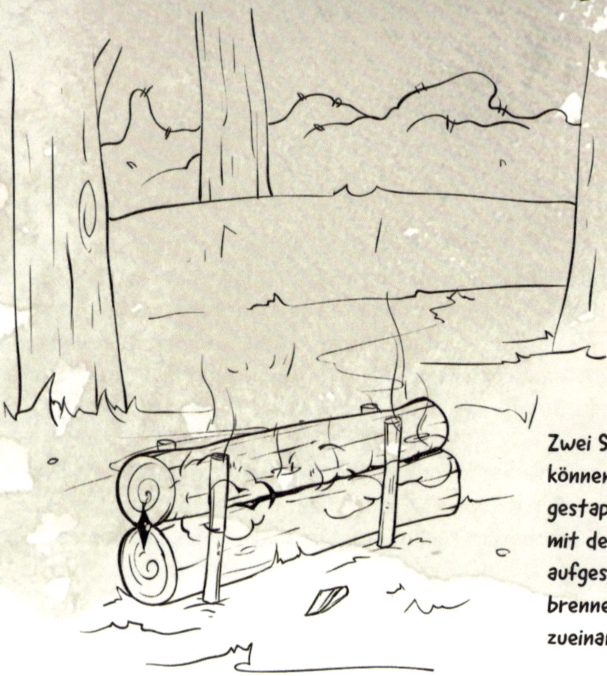

Zwei Stämme können übereinander gestapelt werden – mit den entrindeten, aufgespaltenen, brennenden Seiten zueinander.

und den oberen Stamm legst du zwei flache Holzstangen. Entzünde das Feuer in dem Spalt zwischen den Stangen und dem oberen Stamm.

Damit das Holz besser Feuer fängt, kannst du den Stammstapel auf die Seite legen, so dass die beiden Stämme mit den entrindeten Seiten zueinander liegen. Damit sie nicht auseinanderrollen, kannst du wiederum Holzstangen zum Abstützen einsetzen – oder außen Pflöcke einschlagen.

Das Feuer lässt sich dann mittels Zunderhäufchen im Zwischenraum entzünden. Jetzt zieht die Luft von unten durch den Spalt nach oben und hilft der Flamme, die Stämme in Brand zu setzen. So lange beide Stämme noch nebeneinander liegen und die Flamme hoch ist, kannst du auch ohne Probleme deine Mahlzeit darauf zubereiten.

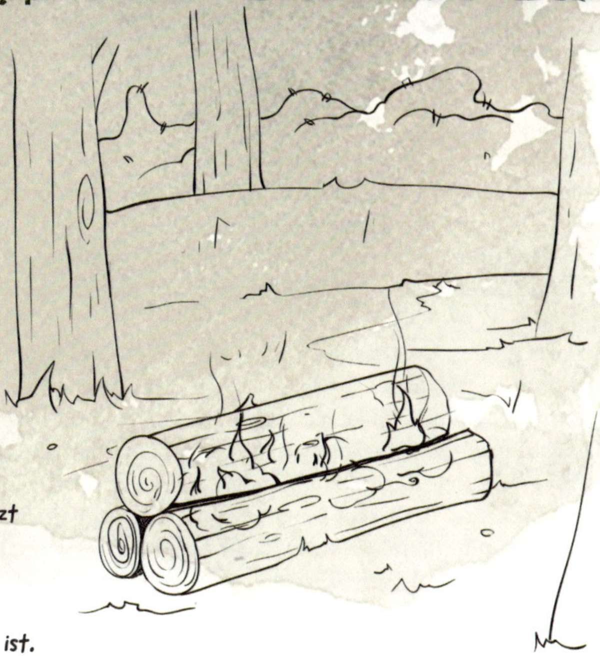

Die aufwändigste Form des Stammstapel-Feuers nutzt drei Stämme übereinander, was die stabilste und wärmste Variante ist.

Später, wenn das Stammstapelfeuer richtig in Gang gekommen ist, können die Stämme wieder aufeinander gelegt werden. Zuerst den unteren Stamm mit der angebrannten Seite nach oben legen, und darauf dann den oberen – natürlich mit der angebrannten Seite nach unten. Damit unser Stammstapelfeuer richtig brennt, muss ungefähr ein Drittel jedes Stamms verbrannt sein.

**Stapelfeuer aus drei Baumstämmen**

Dieses Feuer brennt auch weiter, falls eine Ladung Schnee von einem darüber hängenden Ast herabfällt. Das Feuer strahlt reichlich Wärme und Licht aus, wenn du sie brauchst. Es ist auch weniger launisch als ein Stammstapelfeuer aus zwei Baumstämmen – es brennt konstanter.

Für das Stapelfeuer mit drei Stämmen (Bild S. 61) eignet sich jedes Trockenholz. In unseren Breiten nimmt man am ehesten Kiefernholz. Diese Holzart eignet sich besser als Fichte oder Tanne, weil diese beiden sehr harzreich sind. Das Harz hat die unangenehme Eigenschaft, beim Verbrennen zu explodieren und dabei schwallweise Funken zu versprühen, die deine Kleidung oder deinen Schlafsack entzünden oder zumindest beschädigen können.

Hinzu kommt, dass ein Stammstapelfeuer aus drei Baumstämmen schneller abbrennt als das Lagerfeuer aus zwei Stämmen. Zwischen den beiden unteren Stämmen bildet sich ein starker Luftzug nach oben, wodurch der Oxidationsprozess zügiger verläuft. Zudem ist hier die Brandfläche bedeutend größer. Die Baumstämme selbst sollten ein Drittel dicker sein. Einige Flammen sind in diesem Feuer auch nach unten gerichtet und setzen den Waldboden in Brand. Deshalb darfst du es nicht auf einem Torfboden entfachen – es besteht große Waldbrandgefahr!

Jeder Stamm sollte etwa so lang sein wie du groß bist. Zum Abmessen verwendest du die Spannweite deiner ausgestreckten Arme. Sie entspricht recht genau deiner Größe.

Wenn ein Lagerfeuer für zwei Menschen gedacht ist, muss es symmetrisch sein. Oben wird der dünnere Baumstamm platziert. Falls erforderlich kann noch ein weiterer Stamm (zum Beispiel aus der Baumkrone) nachgelegt werden. Bist du allein in einer Überlebenssituation, sollte der dünnste Stamm (eventuell aus der Baumspitze) von dir aus gesehen unten liegen. Der zweite Baumstamm sollte etwa mitteldick sein und etwas näher zum Basisstück liegen. Das Feuer wird so aufgebaut, damit der dritte Stamm – der Erdstamm, das heißt das Stück direkt oberhalb der Wurzel – fast mittig darüber liegt und der mittlere Baumstamm über den ersten ragt. Eine waagerechte Wärmewelle wird stärker in deine Richtung ziehen.

Wenn ein Kiefernstamm gerade ist und die Stamm-Abschnitte fast gleich dick sind, kann der mittlere Stamm mittels Stützen aus einem Wurzelstumpf oder mit Pfählen höher gesetzt werden. Damit lässt sich der gleiche Effekt erzielen.

Sind die Stämme positioniert, sammelst du Reisig, trockene Fichtenzweige aus bodennahem Bereich und Birkenrinde. Da Fichtenzweige sehr buschig wachsen, bleiben sie meistens bei jedem Wetter trocken. Nach Möglichkeit sollten die Berührungsstellen der unteren Baumstämme großzügig entrindet und gesäubert sein. So wird das Holz einfacher und schneller brennen. Den oberen Stamm musst du nicht entrinden. Wenn der obere Baumstamm ebenfalls entrindet und gesäubert wird, verbrennt er zu schnell. Er wird auf diese Weise zwar viel Wärme abgeben, aber auch die ganze Stapelkonstruktion schnell abbrennen lassen und damit zerstören.

Das Feuer entzündest du mit drei Häufchen Anmachholz – an beiden Stammenden und in der Mitte. Den dritten Stamm lässt du zunächst an der Seite liegen. Die Häufchen mit Anmachholz werden auf den beiden offenen unteren Stämmen verteilt. Zuerst die ganz kleinen Ästchen und dann etwas dickere. Die Äste werden quer aufgelegt, damit die Luft reibungslos von beiden Seiten eines Stamms abgeführt werden kann. Übertreibe es aber nicht mit den Ästen, denn der dritte Stamm, der anschließend darauf kommt, könnte sonst herunterrutschen. Übrigens könntest du ihn auch stützen – einfach einen Keil in den Boden rammen.

Warte ab, bis das Anmachholz gut brennt, und platziere dann den dritten Stamm oben in der Mulde zwischen den beiden unteren Stämmen. Zwischen den Baumstämmen sollte ein kleiner Abstand bleiben, damit das Anmachholz nicht erstickt, wenn die Luftzufuhr eingeschränkt ist. Lege einfach zwei Holzstücke unter den oberen Stamm. Dann ist etwas Abstand gewahrt.

Alle drei Stämme werden sich jetzt aufwärmen – und kalte Frischluft ansaugen. Dadurch entsteht ein Luftzug zum Feuer hin wie bei einem Ofen. Die frische Luft strömt durch den Spalt zwischen den beiden Stämmen zur Flamme. Sobald das Feuer richtig anfängt zu brennen, musst du die Abstands-Holzstücke herausnehmen, weil sonst der ganze Holzstapel durch zu viel Luft sehr zügig abbrennt. Wenn du so verfährst, wird das Feuer binnen einer halben Stunde wie eine Warmluftheizung laufen. Da die Stämme nicht immer gleichmäßig verbrennen, sollte man sie von Zeit zu Zeit richten, damit der Abstand dazwischen gleichmäßig bleibt. Das Stapelfeuer mit drei Stämmen ist gut zum Kochen geeignet. Der obere Stamm muss dazu nur etwas nach hinten geschoben werden.

Wenn du siehst, dass dein Stammstapelfeuer fast durchgebrannt ist, kannst du es wiederherstellen, indem du einen ausgebrannten Stamm durch einen neuen ersetzt. Achte aber darauf, wohin du den verbrauchten Stamm legst – Waldbrandgefahr! Am besten schiebst du ihn nach dem Austausch wieder an oder auf den brennenden Stapel. Bei entsprechender Menge an Holznachschub wird dein Lagerfeuer weiter funktionieren. Die Stämme können unendlich oft ausgetauscht werden.

**Ewenkenfeuer**

Es ist nun wirklich nicht immer der Fall, dass du dich bei deiner Überlebenssituation in einem Kiefernwald mit lauter Trockenhölzern befindest, die nur darauf warten, umgekippt und verbrannt zu werden. Zudem kann es passieren, dass du für diese Aktion zu übermüdet bist. Es gibt daher noch eine probate Lagerfeuerart auf traditionelle und alljahrestaugliche Weise – Feuer nach ewenkischer Art.

Ewenken sind ein indigenes Volk in Sibirien. Sie wurden früher auch als Tungusen bezeichnet. Das Feuer nach dieser Art brennt etwa fünf Stunden lang – beim Einsatz von mitteldicken Baumstämmen – und wärmt eigentlich genau so gut wie ein Stammstapelfeuer. Für eine ganze Nacht benötigst du allerdings Baumstämme mit einem Durchmesser von etwa 30 Zentimetern.

Auf einen größeren Stamm – oder noch besser auf einen länglichen Stein – werden quer dazu fünf bis sieben Äste oder Stämme gelegt, so dass ihre Enden etwa 20 Zentimeter über die Unterlage hinausragen und sich berühren (siehe Zeichnung rechte Seite). Die gegenüberliegenden Stammenden spreizt du fächerförmig etwas auseinander. Dann wird unter den frei vorstehenden Enden auf bewährte Weise ein Feuer entfacht. Im Laufe der Zeit verbrennen die freien Stammenden langsam, und du musst die Stämme von

Beim Ewenkenfeuer werden dickere Äste über einen dicken Stamm oder Stein gelegt und an einem Ende entzündet.

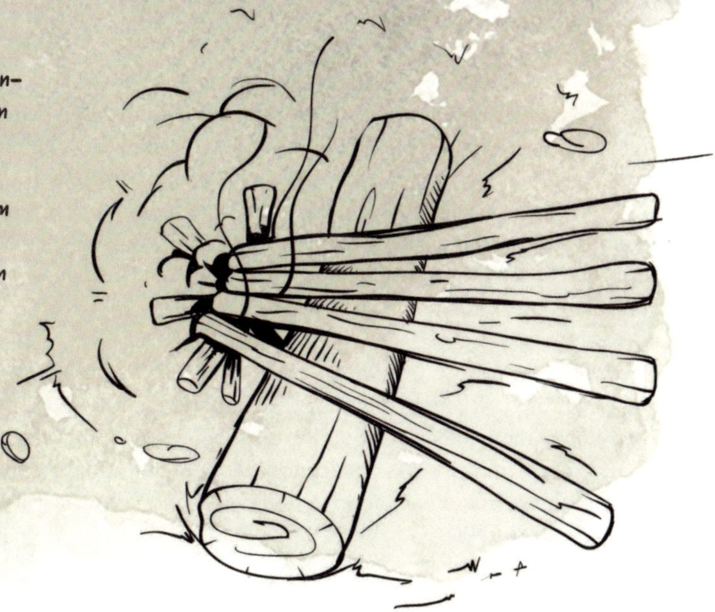

hinten in die Flamme schieben. Der Verbrauch beträgt etwa 20 Zentimeter pro Stunde, bei einem nicht zu großen Feuer.

Damit der quer liegende Baumstamm nicht anbrennt, kann er etwas angefeuchtet werden. Oder du nimmst von vornherein feuchtes Holz dafür in Form eines seit längerer Zeit auf dem Boden liegenden Stamms – oder eben einen Stein, wenn einer da ist. Der Vorteil bei diesem Feuertyp ist, dass Stämme von etwa 10 bis 15 Zentimeter Durchmesser einfacher zu finden und zur Feuerstelle zu tragen sind als doppelt so dicke.

Das Ewenkenfeuer ist ein „einseitiges" Lagerfeuer: Die Wärme strahlt nur auf die Seite, an der auch das Feuer brennt. An der Rückseite der Unterlage, da wo die Vorratsenden sind, wird weder Flamme noch Wärme hinkommen. Die Wärme entsteht bodennah und strahlt daher von unten. Ein auf einer Schlafbank liegender Mensch wird so gut gewärmt.

Für das Feuer sollte ein ausreichender Vorrat an Brennholz angelegt werden. Idealerweise sollten die überstehenden Stammenden dieses Feuer aufrechterhalten, wenn sie nach und nach herunterfallen. Es ist ein sparsames Lagerfeuer – innerhalb von vier bis fünf Stunden verbrennen lediglich etwa 1,5 Meter Stammholz. Tatsächlich gibt es kaum direkte Flammen als solche, sondern nur die Glut des unteren Feuers und die brennenden über das Feuer hinausstehenden Stammenden, von denen die Hitze ausgeht und die als Wärmequelle dienen.

Um die Hitzeabstrahlung weiter zu erhöhen – etwa um Kleidung zu trocknen oder dich selbst aufzuwärmen – kannst du auf die überstehenden Enden noch einen Querstamm auflegen. Sobald dieses Holz anfängt zu brennen, hast du im Prinzip ein Stammstapelfeuer hergestellt. Positioniere den Stamm direkt über den Flammen und denke daran ihn zu stützen, damit er nicht herunterrollt.

Darauf kannst sehr gut kochen und Wasser erwärmen. Du brauchst kein Dreibein oder eine ähnliche Hilfkonstruktion Das Kochgeschirr kann direkt auf die überstehenden Stammenden gestellt werden – eine perfekte „Kochfläche".

Ein unentbehrlicher Teil dieses Lagerfeuers ist allerdings ein Reflektor, der hinter einem sitzenden oder liegenden Menschen im Abstand von minimal drei Metern aufgebaut wird. Wenn kein Blech oder Plastikstück zur Hand ist, kann der Reflektor auch aus Fichtenzweigen gebaut werden. Am besten wird er nicht senkrecht, sondern in einem Winkel von 45 Grad zu dir hin aufgestellt, um die Strahlungswärme aufzufangen.

## Das Wichtigste aus Kapitel 5:

- versorge dich rechtzeitig mit kleinen Holzspänen und leicht brennbarem Zunder zum Anzünden eines Feuers
- wenn du kein Feuerzeug oder Feuerstahl hast, kannst du einen Feuerbohrer bauen – das ist allerdings etwas aufwändig und auch nicht einfach in der Bedienung, du braucht dazu ein wenig Übung
- man kann auch mit Brennesseln Feuer machen, wenn die Fasern auf bestimmte Weise gerollt werden
- typisch sibirische Lagerfeuer bestehen aus dicken Stämmen, die von innen her ausbrennen
- dazu wird ein Stamm der Länge nach gespalten und in dem Spalt ein Feuer entzündet
- man kann solche Feuer mit einem oder mit mehreren Stämmen aufbauen
- eine einfache Variante ist das sogenannte Ewenkenfeuer, das aus quer liegenden, dickeren Ästen über einem Stamm oder Stein besteht
- das Ewenkenfeuer ist schnell aufgebaut und brennt sparsam, hat aber den Nachteil, dass man regelmäßig die Stämme nach-schieben muss, um das Feuer am Leben zu erhalten

# SCHUTZ GEGEN REGEN UND WIND

Ein selbst gebautes Dach kann als temporärer Schutz vor Regen dienen, aber auch als ständige Unterkunft, wenn man längere Zeit an einer Stelle verbringen muss oder will. Mit einer gewissen Geschicklichkeit und Erfahrung kann so ein Einmann-„Versteck“ innerhalb von 15 bis 20 Minuten hergerichtet sein.

Für den Anfang suche dir einen sicheren Platz. Wenn es regnet, kann es gleichzeitig auch sehr windig sein – was im Wald mitunter recht gefährlich ist. Ein böiger Wind oder gar Sturm kann Bäume in Bewegung bringen, Äste und Zweige abbrechen und den einen oder anderen Baum – vor allem Totholz – auch umkippen. Du solltest also als erstes nach oben schauen und abklären, ob da etwas hängt. Stehen in der Nähe durch den Wind gebeugte oder gekippte Bäume? Es gibt Leute, die versuchen, so einen schräg stehenden oder angebrochenen Baum als Stützbalken in ihre Unterkunft einzubauen. Wenn der Wind aber stärker wird, kann dieser Baum vollends umkippen – und den Bewohner erschlagen!

## Behelfshütte

Für unser Notdach – auch als Lean-To-Shelter oder Hinterwäldlerhütte bezeichnet – suchen wir uns zwei nicht zu weit auseinander stehende Bäume, an denen mannshoch kräftige Äste herauswachsen. Diese Astgabeln werden das Auflager von unserem Firstbalken. Falls keine geeigneten Äste zur Verfügung stehen, kannst du auch zwei kräftige Stützen an die Bäume lehnen und dort fixieren, um den Firstbalken dort aufzulegen. Wenn du eine Axt oder Machete zur Verfügung hast, hacke Vertiefungen in die Stützen, damit der Balken besser hält. Als Firstbalken kann ein langer und mitteldicker Ast verwendet werden. Um die Robustheit des Gestells zu überprüfen, reicht es, sich daran zu hängen. Das Dachgewicht wird auf dem Balken liegen, die Äste oder Pfosten dienen dazu, dass der Balken nicht herunterrutscht. Das

Ganze sieht in etwa wie ein Fußballtor aus. Achte auf die Windrichtung: Das Dach soll gegen Wind schützen – das heißt, der Wind sollte von außen auf die schräge Seite wehen und nicht unter die geneigte Fläche.

Mit einem zweiten, dünneren Ast kann die Dachlänge ausgerechnet werden. Die Länge hängt von deinem Bedarf ab. Wenn du nicht nur ein provisorisches Lager, sondern eine langfristige Unterkunft bauen willst, muss das Dach schon recht lang sein, damit darunter auch genug Platz für ein

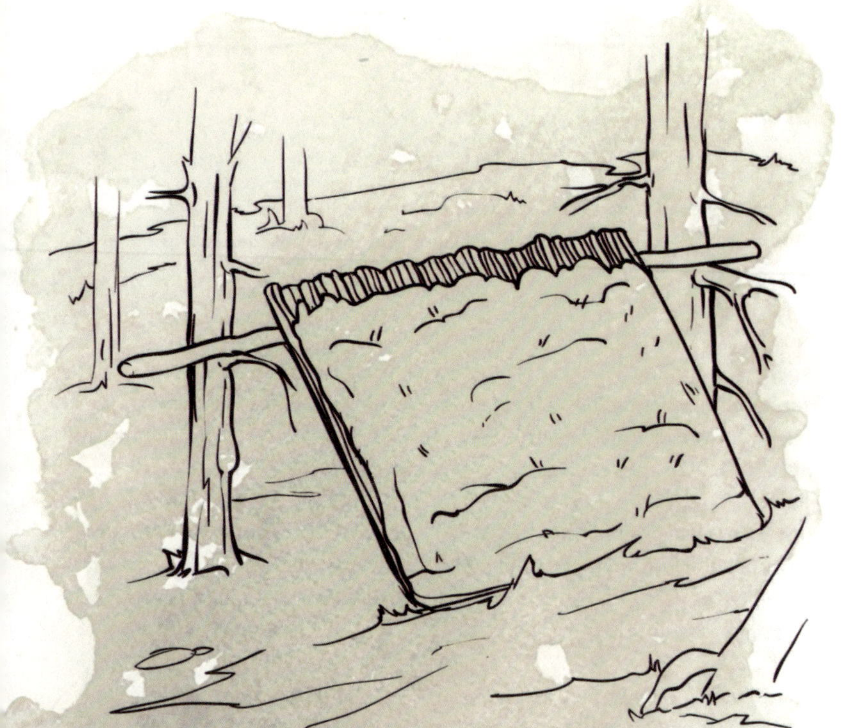

Eine einfache Notunterkunft besteht aus einem schrägen Dach, das zwischen zwei Bäumen aufgebaut wird.

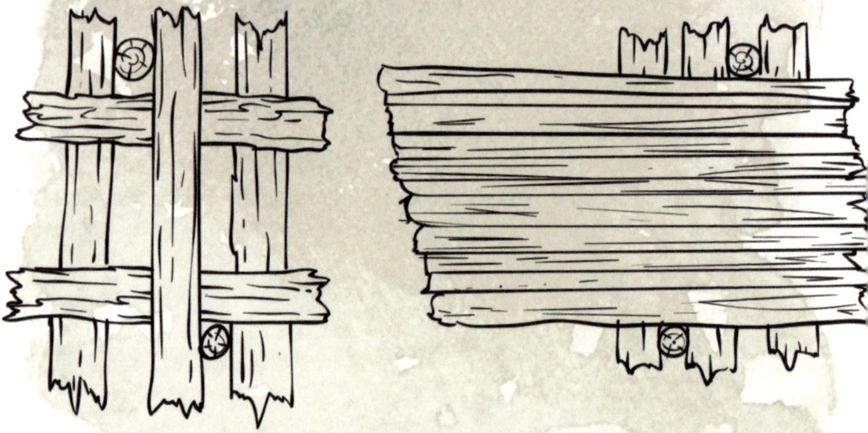

**Um nicht auf dem Boden liegen zu müssen, kann man ein Bett mit einem kreuzgitterförmigen Untergestell und einer Auflage aus Ästen, Zweigen und Blättern bauen.**

Lagerfeuer ist. Der Winkel sollte etwa 45 Grad betragen. Dadurch wird das Wasser gut abfließen. Je waagerechter und damit flacher das Dach ist, desto eher wird es lecken. Und senkrecht stehend wäre es ein Windschutz, aber kein Dach. Also suche die goldene Mitte!

Hast du die geeignete Länge gefunden, kürze den Ast auf das gewählte Maß. Entferne alles Überflüssige wie kleinere Äste und Zweige, denn dieser Ast ist deine Vorlage. Um eine einfache Unterkunft einen Meter lang auszubauen benötigst du zehn dieser Äste.

Markiere auf dem Boden die Stelle, an der die Äste in der Erde verankert werden. Am besten hebst du hier einen flachen Graben aus. Probiere zudem aus, ob die Länge für einen ausreichenden Dachüberstand sorgt. Das Dach sollte bis knapp zu der Stelle reichen, an der du das Lagerfeuer entzünden wirst. Also lege sie nach vorne. So lässt sich herausfinden, von wo ab die

Grassoden abgetragen werden müssen. Schneide Grassodenstreifen, da diese für die Abdeckung des Gestells besser geeignet sind. Besonders Torfmoos nimmt Wasser gut auf – wird aber dann entsprechend schwer. Also auf ausreichende Festigkeit deiner Konstruktion achten!

Die Grassoden sollten in etwa 1,5 Meter lange Streifen geschnitten werden. Das geht mit einem angespitzten (oder auch einem einfachen) Holzstock. Die Streifenkonturen anzeichnen, dann die Grassoden an einem Ende anheben und vom Boden abziehen. Die abgezogenen Soden rollst du wie einen Teppich auf und legst sie beiseite. Anheben, abziehen, anheben, abziehen – bis du genügend Deckmaterial für dein Dach hast. Transportiere die Grassoden neben den Bauplatz deiner Unterkunft und lagere sie dort.

Als nächstes legst du deine gesammelten Äste mit ihrem dünnen Ende dicht nebeneinander auf dem Dachfirst auf und verankerst das untere, dicke Ende in dem vorhin ausgehobenen flachen Graben.

Sind die Äste unten verankert und oben ebenfalls fixiert, rollst du die Grassoden vorsichtig auf den Ästen aus. Sorge dafür, dass die Äste keine Zweige auf der Innenseite – also unter dem Überdach – behalten. Wenn die Grassoden durchnässt sind, läuft das Wasser wahrscheinlich innen an den Ästen herunter. Zweige würden es aber abbremsen, Wasser ansammeln – und es wird tröpfeln. Rate mal wohin! Auf der Außenseite sollten die Zweige dagegen stehen bleiben. Dadurch kannst du die Grassoden an ihnen einhaken und ihr Abrutschen verhindern. Die Grassoden sollten sich überlappen, um dich sicherer vor Wassereinbruch zu schützen.

Alternativ zu Grassoden kannst du auch Fichtenzweige verwenden. Die Zweige sollten dann wie Dachziegel aufgeschichtet oder eingehängt werden, das heißt, dass die erste Schicht ganz unten beginnt. Etwas höher legst du die zweite Lage auf, dann wieder etwas höher die dritte und so weiter. Jede neue Schicht bedeckt dabei die darunter liegende etwas über die Hälfte. Das schützt vor Regen. Allerdings schützen Grassoden besser, da sie dichter sind und Wasser einsaugen, während Fichtenzweige Regenwasser durchlassen können.

Die so erbaute Unterkunft ist „einhängig", das heißt sie besteht aus nur der Hälfte eines Satteldachs, bei der die Bedeckung eingehängt wurde. Es kann auch zweihängig sein in Form einer Laubhütte. Im Prinzip musst du nur die zweite Dachschräge baugleich errichten.

Bei kaltem und windigem Wetter sollte man die Stirnseite des Verstecks mit zusätzlichem Flechtwerk aus Reisig und Fichtenzweigen abdichten und die Überdachung mit einer zweiten Lage an Zweigen bedecken. Bei Schneefall kann die Laubhütte mit einer 15 bis 30 Zentimeter dicken Schneeschicht ummantelt werden. Um Oberflächenwasser abzuleiten, grabe eine Rinne als Drainage um dein Versteck herum, mit einem Ablauf zum Hang nach unten.

Sobald das alles fertig gestellt ist, kommt die Schlafstelle an die Reihe. Wenn du ein Feuer entzünden willst, muss die Schlafstelle recht hoch gebaut sein, damit die Wärme direkt auf dich strahlt. Eigentlich müsste unter der Schlafstelle ein offener Raum sein, damit das Feuer dich auch noch zusätzlich von unten wärmt. Die Konstruktion einer solchen Bettstatt ist recht raffiniert, und du benötigst für die diversen Feinheiten neben Zeit auch entsprechende Kräfte.

Eine Schlafstelle sollte mindestens zwei Lagen haben. Sie werden in Form eines Gitters ausgelegt (es gibt auch einen Lagerfeuertyp in dieser Form). Du legst also zunächst zwei dicke Äste parallel zueinander, darauf kommt quer dazu eine zweite Lage. Falls erforderlich kannst du noch eine dritte Lage aufsetzen. Damit das Ganze standfest bleibt und nicht auseinanderrutscht, wenn du dich darauf bewegst, musst du die untersten Teile von beiden Seiten mit Keilen fixieren, die in den Boden gerammt werden. Insgesamt brauchst du vier Keile. Auf die obere Lage wird eine Schicht aus dünneren Ästen gelegt und darauf kommen dann Fichtenzweige (oder Äste mit Blättern, Heu oder Binsen).

Ein solches Lager kann uns allenfalls für eine kurze Zeit als Notunterkunft dienen – ein paar Stunden, im besten Fall ein paar Tage. Es wird in der Regel nur zum Übernachten aufgebaut. Für ein langfristiges Wohnen über mehrere Wochen – zum Beispiel, wenn das Wetter schlecht ist mit starkem Wind, viel Regen, Schneeregen oder Kälte – muss etwas Beständigeres gebaut werden, zum Beispiel eine Wohnhöhle.

## Wohnhöhle

Bevor du dich an das Ausgraben einer Höhle machst, solltest du dir passendes Werkzeug besorgen. Es ist unwahrscheinlich, dass du einen Spaten zur Verfügung hast, deshalb nehmen wir, was wir finden. Eine ganz einfache, primitive Schaufel kannst du aus einem 1,5 Meter langen Ast mit einem

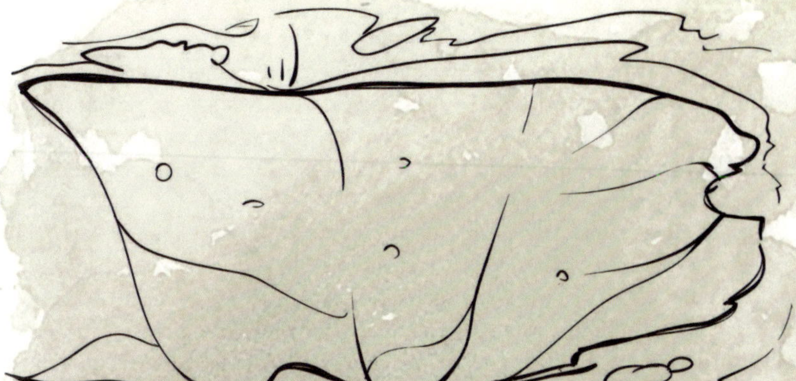

Als Ersatz für eine Schaufel dient ein angespitzter Stock mit mindestens einem Ast nahe dem spitzen Ende. Die Spitze wird im Feuer angekohlt und gehärtet.

Durchmesser von fünf bis sieben Zentimetern „meißeln". Dafür hacke oder breche alle Seitenäste bis auf zwei oder drei feste Äste am dickeren Ende ab. Flache das Endstück ab, spitze es zu und versenge es über dem Feuer, um es härter und strapazierfähig zu machen). Du agierst damit wie ein echter Cro-Magnon-Mensch!

Diese Improvisation wird fast wie ein richtiger Spaten funktionieren: Ramme dein Gerät in den Boden, drücke deinen Fuß auf den Ast – und hebele ein Stück Boden heraus. Und immer so weiter. Der Spaten wird produktiver, wenn er nahe der Spitze einen zweiten Ast besitzt, den du wie eine Stütze benutzen kannst. So kannst du das Erdreich mithilfe des zweiten Asts heraushebeln und sparst viel Kraft.

Beginne den Bau deiner Wohnhöhle mit der Suche nach einer passenden Stelle. Eine ganz einfache Höhle kannst du neben einem umgestürzten Baum anlegen. Dazu brauchst du nur ein so großes Loch zu graben, dass du darin komplett liegen oder knien kannst. Lehne ein paar Äste an den Stamm, verstärke sie durch ein Quergestell und decke sie mit Grassoden ab.

Bei einer etwas komfortableren Wohnhöhle musst du eine bessere Position finden. Das könnte eine zugewachsene Erdrinne sein oder das Loch vom Wurzelteller eines schon vor längerer Zeit umgestürzten Baums. Beachte die Bodenbeschaffenheit der Gegend, in die das Schicksal dich verschlagen hat. Achte darauf, dass das Loch nicht in einer Bodensenke liegt, in die das ganze Regenwasser strömt, und auch nicht in einem trockenen Bachbett, das sich während des Regens in einen reißenden Fluss mit entsprechenden Folgen für dich verwandelt. Kurz und gut: Am besten suchst du dir ein Loch oder eine natürliche Vertiefung auf einer Anhöhe.

Wenn du eine passende Stelle gefunden hast, lockere mit Hilfe deines Notspatens die obere Bodenschicht auf und schiebe sie mit den Füßen, Händen oder einem Rechen zur Seite. Ein solcher Rechen – mancherorts auch Harke genannt – wird aus einem dünnen Baumstamm mit möglichst vielen hervorstehenden Ästen an einem Ende hergestellt.

Nach und nach trägst du den Boden ab, bis du das Loch zur gewünschten Größe und Tiefe ausgeweitet hast. Wenn der Boden locker und sandig ist, befestige ihn, indem du senkrecht an den Höhlenwänden ein paar Pfähle einrammst und zwischen der Erdwand und den Pfählen noch Fichtenzweige, Äste oder Ähnliches einfügst. Falls sich in der Nähe deiner Baustelle kleinere umgestürzte Bäume befinden, bringe sie zur Höhle und lege sie rund um dein Loch herum. Damit lässt sich die notwendige Tiefe der Grube um 25 bis 30 Zentimeter reduzieren. Wenn du noch Steine unterlegst, kannst du noch ein paar zehn Zentimeter gewinnen. Not macht erfinderisch!

## Das Wichtigste aus Kapitel 6:

- als Schutz vor Wind und Regen brauchst du eine Notunterkunft
- am einfachsten baust du sie als Schrägdach zwischen zwei nahe stehenden Bäumen
- an einen quer aufgelegten Ast oder dünnen Baumstamm stellst du Äste im Winkel von etwa 45 Grad
- dieses Dach deckst du mit Grassoden oder Fichtenzweigen ab
- als Bett baust du dir eine gitterförmige Unterlage mit Zweigen oder Blättern als Matratze
- bei längerem Aufenthalt kannst du dir ein Loch graben, das angedeckt wird und als Höhle dient

# STEINMESSER

Stellen wir uns vor, du hast kein Messer dabei – kann alles passieren. Dafür gibt es in der Nähe einen Fluss oder Felsen, wo du Obsidian, Feuerstein oder Quarz finden kannst. In Russland findest du Obsidian zum Beispiel in Sibirien, Transbaikalien, in der Region Primorje oder im Ural. Das Messer kann auch aus einem gewöhnlichen Stein gebastelt werden, nur passt für diesen Zweck nicht jeder Stein. Wenn du bei der Suche erfolgreich bist, steht dir nichts mehr im Weg, und du kannst dir ein Steinmesser bauen, das in der Schärfe einem Stahlmesser in nichts nachsteht. Es ist allerdings wegen seiner Sprödheit sehr brüchig.

Im Allgemeinen sollte man sich über die Werkzeuge der Steinzeit nicht herablassend äußern – sie sind durchaus einsatzfähig, nur für einen modernen Menschen etwas schwierig herzustellen. Andersherum gefragt: Ist es für einen modernen Menschen einfacher, ein Messer zu schmieden, selbst wenn er dafür eine Vorlage und Werkzeuge wie Hammer, Amboss, Zange und Schmiede zur Verfügung hat? Ich bezweifle das. Schmieden zu lernen kann schneller funktionieren als man denkt, wogegen die Steinbearbeitung ohne vorherige Praxis definitiv nicht klappen wird! Klar: „Not lehrt Künste", und ein Mensch in Not kann Wunder vollbringen. Besser ist es aber, wenn ein Wunder vorbereitet ist und auf Wissen und Erfahrung basiert.

In diesem Abschnitt nehmen wir die Grundprinzipien für die Herstellung von Steinwerkzeugen unter die Lupe. Die Aufgabe besteht darin, den Stein mit scharfen Kanten zu versehen – oder die bereits durch die Natur vorhandenen Kanten zu schärfen. Sei vorsichtig: Bei der Arbeit können kleine Stücke absplittern und in die Augen fliegen!

Ein Steinmesser durch Scherung und Abpressen herzustellen, ist eine der einfachsten Methoden. Als Rohling dient am besten Obsidian, der sich durch seine glatten Kanten ohne Risse und Adern auszeichnet. Feuerstein oder Flint ist ebenfalls gut geeignet. Ein russisches Sprichwort sagt: Wenn

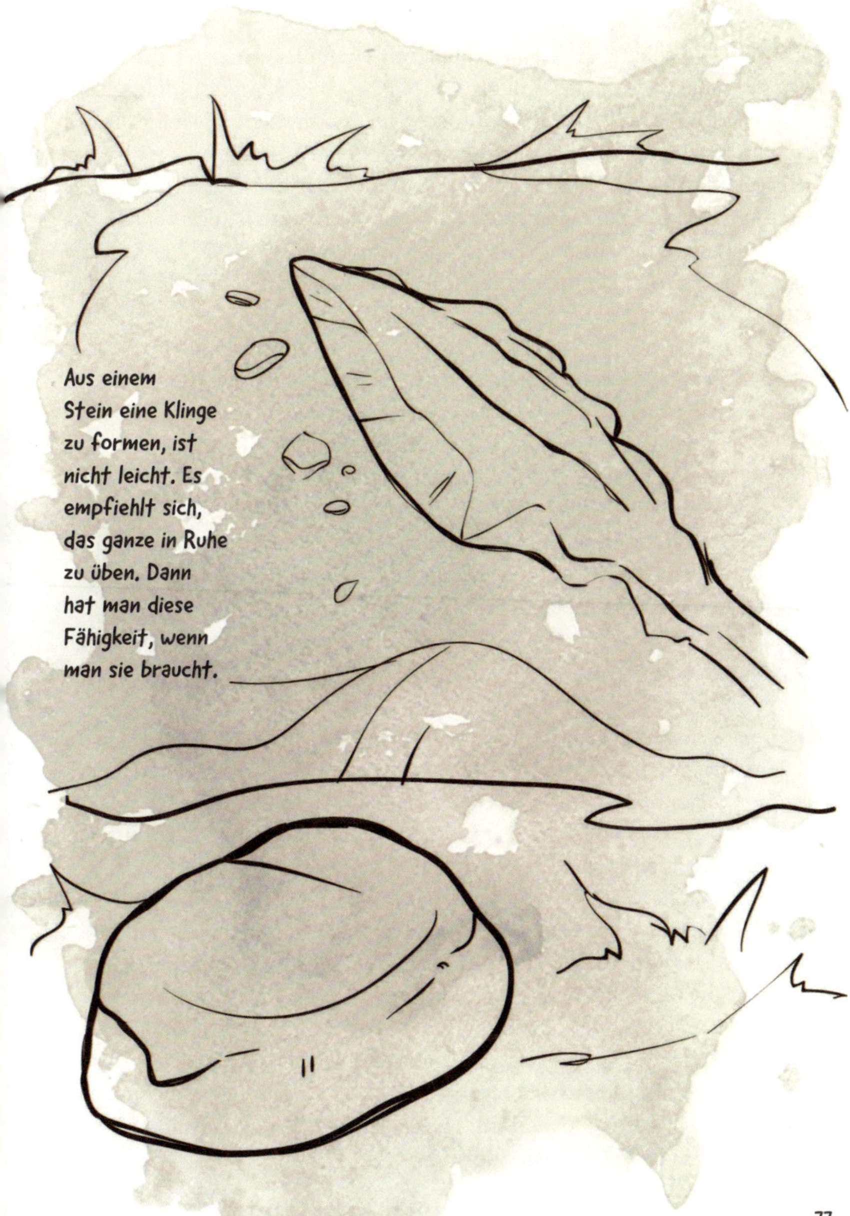

Aus einem Stein eine Klinge zu formen, ist nicht leicht. Es empfiehlt sich, das ganze in Ruhe zu üben. Dann hat man diese Fähigkeit, wenn man sie braucht.

man keine Hausdame hat, ist man auch mit einem Hausmeister zufrieden! Deshalb reicht zur Not auch ein großer, recht flacher Stein als Rohling. Mit einem anderen Stein als Schläger müssen an den Rändern dieses Rohlings kleine und kleinste Stückchen und Plättchen herausgeschlagen werden, damit er die Form einer Klinge annimmt. Du kannst den Rohling auf dein Knie legen, ihn mit der einen Hand halten und mit dem Schlagstück in der anderen Hand draufschlagen. Die Schläge müssen präzise sein. Der Rohling muss zwei Seiten bekommen, möglichst flach und mit maximal scharfen Kanten.

Die Arbeit kann jetzt mit Hilfe eines Knochens abgeschlossen werden. Er kann durchaus abgebrochen sein, sollte aber eine Spitze wie ein Meißel haben. Diesen Vorgang nennt man im Englischen „Pressure Flaking", also durch Druck absplittern. Den Rohling legst du auf einen anderen flachen Stein (als Werkbank), hältst ihn in einem bestimmten Winkel fest und drückst fest mit dem Knochenstück drauf, bis kleinste Bruchstücke absplittern. Einen Schlagstein darfst du unterhalb einer bestimmten Größe nicht mehr einsetzen, da der brüchige Rohling dabei kaputtgehen könnte. Mit Erfahrung und Handfertigkeit kannst du dir in etwa einer Stunde eine fertige Klinge verschaffen.

Als nächstes musst du für deine Klinge einen Griff herstellen. Dieser kann aus dem gleichen Knochen bestehen wie der, mit dem du gerade gearbeitet hast. Du ritzt mit deinem Messerchen einen Schlitz in den Knochen, bis die Klinge dort hineinpasst. Anschließend muss die Steinklinge darin irgendwie befestigt werden.

Zum Befestigen benutzt du eine Schnur (Leine, Schürsenkel) und eine Mischung aus Harz und Holzkohle. Auf einem flachen Stein (im Feuer) erhitzt du Baumharz, bis es flüssig ist. Dann rührst du mit einem Stock Holzkohle ein. Wenn diese Mischung auskühlt, hält sie die Klinge bombenfest. Zuerst wird der Schlitz im Griff mit der Mischung versehen, danach die Klinge eingesetzt und das Ganze mit Schnur umwickelt. Anschließend bestreichst du diese Umwicklung nochmal mit Hilfe eines Stöckchens mit der Klebermischung und lässt das Messer trocknen.

## Das Wichtigste aus Kapitel 7:

- das wichtigste Werkzeug für das Überleben ist ein Messer
- du kannst dir selber ein Steinmesser bauen
- am besten geeignet ist Obsidian, Feuerstein oder Quarz, zur Not kann aber fast jeder Stein verwendet werden
- die Klinge wird hergestellt, in dem man mit einem anderen Stein Splitter abschlägt und eine scharfe Bruchkante erzeugt
- zum Ende hin wird nicht mehr auf den Stein geschlagen, sondern mithilfe von Druck feinere Splitter abgenommen
- die Klinge wird in einen gespaltenen Knochen oder ein Holz als Griff eingesetzt
- sie wird mit einer Mischung aus Baumharz und Holzkohle verklebt und mit einer Schnur gesichert

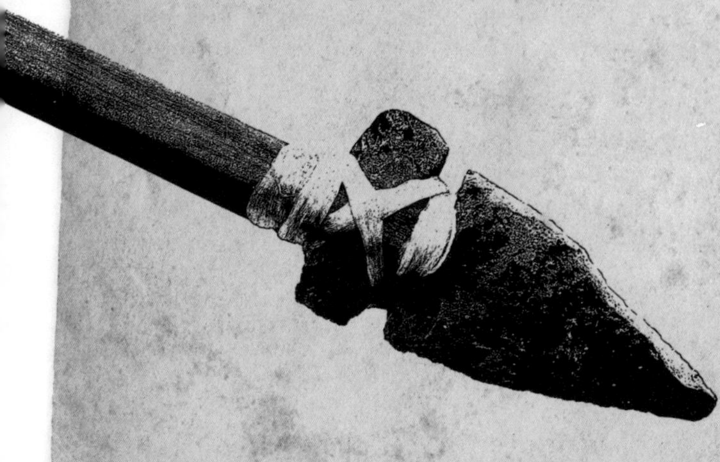

# HUNGERN

Falls du unvorbereitet in der Wildnis gelandet bist, musst du nicht sofort nach Nahrung suchen. Wenn du weit von einem bewohnten Ort entfernt bist, wirst du jedoch nicht drum herum kommen, dir etwas zu essen zu besorgen. Kannst du aber innerhalb von maximal zwei Wochen die Zivilisation erreichen, lohnt es unter Umständen, sich zu gedulden. Sofern du nämlich kein erfahrener Überlebenskämpfer bist, wirst du für die Suche und Zubereitung (und Verdauung!) deiner Nahrung mehr Energie verbrauchen, als du von ihr an Energie zurück bekommst. Eine Minusrechnung also. Grob gesagt läufst du los, um nach etwas Essbarem zu suchen, wirst müde, und findest letztendlich nur ein paar Hände voll Himbeeren. Die Sache ist der Mühe nicht wert.

Die Suche nach Nahrung lohnt sich erst dann, wenn du mit geschlossenen Augen eine Fangschlinge flechten kannst, weißt, welche Tiere sich in deiner Gegend aufhalten und welche Pflanzen du essen kannst. Erfahrung ist das allerwichtigste, und die fehlt dir ebenfalls. Hast du aber bereits eine positive Jagderfahrung hinter dir, bist du einen großen Schritt weiter!

Ein gesunder Mensch kann tatsächlich bis zu 30 oder 40 Tagen ohne Nahrung auskommen. Die ersten zwei bis drei Tage wirst du Magenschmerzen, Schwäche und Schwindelgefühle verspüren, danach kapiert dein Körper, dass kein „Sprit" mehr da ist und beginnt, die eigenen Reserven zu verbrauchen.

Das Gefühl von Hunger verspüren wir meistens, wenn die Kohlenhydrate fehlen. Der Körper fängt dann an, seine eigenen Fettreserven und Eiweiße (in Form von Muskeln) in Kohlenhydrate zu verwandeln. Nach den ersten vier bis fünf Tagen Eingewöhnungszeit wird sich der Körper aus den eigenen Reserven versorgen. Klar wirst du Hunger und Schwäche in irgendeiner Weise bemerken. Du kannst aber in diesem Zustand immerhin leben und dich bewegen.

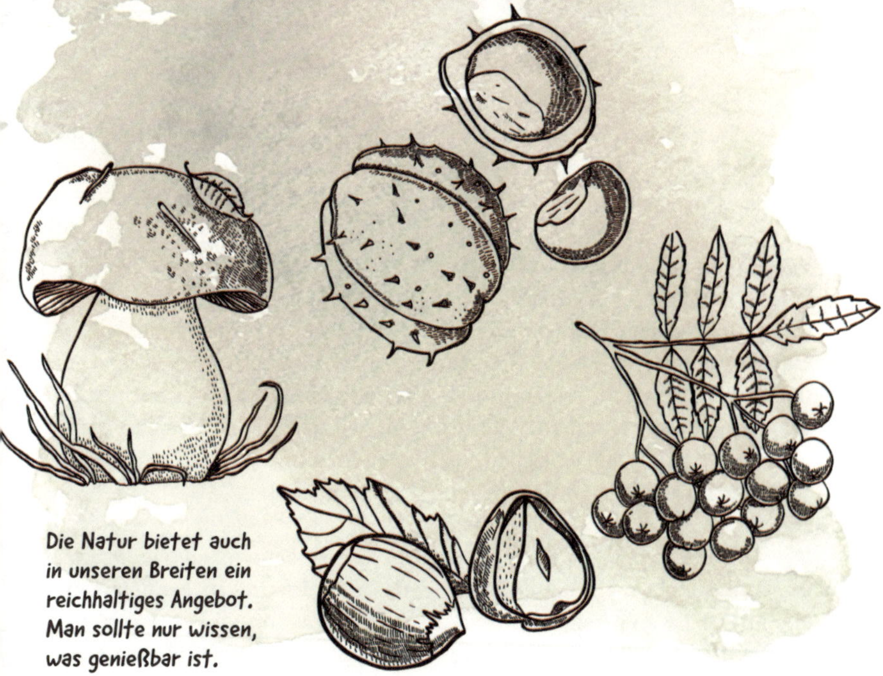

Die Natur bietet auch in unseren Breiten ein reichhaltiges Angebot. Man sollte nur wissen, was genießbar ist.

Das Wichtigste ist in diesem Fall nicht die körperliche, sondern die psychische Bereitschaft. Nicht der Hunger tötet die in einer Überlebenssituation gestrandeten Menschen, sondern die Panik. Sie fangen an, Vogeleier, Beeren, Wurzeln, Pilze und Nüsse zu essen, was zur Unterernährung und Schwäche führt. Daraus folgt eine Stoffwechsel- und Ernährungsstörung. Um die eigenen Reserven einsetzen zu können, ist es besser, komplett zu hungern.

Bleibe ruhig und verfalle nicht in Panik. Wenn du etwas Essbares bei dir hast, iss es wie gewohnt auf. Mache keine kleinen Portionen daraus. Wenn du es aufgebraucht hast, fange an komplett zu hungern. Suche weiter nach Menschen.

Noch ein wichtiger Faktor: Es hängt unheimlich viel davon ab, ob du allein oder mit einer anderen Person unterwegs bist. Manchmal ist es besser, allein zu sein. Es ist nicht gesagt, dass du mit einem guten, treuen Freund oder einem Verwandten in eine Notsituation gerätst. Du könntest einen Flugzeugabsturz überlebt haben und noch jemand anderes ebenfalls. Du wirst mit einem fremden Menschen zusammen eine Unterkunft suchen müssen.

Was das für ein Mensch ist, weißt du nicht. Das weiß niemand. Was für einen Charakter hat er, über welche Erfahrungen verfügt er? Könnt ihr zusammen zu einem Team werden und gemeinsam das Ziel erreichen? Der Unbekannte könnte deine Entscheidung zum Hungern nicht akzeptieren und unterwegs alles Essbare in sich hineinstopfen. Er könnte mit der Zeit schwächeln und nicht mehr Schritt mit dir halten können. Du musst stehen bleiben, weil es nicht richtig ist, einen Menschen im Wald zurück zu lassen. Aber selbst deswegen unterzugehen, ist auch nicht klug.

Was passiert, wenn dein Begleiter sich ein Bein bricht oder aus einem anderen Grund nicht mehr laufen kann? Verlässt du ihn und suchst dein Glück allein? Das ist eine sehr schwere Entscheidung. Wenn du bei ihm bleibst, werdet ihr rein theoretisch vielleicht gefunden. Oder ihr sterbt zusammen. Du weißt, dass es auch so kommen kann. Die Entscheidung wirst du treffen müssen. Aber das ist noch nicht das Äußerste.

Das Äußerste unter diesen Umständen ist lang andauerndes Hungern – so lang, dass dabei sogar gewisse Moralnormen verwischt werden und der Neandertaler, der in jedem von uns noch steckt, an die Oberfläche kommt. Es kann zu Kannibalismus kommen. Die in die Taiga geflüchteten Strafgefangenen der russischen Gulags haben zum Überleben manchmal einen gesunden und jungen Kameraden mitgenommen – als „lebende Konserve“, die sich selbst trägt. Kannst du einem vor Hunger verrückten Begleiter vertrauen? In der Geschichte gibt es genug Beispiele dafür, dass Menschen in extremen Notsituationen sich gegenseitig getötet und verspeist haben.

Wenn aber Kenntnisse und Erfahrung (!) im Survival vorhanden sind, dann ist es besser, nach Nahrung zu suchen. Ich möchte nochmals betonen: Es sollte eben das Wissen darüber vorhanden sein, wie man in der Wildnis etwas Essbares gewinnen kann. Ein Buch darüber zu lesen reicht nicht. Du

## Das Wichtigste aus Kapitel 8:

- man kann viel länger hungern als man denkt
- im Notfall gilt: erstmal Ruhe bewahren, so schnell verhungert man nicht
- es kann sinnvoll sein, bewusst zu hungern und nicht aktiv nach Nahrung zu suchen, um dadurch wertvolle Energie zu sparen
- allein zu sein ist manchmal besser als in Gesellschaft, vor allem, wenn man die Gefährten nicht kennt

solltest selbst in den Wald gehen und versuchen, das Beschriebene umzusetzen. Nach Möglichkeit auch nicht nur ein Mal.

Es ist auch sinnvoll zu berücksichtigen, dass sich die gleichen Pflanzen in unterschiedlichen Klimazonen anders verhalten. Uns bekannte Beeren können in einer Region einfach nur Beeren sein, woanders aber zum Beispiel den Blutdruck reduzieren, wovon man Kopfschmerzen bekommen kann. Steinpilze kommen in Russland und in Afrika vor, es handelt sich aber um zwei ganz unterschiedliche Arten, von denen eine gefährlich sein kann. Ein Frosch aus Zentralrussland ist essbar. Ein tropischer Frosch ist hingegen giftig. Das sind nur zwei Beispiele.

Deshalb sollte man sich mit Beeren und Pilzen besser einigermaßen auskennen. Bei Stress und dann womöglich noch im Halbdunkeln (abends) kann schnell eine giftige Beere nicht richtig erkannt werden. Im Wald gibt es aber keinen „Rettungsdienst", der dir im Ernstfall den Magen auspumpt.

# FISCHE FANGEN

*„Kein einziger Mensch kann in der Taiga lange leben ohne zu töten..."*

*Eric Collier, ein Mensch, der fast sein ganzes Leben im Wald gelebt hat*

## Angeln mit dem Knüppel

Die einfachste Methode an einen Fisch zu kommen ist die Betäubung mit einem Knüppel. Sie wird in der warmen Jahreszeit eingesetzt, wenn die Fische an die Oberfläche des Wassers kommen und sich zwischen den Pflanzen aufhalten. Du kannst bis zu einem Meter an den Fisch herankommen und ihn durch einen gezielten, präzisen Schlag auf den Rücken oder Kopf mit einem dicken Knüppel betäuben. Nachdem der Fisch aufgetaucht ist, musst du ihn sofort ans Ufer werfen, da die Betäubungszeit sehr begrenzt ist.

### Rechtliches zum Angeln

Das Angeln ist in Deutschland und den meisten Ländern gesetzlich reguliert. Vor dem Auswerfen einer Leine in einem Wildgewässer sind bei den zuständigen Behörden die entsprechenden Genehmigungen einzuholen. In einer Notsituation spielt das natürlich keine vorrangige Rolle. Auch die hier erklärten Methoden dürfen teilweise nur in einer Notsituation angewandt werden.

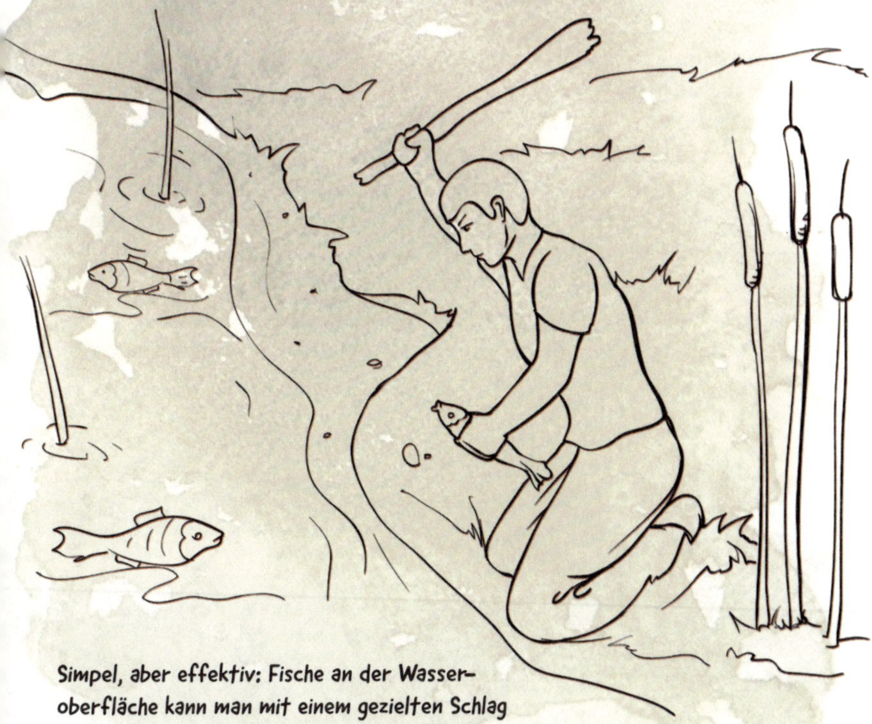

Simpel, aber effektiv: Fische an der Wasseroberfläche kann man mit einem gezielten Schlag mit einem Ast betäuben und dann herausholen.

## Fischfalle aus Gras

Diese primitive Einrichtung (wenn wir es so nennen dürfen) wird aus einem Grasbüschel und Ästen gemacht. Außer Fisch können damit auch Frösche gefangen werden.

Zuerst sammelst du einige Weidenruten, aus denen ein Gestell für die Falle hergestellt wird. Es reichen dafür bereits 15 bis 20 Ruten. Die Menge wird durch das spätere Gewicht der Falle bestimmt – sie bleibt im Wasser liegen, und durch Aufsaugen der Nässe wird sie noch schwerer. Du musst sie aber rasch aus dem Wasser ziehen können, damit der Fisch dir nicht entkommt. Also mache sie nicht zu groß und schwer.

Als nächstes brauchst du Gras. Am besten eignet sich dafür Riedgras – es ist lang und hart. Aber Vorsicht, denn meistens sind die Halme scharfkantig, und du läufst Gefahr, dir mit dem Gras in die Finger zu schneiden! Dieses Gras wird den Fisch in deiner Falle festhalten.

Die Weidenruten legst du wie einen Fächer aus. Darauf wird das Gras gleichmäßig verteilt. Die Dichtigkeit sollte dabei vom Falleneingang bis zum Fal-

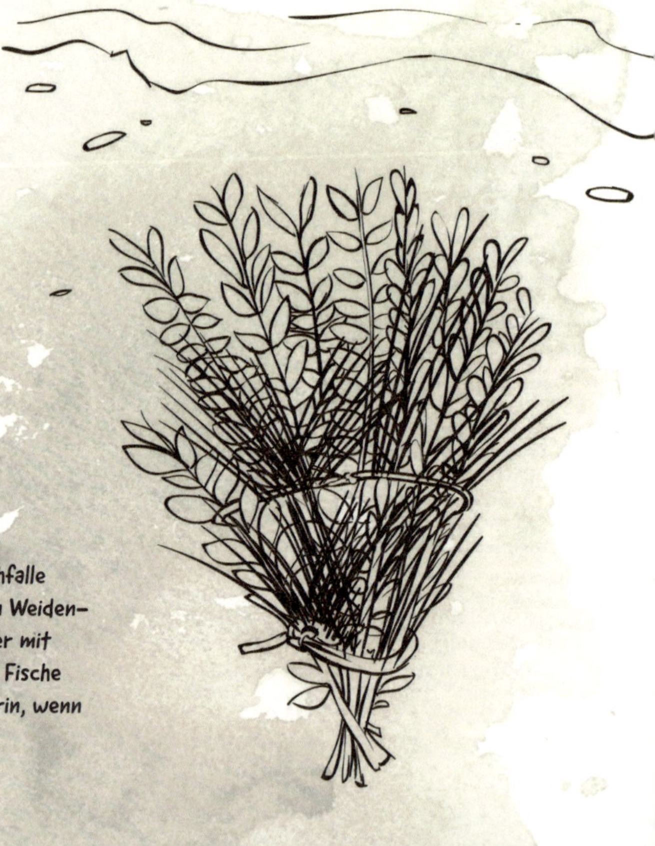

Eine einfache Fischfalle besteht aus einem Weidenruten-Trichter, der mit Gras gefüllt wird. Fische verfangen sich darin, wenn man Glück hat.

lenende steigen, denn darin liegt ja die Finesse – je weiter ein Fisch in die Falle schwimmt, desto weniger Platz hat er für seine Bewegungen. Deshalb ist es ja auch eine Falle! Ein großer Fisch kann sich natürlich freireißen. Also rechne eher nur mit Fischen kleinerer oder mittlerer Größe.

Nach der dritten Lage aus Gras werden erneut Ruten ausgelegt, die du dann an zwei Stellen – an einem Ende und etwas näher zur Mitte – zusammenbindest. In der Mitte darf die Bindung nicht so fest sein wie am Ende. Zum Binden können die gleichen dünnen Ruten verwendet werden. Unterm Strich kommt eine Art Strauß heraus, der einmal unten und einmal in der Mitte gebunden ist.

Die Falle wird zwischen Wasserpflanzen eingesetzt. Beobachte dazu vorher, ob Fische nahe ans Ufer kommen. Das kannst du am besten am Abend oder früh morgens feststellen, wenn ein Fisch im Wasser „planscht". Die Falle wird mit der weiten Öffnung, dem Trichter, zur Strömung und mit dem Ende zum Ufer hin aufgestellt. Ein Fisch schwimmt von der Strömung getragen in den Trichter – und findet nicht mehr heraus.

Wenn die Strömung nicht stark ist, brauchst du keine Gewichte zum Verankern. Das Gras hinterlässt beim Fisch den Eindruck eines Verstecks. Brutfische gehen gerne hinein, und Raubfische, die die Brutfische gerne jagen, schwimmen hinterher. Wenn ein Fisch hinter eine der Ruten schwimmt, kann er in die Falle tappen und dort steckenbleiben.

Du solltest ganz sachte an die Falle herangehen, damit der Fisch dir nicht im letzten Moment doch noch entwischt. Greife den „Strauß" ruckartig von unten und werfe ihn ans Ufer, damit der Fisch nicht mit dem Wasser ausgegossen wird.

Im Vergleich zum später beschriebenen Fischkorb sieht diese Falle nicht besonders ertragreich aus. Aber sie ist einfach und schnell herzustellen. In der gleichen Zeit, die du für die Herstellung eines Fischkorbs benötigst, kannst du zehn solcher Trichter-Fallen anfertigen – und damit werden sich auch deine Fangchancen erhöhen!

## Labyrinth aus Steinen (Fischfalle)

Dabei handelt es sich um eine alte Indianermethode. Dazu wird auf einer Sandbank neben dem Hauptflussbett ein Labyrinth aus Steinen gebaut. Zuerst legst du eine Kontur in Form eines Dreiecks aus. Zwei Seiten des Dreiecks machen wir selbst, die dritte ist das Ufer. Die Wände sollten lückenlos sein, damit auch nicht der kleinste Fisch entkommen kann! Je dicker die Wände, desto besser.

Zum Anfang kannst du die Wände mit den Füßen zusammenschieben (mit den Schuhen) oder mit einer Schaufel (falls vorhanden) und die Struktur anschließend mit den Händen verfeinern. Die Höhe der Wände über dem Wasser sollte minimal fünf Zentimeter betragen, denn in die Enge getriebene Fische springen gelegentlich über Hindernisse hinweg. Als Endergebnis ist eine massive Steinlinie entstanden. Darin sollte der Wasserfluss nicht zu merken sein.

Jetzt schau nach, wohin die Hauptströmung verläuft – da müssen die Eingänge hin. Die Eingänge sollten recht tief, aber nicht zu breit angelegt werden. Den Boden des Eingangs zur Hauptströmung musst du zu einer Rinne vertiefen. Genau hier sollte der Fisch in das Labyrinth hinein schwimmen. Die Rinne sollte etwa fünf Zentimeter tiefer sein als der Bach- oder Flussgrund. Es können auch mehrere derartige Vertiefungen am Eingang gebaut werden. Frontal zur Strömung ausgerichtet (oberstromig) kannst du zwei bis drei Eingänge anlegen – je nach Größe des Labyrinths. Auf der unterstromigen Seite lass einen Ausgang frei, der etwas breiter als die Zugänge ist. Ein Fisch schwimmt manchmal auch gegen die Strömung in einen Nebenarm seines Gewässers – und damit in deine Falle. Diesen Eingang solltest du allerdings noch mit einer Zusatzwand versehen, so dass ein Trichter entsteht. Fische finden an dieser Stelle dann nicht mehr so einfach – oder gar nicht – hinaus.

Anschließend baust du die Innenseite deines Labyrinths aus, indem du aus Steinen zahlreiche (nach Möglichkeit) verwinkelte Gänge und Kanäle bildest, in denen sich deine Beute verirren kann, ohne einen Ausgang zu finden. Vertiefe einige Stellen, da Fische hier gern länger verweilen. Tieferes Wasser gibt ihnen Sicherheit. Neben den Eingängen solltest du zwei bis drei große Steine deponieren, damit du den Eingang schnell abdichten kannst, sobald sich ein oder mehrere Fische in der Falle befinden. Außerdem lässt sich das Labyrinth so zu einem veritablen Fischteich machen, aus dem du jederzeit Nachschub holen kannst.

Damit du einen Fisch schneller herausbekommst, reiße ein Büschel Gras aus und decke den Fisch damit zu. Er wird dadurch nicht unbedingt aufschrecken und fliehen, sondern bleibt an dieser Stelle. Du musst das Gras nur noch nach unten drücken und in dem Grasbüschel den Fisch ausfindig machen. Petri Heil!

Ein mittelgroßes Labyrinth lässt sich innerhalb von 40 bis 60 Minuten allein bauen. Das wird eine „feststehende" Variante sein, am besten geeignet,

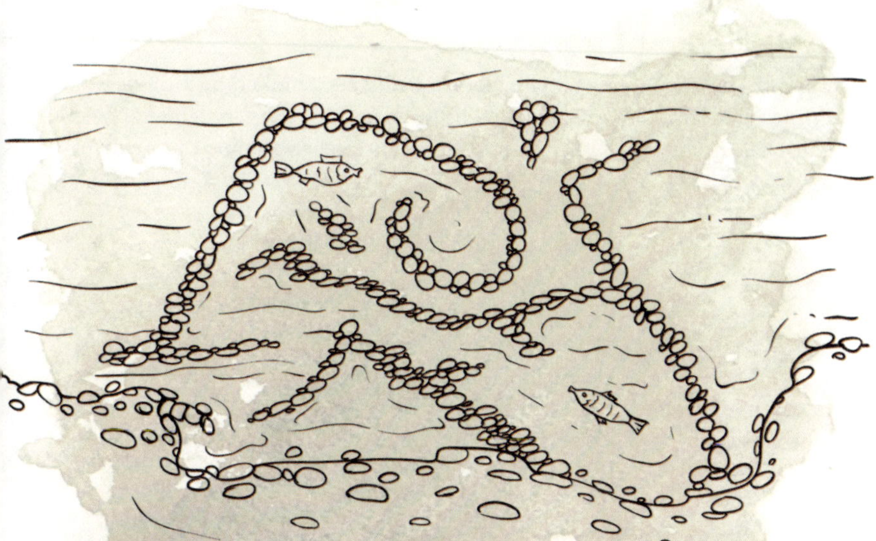

Ein Labyrinth am Ufer, aus Steinen gebaut, dient gleichzeitig als Falle für Fische und als Vorratsteich. Die Eingänge müssen schnell verschließbar sein.

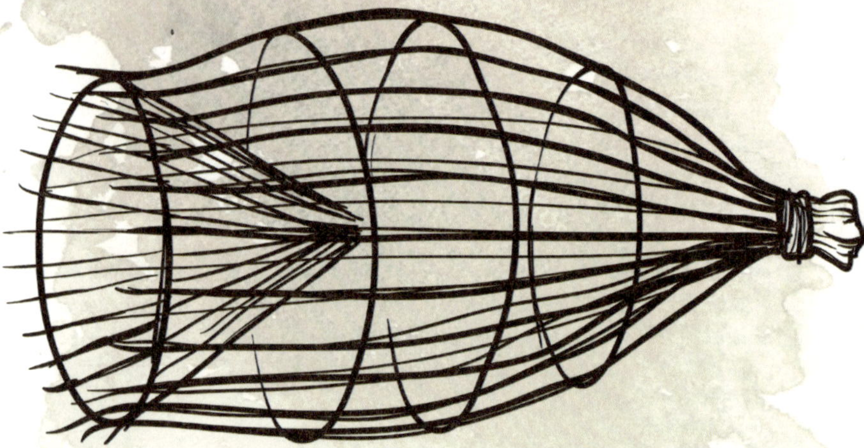

Der Bau einer Reuse aus Weidenruten ist etwas aufwändiger und schwieriger, dafür kann eine Reuse lange Zeit gute Dienste tun. Sie funktioniert sehr effektiv.

wenn du länger an einer Stelle bleibst. Selbstverständlich hast du bessere Erfolgschancen, wenn du gleich mehrere derartige Fallen in deinem Revier baust. Die beste Fangzeit ist abends, wenn die Fische nahe ans Ufer schwimmen.

## Reuse

Eine Reuse ist eine stationäre Vorrichtung zum Fang von Vögeln (Vogelreuse), Fischen und anderen Wassertieren. Sie wird aus Weidenruten geflochten, die zahlreich an den meisten Bach- und Flussufern wachsen. Es gibt verschiedene Flechttechniken, von denen wir hier die einfachste beschreiben.

Nimm die längsten Ruten, damit du nicht so viele davon benötigst. Du musst frische Ruten vom aktuellen Jahr nehmen. Du erkennst sie an einer kräftigen grünen Farbe. Je kräftiger die Farbe, desto flexibler ist die Rute. Sie lässt sich so mühelos in das Gestell einflechten. Für das Gestell unbrauchbar sind die harten dunkelgrünen Ruten, die beim Flechten gern brechen. Für eine normale Reuse mittlerer Größe benötigst du 80 bis 150 Ruten.

Zuerst werden die Ruten von den Blättern befreit – in einer Bewegung an einem Stamm vorbeiziehen und die Zweige einfach abbrechen. Die Rinde bleibt dran, denn die Entrindung kostet erstens Zeit, und weiße Ruten werden zweitens schneller gesehen. Sie könnten die Fische abschrecken.

Jetzt wird der Platz für den Bau vorbereitet. Am besten ist ein ebener fester Boden aus Erde oder Sand, aber auch Kies. Zeichne einen Kreis mit einem Durchmesser von 40 bis 50 Zentimetern und stecke die dicksten und kräftigsten Ruten in einem Abstand von etwa zehn Zentimeter in diesen Kreis. Im nächsten Schritt bindest du die Spitzen der Ruten mit einer biegsamen Rute oder einem Rindenstreifen leicht zusammen. Mit diesem „Bügel" können wir später die Länge der Reuse einstellen, wenn wir zum Beispiel nicht genug Ruten zum Flechten der Seitenwand haben. Er wird einfach nach unten geschoben, und die Reuse wird dadurch etwas kürzer. Umgekehrt kannst du den „Bügel" auch anheben, um deinen Fangkorb zu verlängern.

Im Sommer sind Weidenruten meist etwas härter, weil saftiger, deshalb knete sie in die Richtung der Krümmung, bevor du flechtest. Damit kannst du auch dickere Ruten einsetzbar machen.

Wir fangen an, von unten nach oben zu flechten. Du kannst einen Zopf flechten: Dazu werden zwei nah aneinander liegende Ruten der Reihe nach in die senkrecht stehenden Ruten eingeflochten. Zuerst die eine Rute oben, dann die zweite, danach wieder die erste und so weiter. Sie umschlingen sich vor jeder senkrechten Rute. Am Ende überlagern sie sich auch noch selbst, wie ein Zöpfchen. Das gibt am Ende waagerechte und senkrechte Festigkeit. Eine so hergestellte Reuse ist nahezu unverwüstlich und kann dir noch Jahrzehnte als Fanghilfe dienen. Wir wollen aber hoffen, dass du viel eher aus der Taiga herauskommst. Wenn eine Rute zu Ende geht, wird das Ende durch die Spalten der unteren Reihe gesteckt, damit die Reuse für die Fische noch undurchlässiger wird.

Nach der ersten Reihe kommt eine zweite, dann eine dritte, und so weiter. Am schwierigsten ist es, den oberen Teil zu flechten. Hier muss unbedingt ein Mittelmaß eingehalten werden. Wenn die eingesetzten Ruten zu dünn sind, können die Fische entkommen. Die dickeren Ruten können beim Flechten brechen. Deswegen ist es besser, ein „Zöpfchen" über zwei Ruten zu flechten, und nicht über eine. Dann bleibt das Mittelmaß erhalten. In der Spitze der Reuse kannst du die Ruten einzeln einflechten, ohne ein „Zöpfchen" zu bilden. Der Platz ist dazu zu gering.

Damit ist der eigentliche Fangkorb im Großen und Ganzen fertig, und du kannst die verbleibenden freien Öffnungen mit den zusätzlichen senkrechten Ruten schließen. Ziehe jetzt den Fangkorb aus dem Boden und mache dich an das Flechten des Eingangs. Das ist ein nicht sehr großer Konus, durch den ein Fisch in die Reuse schwimmen kann – und nicht mehr herauskommt. Der Durchmesser von Eingang und Reuse muss gleich sein.

Den Eingang fertigst du auf die gleiche Weise an wie die Reuse – nur nicht so lang. Also steckst du kürzere Ruten in einem Kreis in den Boden und fixierst sie oben, so dass ein Trichter entsteht. Dann flechtest du wieder von unten Ruten ein. Der Unterschied zum großen Fangkorb besteht – abgesehen von der Länge – darin, dass du das obere Ende nicht mit einem „Bügel" verschließt, sondern die Spitze zu etwa einem Viertel des Durchmessers offen lässt. Dann schneidest du die überstehenden senkrechten Ruten noch ab und spitzt sie zu. Ein Fisch kann nun in diesen Trichter hinein schwimmen, kommt aber wegen der zugespitzen Ruten nicht wieder heraus.

Anschließend steckst du den Eingang mit der Spitze nach innen in die große Öffnung der Reuse. Wenn die Durchmesser passen, brauchst du die beiden Teile nicht mehr aneinander befestigen. Falls sie doch unterschiedlich groß geworden sind, dann befestige sie durch Flechten miteinander, damit der Eingang und die Reuse nicht auseinanderfallen. Allerdings wirst du alles wieder auseinanderreißen müssen, wenn du einen Fisch aus deinem Fangkorb holen willst. Also gib' dir lieber etwas Mühe, um beide Teile von vornherein passend zueinander zu machen – dann musst du zum Leeren nur den Eingang aus dem Reusenkörper herausziehen.

Zum sicheren Aufstellen der Fischreuse musst du die Fließverhältnisse deines Gewässers beachten. Wenn es eine Strömung gibt, binde die Fischreuse an einen Pflock, der in den Boden gerammt ist. Je stärker die Strömung, desto fester muss die Reuse verankert sein. Wenn keine Strömung vorhanden ist, kann die Reuse einfach auf dem Gewässergrund liegen. Beschwere sie mit einem Stein, damit sie nicht aufschwimmt.

Sinnvoll ist es auch, die Reuse an einer breiten Stelle des Gewässers zwischen Wasserpflanzen unterzubringen, wo du bereits Fische beobachtet hast. Meistens schwimmen Fische am Abend zum Fressen zu solchen Stellen und können in deine Falle tappen. Ohne Anfüttern kann normalerweise nur ein Raubfisch in die Falle kommen.

Wenn du dein Lager an einem Bach aufgeschlagen hast, kannst du aus Steinen und Holz einen kleinen Staudamm errichten. In der Mitte lässt du eine Abflussöffnung frei und stellst du davor deine Reuse auf. So wird sie noch zuverlässiger als Falle wirken, da alle Fische diesen Engpass durchschwimmen müssen.

## Fangschlinge aus Weidenwurzeln

Diese Fangmethode basiert auf der Tatsache, dass Hechte und Forellen in Bächen oder Teichen über einen längeren Zeitraum oft stocksteif an einer Stelle stehen und auf ihre Beute lauern. In diesem Moment sind sie oft blind gegenüber Gefahren und lassen sich selbst fangen. Das geschieht am besten mit einer Schlinge. Bevor du dich aber um solches Fanggerät bemühst, solltest du prüfen, ob es in deinem Gewässer überhaupt solche Fische gibt.

Um einen Raubfisch zu fangen, brauchst du Zeit. Sieh dich gut um: Wo kann ein Fisch sein, wo kannst du ihn fangen? Achte auf im Wasser liegende Baumstämme, Schilf und Ränder verwelkter Seerosen, Erhöhungen und Vertiefungen im Wasserboden. In der Regel sind das die Punkte, an denen du einen Hecht oder eine Forelle fangen kannst. Wenn du Glück hast, kannst du sogar einen Hecht beim Jagen beobachten. Kleine Fische springen auf der Flucht manchmal aus dem Wasser.

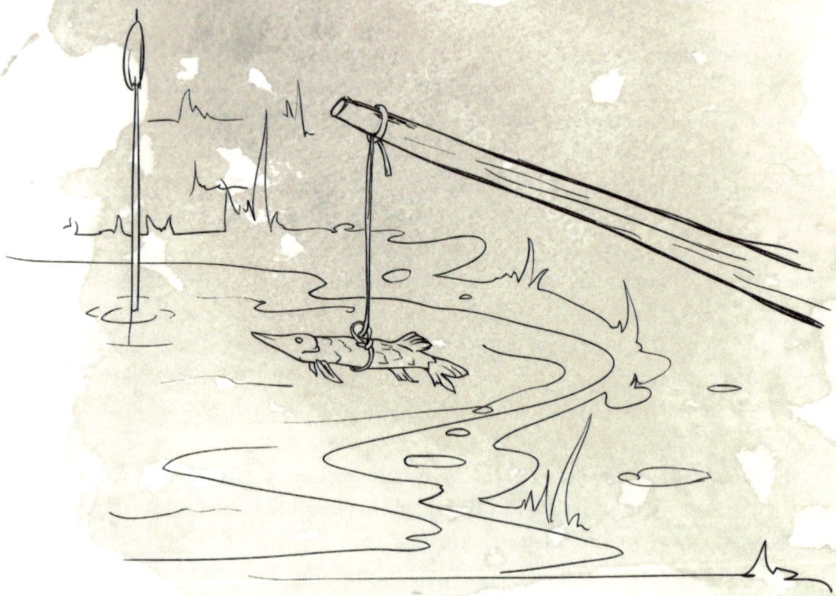

**Raubfische wie Hechte und Forellen lassen sich oft mit einer Schlinge fangen, die an einem Stock befestigt ist oder einfach in der Hand gehalten wird.**

Fische haben ganz bestimmte Futterzeiten. Ein Mensch, der viel angelt, kennt aber die „Mittagszeiten“. Wenn du Fische regelmäßig beobachtest, merke dir ihre Futterzeiten und angle um diese Zeit. So hast du größere Chancen, erfolgreich zu sein.

An Gewässern kannst du mit deiner Schlinge direkt am Ufer entlanglaufen, da hier zahlreiche Seerosengewächse, Sträucher und Schilf wachsen, unter denen ein Fisch eventuell auf der Lauer liegt. Nähere dich diesen Stellen, indem du möglichst geräuschlos auftrittst, ohne Vibrationen zu verursachen. Schritte übertragen sich aufs Wasser, und Fische registrieren das sehr leicht. Auch dein Schatten auf dem Wasser kann sehr hinderlich werden, denn er warnt die Fische vor der drohenden Gefahr. Deshalb vermeide es möglichst, einen Schatten zu werfen!

Jetzt zum Fanggerät und zum Material. Warum ausgerechnet Weide? Erstens sind Weiden meistens an Flussufern vertreten, und zweitens haben sie lange und dünne Wurzeln – wie Schnürsenkel. Die ganz dünnen sollte man nicht verwenden. Sie eignen sich nicht als Schlinge, denn sie sind zu leicht und tauchen daher aus dem Wasser wieder auf. Außerdem verbiegen sie sich ständig. Die ganz dicken Wurzeln sind meist starr und sind daher ebenfalls nicht geeignet.

Entrinde eine Wurzel und binde dann eine kleine Schlaufe an ein Ende. Jetzt steckst du das freie Ende der Wurzel durch diese Schlaufe, damit du eine selbst zuziehende, etwas größere Schlinge bekommst. Beseitige sorgfältig alle Ableger von der Wurzel, damit sich die Schlaufe reibungslos zuziehen kann.

Am besten solltest du die Wurzel an einer „Angelrute" befestigen, damit du den Fisch schneller und einfacher aus dem Wasser ziehen kannst. Du kannst aber auch Glück haben, wenn du ein Wurzelende direkt in der Hand hältst. Die Schlinge sollte nicht zu tief ins Wasser gelassen werden, sonst verbiegt sie sich. Alles hängt vom Durchmesser und dementsprechend der Härte deiner gewählten Wurzel ab.

Die Schlinge sollte sehr langsam (!) und sachte um den Fischkörper geführt werden, damit er sich nicht erschreckt und flieht. Hechte und Forellen sehen eine Schlinge oft nicht und bleiben an einer Stelle stehen.

## Harpune

Aus improvisierten Mitteln kannst du auch eine Harpune bauen und damit im flachen Wasser einen Fisch fangen – an Sandbänken und Engpässen. Es wäre wünschenswert, wenn die Spitze deiner Harpune aus Metall besteht. Vielleicht hast du ja zufällig eine Gabel bei dir.... Lege den Gabelgriff auf einen langen und möglichst geraden Ast und binde ihn in dieser Position mit einem Draht, einer Schnur oder einem Schnürsenkel fest – sofern du Schnürschuhe trägst.

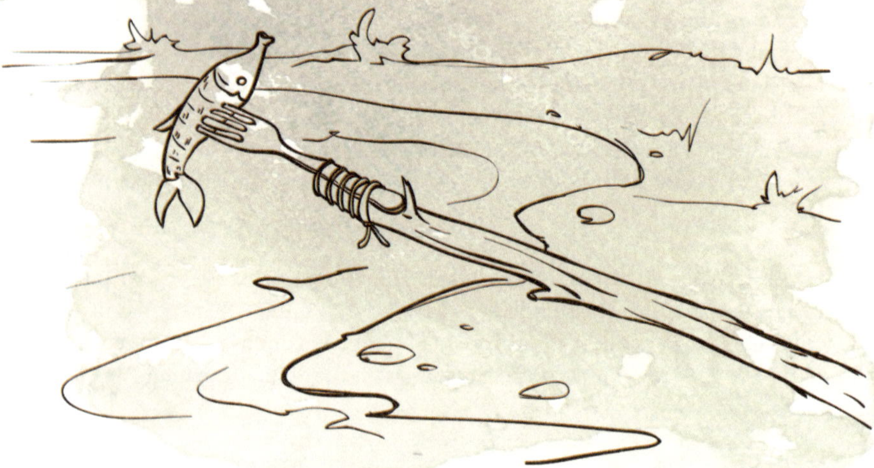

Aus einer Gabel oder vielen anderen Gerätschaften und einem Ast kann man eine Harpune bauen, mit der sich Fische jagen lassen.

Die zweite Variante ist zuverlässiger, aber auch etwas arbeitsaufwändiger: An der Spitze eines geeigneten Asts machst du zunächst einen schmalen Einschnitt in der Länge des Gabelgriffs. In diese Kerbe wird die Gabel eingesetzt und dann mit vorhandenen Schnüren oder Drähten die Verbindungsstelle umwickelt, um die Gabel zu sichern.

Sehr gut geeignet sind auch Gabeln mit Plastikgriff. Den Griff schmelzen wir im Feuer weg oder zerschlagen ihn auf einem Stein. Übrig bleibt ein Metallschaft, der meistens wie die Steckangel eines Messers geformt ist. Diesen Schaft spitzen wir durch Schleifen oder Hämmern an und rammen ihn in einen Holzschaft. Zur Sicherheit kannst du diese Stelle mehrmals mit einem Draht oder einer Schnur umwickeln, damit der Holzschaft nicht auseinanderbricht – und die Gabel verloren geht.

Eine gute Grundlage für eine Harpune ist auch ein Klappmesser. Außer der Hauptklinge kannst du alle Zweitklingen und Geräte als Harpune einsetzen

– Ahlen, kleine Klingen, Schraubenzieher, Dosenöffner, Korkenzieher. Die große Klinge behalte lieber als Messer. Die einzelnen Werkzeuge oder das ganze Messer werden wie die Gabel an einem geraden Ast befestigt.

Eine gute Harpune kann auch aus einem Metalllöffel gemacht werden. Du brauchst nur seinen Griff anzuspitzen, indem du ihn an einem Stein schleifst und ein paar tiefe Einkerbungen hinein machst. Er kann genauso wie die Gabel befestigt werden. Selbst wenn du nur einen einzelnen Nagel hast, kannst du daraus eine gute Harpune herstellen.

## Angel aus Feuerzeugfeder und Brennnesseln

Stellen wir uns vor, du hast ein Einwegfeuerzeug mit Feuerstein, bei dem das Gas ausgegangen ist. Werfe es nicht voreilig weg! Einige seiner Bestandteile können dir gute Dienste leisten. Neben dem Zündstein sind das zum Beispiel auch die eingebauten Federn, von denen es in einem solchen Feuerzeug zwei Stück gibt – die eine drückt den Zündstein von unten ans Reibrad, die andere befindet sich in der Klappe. Um einen Haken zu bauen, eignet sich die Feder besser, die unterm Stein steckt. Den Stein selber können wir später zum Entzünden unseres Feuers einsetzen.

Als erstes muss am Feuerzeug die Metallummantelung um den Gleitschieber und die Brennerdüse entfernt werden. Das kann etwas schwierig sein, und du musst eventuell Gewalt anwenden. Jetzt hast du den Gleitschieber vor dir – das ist das runde Teil oben mit den zahlreichen Einkerbungen, mit denen sich die Flammenhöhe einstellen lässt – und auch das Reibrad. Hebele das Rad aus seinem Lager heraus. Aber Vorsicht: Direkt darunter sitzt der Zündstein, der von einer Spiralfeder nach oben an das Rad gepresst wird – und in der Regel ohne das Reibrad als Halt irgendwohin springt, wo er niemals wieder gefunden wird.

Auch unter dem Gleitschieber befindet sich eine Feder. Diese holen wir ebenfalls vorsichtig aus seinem Gehäuse heraus, meist einem Plastikzylinder mit abstehender Klappe. Die Feder ist winzig, und wenn sie ins Gras fliegt, wirst du sie nie wiedersehen. Du kannst den unteren Teil des Gleitschiebers mit einem Messer oder zur Not sogar mit den Zähnen entfernen.

Jetzt bauen wir die Klappe aus – ein hohler Metallrumpf mit einer kleinen Feder darin. Wir bauen den Ring und die Feder selbst ab. Um einen Haken daraus zu machen, hake eine der Federbeugen in der Klappe ein und ziehe sie auseinander. Verletze dich nicht! Forme die Feder, bis sie in etwa wie ein Haken aussieht. Lass ein paar Windungen übrig. Daran kannst du deine Angelschnur binden.

Du nimmst jetzt einen Brennnesselstiel und drückst ihn flach, damit du die Fasern einfacher abziehen kannst. Die Fasern verlaufen am Stiel in „Fragmenten" – von einem Blatt zum anderen, etwa zehn Zentimeter weit. Diese Abschnitte werden abgerissen, dann musst du mit den Fingernägeln das

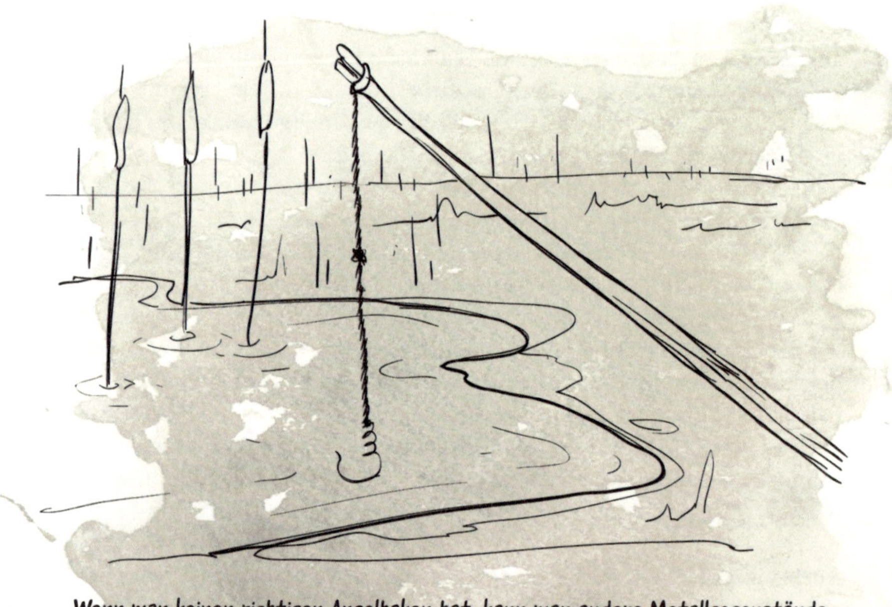

**Wenn man keinen richtigen Angelhaken hat, kann man andere Metallgegenstände, zum Beispiel eine Feder aus einem Feuerzeug, zum Haken formen.**

„Fleisch“ abkratzen, so dass nur die „Haut“ bleibt. Je mehr dieser Substanz du entfernen kannst, desto fester wird deine Angelschnur, die du daraus fertigst.

Hast du die ersten „Fäden“ aus Brennnesselfasern extrahiert, kannst du sofort deinen Angelhaken einsetzen. Zwei Abschnitte legst du mit den Kanten überlappend aufeinander und verdrehst sie, damit sie fest sitzen. Danach führst du den Strang durch die Ringe des Federhakens bis zur Mitte der Angelschnur, dann verdrehst du jedes Ende und anschließend beide Enden zusammen. Jetzt sitzt der Haken fest. Die Abschnitte der Brennnesselfasern werden zu einer Schnur gedreht.

Mit jedem neuen Faserabschnitt, den du in die bis dahin fertige Schnur eindrehst, wird diese dicker. Aber keine Sorge, wichtig ist vor allem, dass die Angelschnur am Haken dünn bleibt, damit der Fisch nicht verschreckt wird. Weiter vom Haken entfernt spielt es keine Rolle mehr, wie dick sie ist. Eine Länge von etwa 30 Zentimeter wird ausreichen.

Jetzt ist die Angelrute dran. Dafür ist ein beliebiger Zweig mit einem Durchmesser von acht bis zehn Millimetern passend. Sinnvoll ist es, wenn du an oberen, dünnen Ende der Angelrute einen Einschnitt machst, damit sich die Angelschnur besser daran befestigen lässt.

Den Haken kannst du mit einem Stein anschleifen, damit er spitz wie eine Nadel wird. Außerdem solltest du die Brennnesselschnur vor dem Gebrauch anfeuchten, da trotz des Abkratzens etwas Fleisch daran haften geblieben ist und die Schnur sich beim Trocknen gerne einrollt. Das können wir aber absolut nicht gebrauchen.

Es ist nicht ganz einfach, auf diesen Haken einen Köder aufzusetzen. Am besten du nimmst Insekten, die überall herumschwirren. Sehr gut passen aber auch kleine Würmer und Maden, wenn sie zu finden sind.

Wenn du gar keine Materialien findest, um eine Angelrute zu basteln, kannst du – wie die Angler sagen – auch „auf dem Finger“ angeln. Mit anderen Worten: Du hältst die Schnur nach dem Auswerfen zwischen Mittel- und Zeigefinger fest. Deine Finger werden den Biss unmittelbar spüren. Oder du machst am Ende der Schnur eine Schlaufe und setzt diese auf die Spitze deines Zeigefingers.

Letztendlich kannst du auch ganz ohne Metall auskommen, nur mit Holz, Vogelknochen und Fischgräten (wie unsere Vorfahren). Einen Holzhaken fertigst du am besten aus einem Zweig mit einem Ast im spitzen Winkel. Am oberen Ende schneidest du eine Nut zum Binden der Angelschnur ein. Die Astspitze wird geschärft, gereinigt und im Feuer angekohlt, damit sie fester wird.

Als Haken könntest du auch einen Widerhaken basteln. Zuverlässiger ist ein flacher Holz- oder Knochenhaken. Aus einem festen Ast schnitzt du ein zwei bis fünf Zentimeter langes Stöckchen – je nachdem wie groß der Fang werden soll, – das von beiden Seiten angespitzt wird. In der Mitte dieses Stöckchens wird eine Einkerbung rundherum für die Angelschnur gemacht. Den Köder setzen wir auf den ganzen Haken und die Angelschnur. Wenn ein Fisch diesen Haken mit Köder herunterschluckt, wird er ihm im wahrsten Sinne des Wortes quer im Hals stecken bleiben.

Das Streben nach einem „dicken Fisch" macht sich nicht immer bezahlt, besonders wenn man nur eine primitive Angelrute zur Verfügung hat. Manchmal ist es einfacher, ein paar Kilo Fisch in Form von kleinen Flussbarschen oder Gründlingen aus dem Wasser zu ziehen, als einen zwei bis drei Kilo schweren Hecht – zumal die Nährwerte beider Fischarten in etwa gleich sind. Hinzu kommt noch, dass bei einem großen Fisch das Angelzubehör schneller kaputt geht – erst recht, wenn es sich dabei um eine besonders empfindliche und improvisierte Ausrüstung handelt. Es ist auch nicht so einfach, einen großen Fisch ohne Hilfe eines Keschers an Land zu bringen.

Versuche nicht, einen Fisch mit einem Ruck in die Luft zu schleudern und derart an Land zu bekommen, wenn er angebissen hat. Schonender für dein Equipment ist es, wenn du den Fisch im Wasser zum Ufer führst und dann mit den Händen oder einem improvisierten Kescher herausholst. Wenn du nicht sicher bist, ob deine Angelrute hält, lass sie ins Wasser fallen und beobachte sie aufmerksam. Der Fisch wird bald müde und die Rute bleibt stehen.

Versuche auch nicht, einen in Wasserpflanzen verfangenen Fisch herauszuziehen – lass die Angelschnur locker und warte, bis der Fisch von selber herauskommt, dann ziehe ihn zum Ufer.

Der Haken wird tief im Fisch sitzen, deshalb versuche nicht, ihn ruckartig herauszubekommen. Ruckartiges Ziehen kann den Haken beschädigen oder die Angelschnur abreißen. Außerdem wird es nicht einfach sein, den Haken im Inneren des Fisches wieder zu finden. Schneide den Fisch lieber auf und hole den Haken vorsichtig heraus. Natürlich kostet es dich mehr Zeit, aber der Haken geht dabei nicht kaputt, was unter diesen Überlebensumständen äußerst wichtig ist.

## Fische räuchern

Nimm den Fisch aus und salze ihn (wenn du Salz hast). Entzünde ein Feuer und warte, bis es vernünftig brennt. In der Zwischenzeit sammelst du Erlen- und Weidenblätter. Diese Pflanzen findet man zahlreich an Flussufern. Damit du sofort viele Blätter auf einmal einsammelst, halte den Zweig am Ansatz fest und ziehe die Blätter zu dir. Die Blätter werden von selbst in der Hand bleiben. Der Fisch wird in den Blättern geräuchert. Die Menge der Blätter, die du benötigst, wird wie folgt berechnet: Unter dem Fisch befindet sich eine Schicht von etwa fünf Zentimetern aus Blättern, über dem Fisch die gleiche Menge, sowie fünf bis sieben Zentimeter an den Seiten.

Die Holzkohle des Feuers wird etwas auseinandergeschoben, so dass in der Mitte ein Raum entsteht, um den herum die Kohle weiter glüht. Vorsichtig legen wir diese Fläche im Feuer mit Blättern aus. Es wird sofort qualmen, aber das soll es auch. Wir brauchen den Rauch zum räuchern. Achte auf die Windrichtung und lege den Fisch näher zu der Seite, in die der Wind weht, damit der Fisch besser geräuchert wird. Dann noch die obere Seite des Fischs mit einer Schicht aus Blättern abdecken. Lass das Ganze für etwa 15 Minuten vor sich hin glimmen. Genauso wie am heimischen Grill sind Flammen nicht erwünscht, deshalb decken wir sie mit Blättern ab.

Folgende Dinge spielen dabei eine Rolle: Gewicht (Größe) des Fisches, Windgeschwindigkeit (je stärker, desto schneller geht die Räucherei vor sich), und wie trocken die Blätter sind (je nach Jahreszeit).

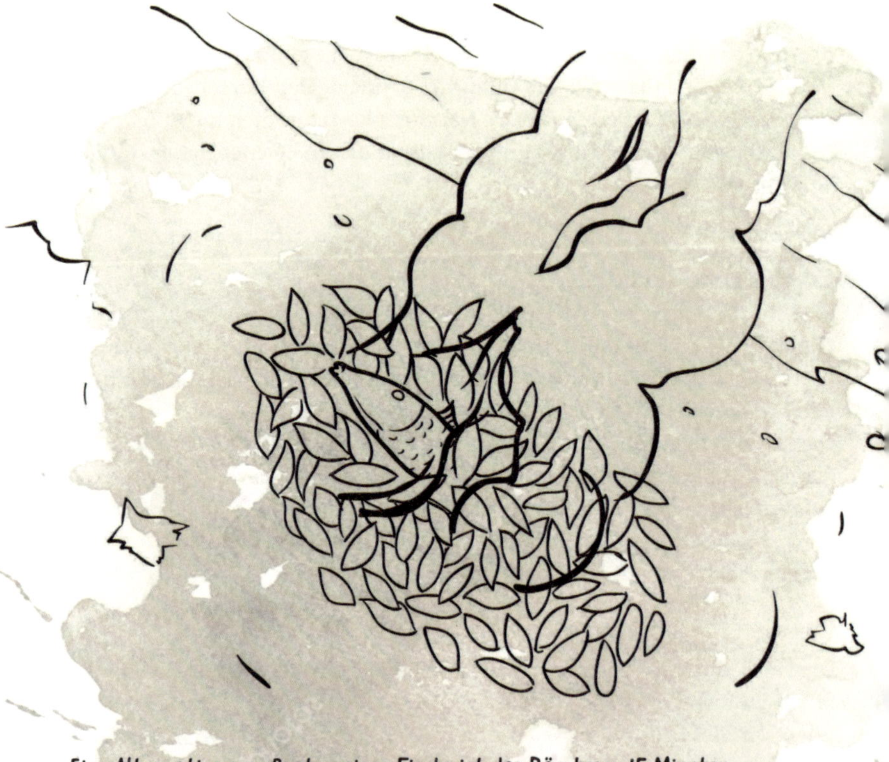

Eine Alternative zum Braten eines Fischs ist das Räuchern. 15 Minuten frischen Erlen- oder Weidenblättern in der Glut eines heruntergebrannten Feuers reichen aus.

## Das Wichtigste aus Kapitel 9:

- Fische gibt es weltweit in fast allen Gewässern, sie sind daher eine wichtige Nahrungsquelle für Notsituationen
- es gibt sehr viele Möglichkeiten, Fische zu fangen – wähle die aus, die am besten zu deiner Situation und deinen Möglichkeiten passt
- die einfachste Methode ist, einen Fisch mit einem Ast- oder Knüppgelschlag zu betäuben
- auf ähnliche Weise kann man Fische mit einer improvisierten Harpune aufspießen
- Raubfische wie Hechte und Forellen lassen sich recht gut mit Schlingen fangen, die man aus Schnur, Draht oder Weidenwurzeln anfertigen kann
- clevere Fischfang-Methoden nutzen Fallen, Reusen oder ein selbstgebautes Labyrinth am Ufer
- man kann viele Gegenstände – wie ein kaputtes Einwegfeuerzeug
- dafür verwenden, Angelhaken anzufertigen, eine Angelleine kann man aus Brennesselnfasern improvisieren
- gehe vorsichtig mit deiner Ausrüstung um und versuche nicht, zu große Fische zu fangen

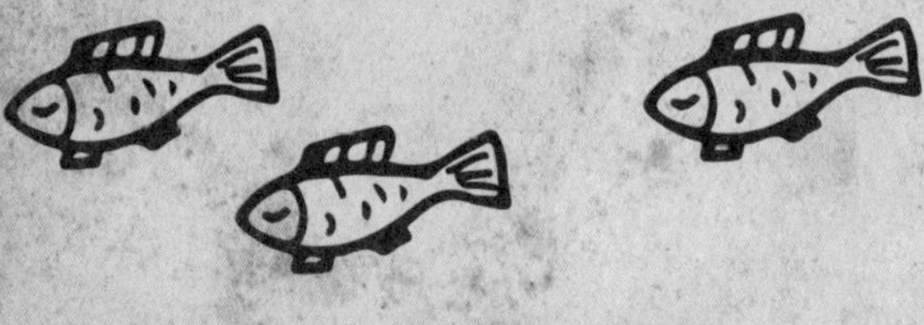

# KLEINTIERFANG

Fallen sind Werkzeuge, die für eine passive Jagd eingesetzt werden, bei der der Jäger nicht anwesend sein muss. Sie werden an Stellen aufgestellt, wo Tiere am häufigsten vorbeikommen und müssen in regelmäßigen Abständen kontrolliert werden. Es gibt allgemeine Regeln für die Aufstellung von Fallen, die du sehr präzise befolgen solltest – davon hängt ab, ob du etwas zu essen hast oder nicht.

In den meisten Ländern ist das Jagen mithilfe von Fallen grundsätzlich verboten oder zumindest stark reglementiert. Die folgende Anleitung ist daher nur für Notsituationen gedacht. Du darfst natürlich übungsweise Fallen bauen, sie aber nicht unbeaufsichtigt stehen lassen.

Fallen sollten nicht da aufgestellt werden, wo es für dich bequem ist, sondern da, wo die Tiere laufen: vor Bauen, auf Tierpfaden, an Wildwechseln, Trink- und Fressstellen. Zerstöre die natürliche Landschaft nicht, wenn du eine Falle aufstellst! Veränderungen in der Landschaft können ein Tier alarmieren, das an dieser Stelle mehrmals vorbeigekommen ist. Daher treffe alle Vorbereitungen zum Bau und Aufstellen einer Falle (Herstellung von Fangschlingen, Fallstricken etc.) weit entfernt von der geplanten Stelle. Versuche, am Aufstellplatz möglichst wenig herum zu trampeln, keine Äste abzureißen, Totholz und Steine nicht zur Seite zu räumen.

Nähere dich zum Aufstellen und Kontrollieren der aufgestellten Falle von einer Seite mit natürlichen Hindernissen – Büschen, Bäumen oder Fallholz, die daneben stehen oder liegen. Im Winter kannst du deine Spuren mit Schnee verbergen. Je weniger du dich an der Jagdstelle bemerkbar machst, desto größere Chancen auf Erfolg hast du.

Beim Aufstellen der Fallen denke daran, deinen eigenen Geruch nach Möglichkeit nicht zurück zu lassen. Die Nase eines Tiers ist bedeutend sensibler als die eines Menschen. Ein Duft, den ein Jäger selbst bei bester Anstren-

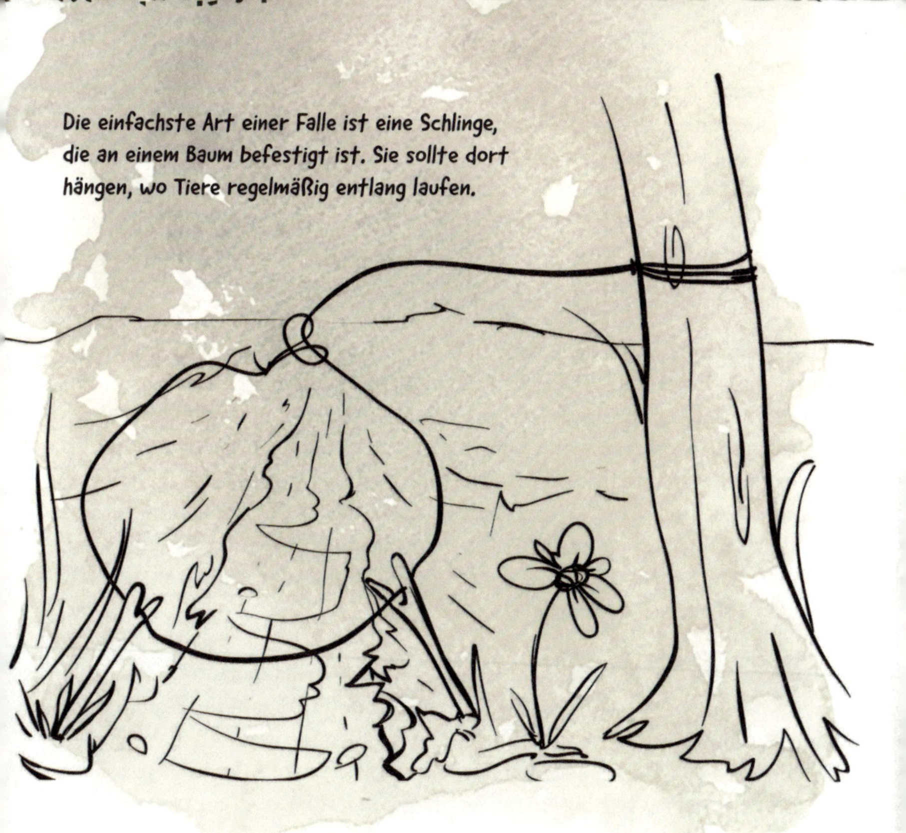


gung nicht wahrnehmen kann, wird ein Tier kilometerweit riechen – besonders den eines seit Wochen nicht gewaschenen „Überlebenskämpfers"! Als Folge wird deine potenzielle Beute dann auch bestimmt die Falle kilometerweit umgehen. Um das zu vermeiden, versuche die Einzelteile der Falle und die Pflanzen drum herum so wenig wie möglich anzufassen.

Berücksichtige auch, dass jede Baumart ihren eigenen Geruch hat und Tiere, die du zum Essen fangen willst, diesen Geruch sehr gut kennen. Es ist unsinnig, eine Falle aus Kiefernzweigen mitten in einem Birkenwald aufzustellen – und natürlich auch umgekehrt. Ein für diese Gegend ungewöhnlicher Geruch kann ein Tier abschrecken. Manchmal hilft der Rauch eines Lagerfeuers, um die Falle unbemerkbar zu machen. Rauchgeruch ist für Tiere nicht unbekannt und kann den menschlichen Geruch überdecken. Frisch abgeschnittene Zweige und Äste, die du für die Konstruktion einer Falle einsetzt, solltest du an den Schnittstellen mit Erde beschmieren und dann so getarnt aufstellen. Damit passt sich die Falle optimal an die Umgebung an.

Alle Fallen müssen stabil gebaut sein, weil du ja nie weißt, wer oder was in deine Falle hineintappt. Nicht selten geraten auch größere Tiere mit ihren Pfoten in Fallen, die eigentlich für kleinere Beutetiere gedacht sind. Wenn du sie nicht verpassen willst, solltest du deine Falle standfest machen und im Boden verankern. Die Pfähle, die du in den Boden eingräbst, sollten wenigstens zu einem Drittel ihrer Länge in der Erde sitzen. Am besten bindest du deine Fangschlinge nicht nur an einen im Boden verankerten Stock an, sondern auch noch an die nebenstehenden Bäume, damit dein Fang nicht mit der Falle das Weite sucht.

Verlasse dich nicht auf nur eine einzige Falle. Selbstgebaute Fallen sind dann besonders ertragreich, wenn sie in größerer Anzahl aufgestellt werden. Profijäger stellen manchmal hunderte Fallen in einem Areal von vielen Kilometern auf. Und nie bleiben sie ohne Abendessen! Allerdings geben sie sich mit ihren aufgestellten Fallen oft große Mühe und kontrollieren sie täglich auf Beute.

Wenn du gefunden wirst und dein Jagdgebiet verlässt, musst du alle Fallen wieder abbauen. Mindestens aber solltest du deine Retter über die Konstruktion und die Stellen informieren, an denen sie stehen. Jede Falle, die du hinterlässt, kann auch einen Menschen verletzen, der dorthin kommt.

Eine Falle kann am Rand einer Grube mit steilen Wänden errichtet werden. Noch besser ist es, diese Grube zu einem Viertel mit Wasser zu füllen. Um Mäuse und kleine Nager zu jagen, braucht man nicht einmal aufwändige Konstruktionen, da sie selbst gerne in leere Behälter wie an Bäume angelehnte Eimer, Kessel, Dosen oder Gläser hineingehen, um nach Essbarem zu suchen. Wenn ein Eimer zu einem Viertel mit Wasser gefüllt wird, wird das Tier nicht mehr herauskommen. Es ist sinnvoll, diese Fallen über Nacht stehen zu lassen und erst am Morgen zu kontrollieren.

Wenn sich ein Tier in einem Erdloch oder einer Baumhöhle versteckt hat, kannst du versuchen, es mit einem langen, biegsamen Ast herauszuholen, in dem man ein Astende aufspaltet oder ein paar Einkerbungen macht. Beim Drehen kann sich der Ast mit den Einkerbungen im Fell verfangen, und du kannst das Tier aus seinem Loch „herausangeln".

Außerdem können Tiere aus ihren Bauten mit Rauch oder Feuer aufgescheucht werden – oder du flutest den Bau mit Wasser. Vorher müssen natürlich die Fluchtwege versperrt werden. Das fliehende Tier kannst du beim Verlassen seiner Zuflucht mit etwas Glück und Geschick per Stockschlag betäuben und anschließend töten. Noch besser ist es, ein Netz oder eine Schlinge vor dem Ausgang aufzustellen.

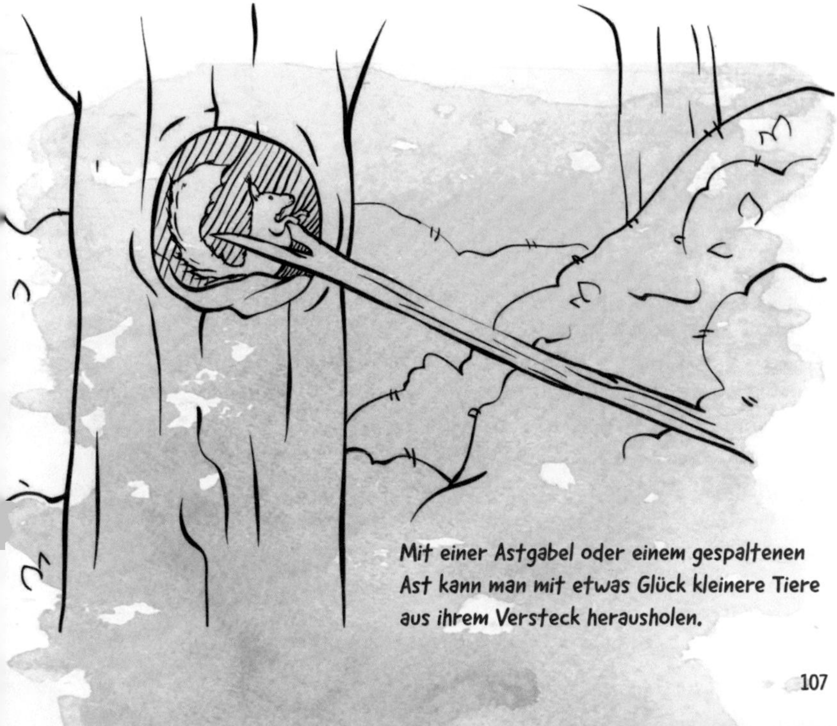

Mit einer Astgabel oder einem gespaltenen Ast kann man mit etwas Glück kleinere Tiere aus ihrem Versteck herausholen.

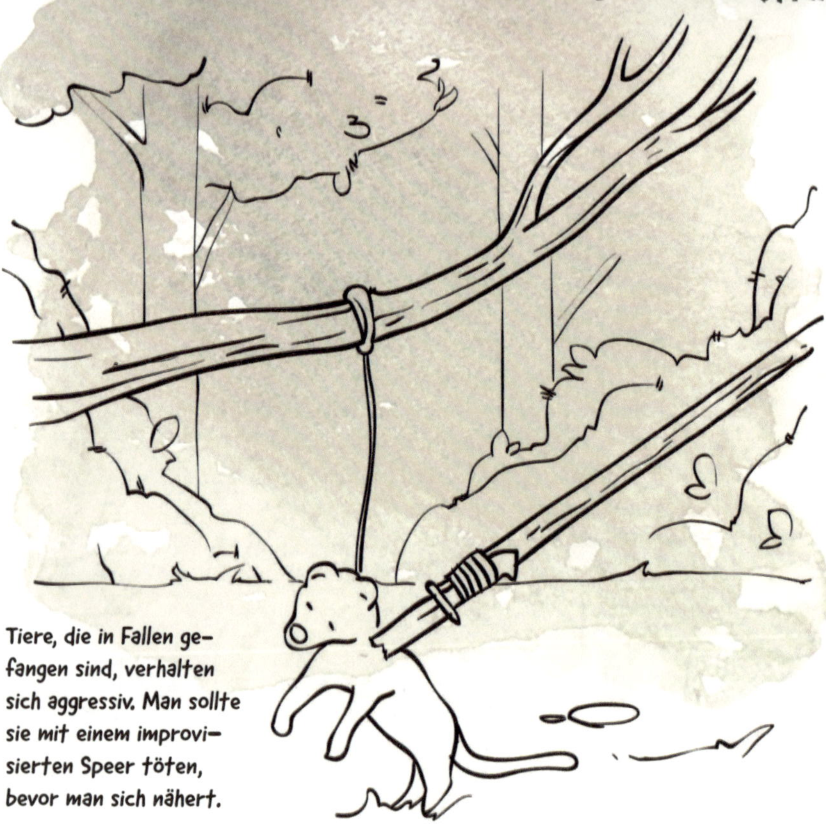

Tiere, die in Fallen gefangen sind, verhalten sich aggressiv. Man sollte sie mit einem improvisierten Speer töten, bevor man sich nähert.

Bevor du Tiere aus deiner Falle herausholst, überzeuge dich als erstes, dass sie nicht mehr leben. Schaue nach, ob die Ohren angelegt sind, ob die Pfoten zucken, das Gras sich unter den Nüstern bewegt. Werfe einen Stein aus einiger Entfernung, stupse das Tier mit einem Stock an. In der Falle sitzende Tiere können aggressiv und gefährlich für den Jäger werden. Nähere dich einem verletzten Tier nicht gleich, sondern warte, bis es sich nicht mehr bewegt. Oder erledige es mit Hilfe von Steinen oder einem improvisierten Speer – ein Messer fest angebunden an einen langen Ast.

Besonders gefährlich können in dieser Situation Raub- und große Huftiere sein, wie zum Beispiel ein Hirsch oder ein Elch. Aber auch kleine Nager können dem zu nahe gekommenen Jäger gefährliche Wunden zufügen. Ohne vernünftige Medikamente und dann noch allein im Wald... Besser ist es, das nicht zu riskieren.

Zum Fangen kleiner Tiere kannst du außerdem Wurfsteine einsetzen. Bereite sie vor und trage sie immer mit dir. Wenn es auf die Jagd geht, hast du keine Zeit, um einen passenden Stein zu suchen. Das Tierchen wird nicht auf dich warten. Flugweite, Treffsicherheit und Wirkungskraft hängen meistens von der Steinform ab. Ein runder Stein kann die Flugbahn besser halten, fliegt aber nicht weit und kann das Wild nicht ernsthaft verletzen.

## Rechtliches zum Fallenstellen

Das Fallenstellen wird in Deutschland rechtlich stark beschränkt. Das Auslegen von Schlingen und Schlagfallen im Wald ist eine ernstzunehmende Straftat. Widersprüchlich sind jedoch unterschiedliche Auslegungen. So sind beispielsweise Totschlagfallen in manchen Landesjagdgesetzen generell verboten, zur Tötung von Schadnagern sind sie jedoch erlaubt. Es gibt auch sehr strenge, aber wenig bekannte Regularien: Den sachlichen Verboten des Bundesjagdgesetzes ist zu entnehmen, dass es unter Strafandrohung verboten ist, »Schlingen jeder Art, in denen sich Wild fangen kann, herzustellen, feilzubieten, zu erwerben oder aufzustellen.« Nicht nur das Aufstellen, sondern schon das Herstellen von solchen Schlingen ist also verboten. In der Praxis darf man durchaus das Anfertigen und den Gebrauch von Fallen für Notsituationen üben, man darf sie aber auf keinen Fall in der Natur unbeaufsichtigt lassen. Die Jagd mit Hilfe von Fallen ist ausschließlich in echten Notsituationen zulässig.

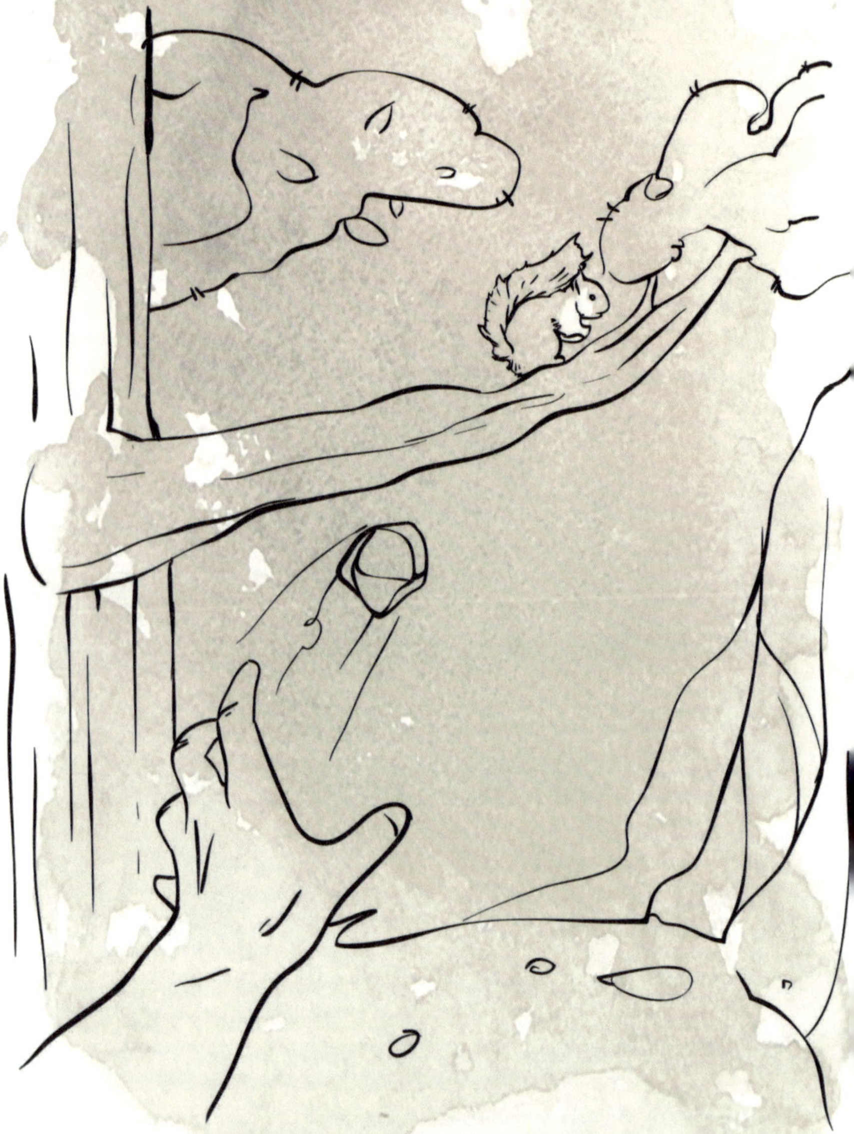

Ebenfalls eine einfache Methode, Tiere zu erlegen: Wer ein gutes Auge hat, kann mit einem gezielten Steinwurf Erfolg haben.

## Schlingen für Eichhörnchen

Zuerst suchen wir einen Baum im Wald, der für Eichhörnchen interessant sein könnte. Anzeiger dafür sind herumliegende Eicheln, Nüsse oder Pinienkerne. Vereinzelt lassen sich in Baumwipfeln auch die Nester (Kobel) dieser Tiere entdecken. Das Fleisch eines Eichhörnchens schmeckt übrigens wie Hühnchen.

Die Falle für Eichhörnchen ist eine selbstzuziehende Schlaufe. Ein dünner Draht oder auch eine Schnur (was auch immer zur Hand ist, zum Beispiel unsere bekannte Schlaufe aus den Fichtenwurzeln) eignet sich sehr gut für diese Jagd. Ein Eichhörnchen ist ein eher faules Tier, was Jäger sehr gerne ausnutzen. Machen wir uns das zunutze. Nimm einen mittelmäßig dicken Ast oder jungen Baum, lehne ihn in einem flachen Winkel an einen Baum, etwa einen Meter vom Boden entfernt. Befestige in der Mitte dieses Astes senkrecht nach oben drei oder vier Schlaufen und tarne sie mit Hilfsmitteln wie Zweigen, Blättern oder Gras.

Wie es funktioniert? Ein Eichhörnchen läuft über den Ast, sieht die Falle nur wie ein natürliches Hindernis (Äste, Zweige usw.). Es springt hindurch und gerät dabei mit dem Hals in die Schlinge. Die Schlaufe zieht sich an seinem Hals enger, das Eichhörnchen denkt, es wird angegriffen und springt zur Seite und bleibt in der Schlaufe hängen. Binde die Schlaufe nicht ganz fest an den Ast, damit sie gleiten kann.

## Frösche

Bei einem Frosch werden nur die Schenkel gegessen. Er kann aber auch komplett verzehrt werden, abgesehen vom Kopf und den Innereien. Vor dem Kochen in Wasser sollte man die Haut abziehen. Damit die Haut sich einfacher entfernen lässt, kann man ihn ein paar Minuten in kochendes Wasser halten oder damit absieden. Frösche und Wassermolche können gekocht, auf einem Stock im Feuer gegrillt oder auf heißen Steinen gebacken werden. Froschfleisch schmeckt nach Hähnchen und Fisch.

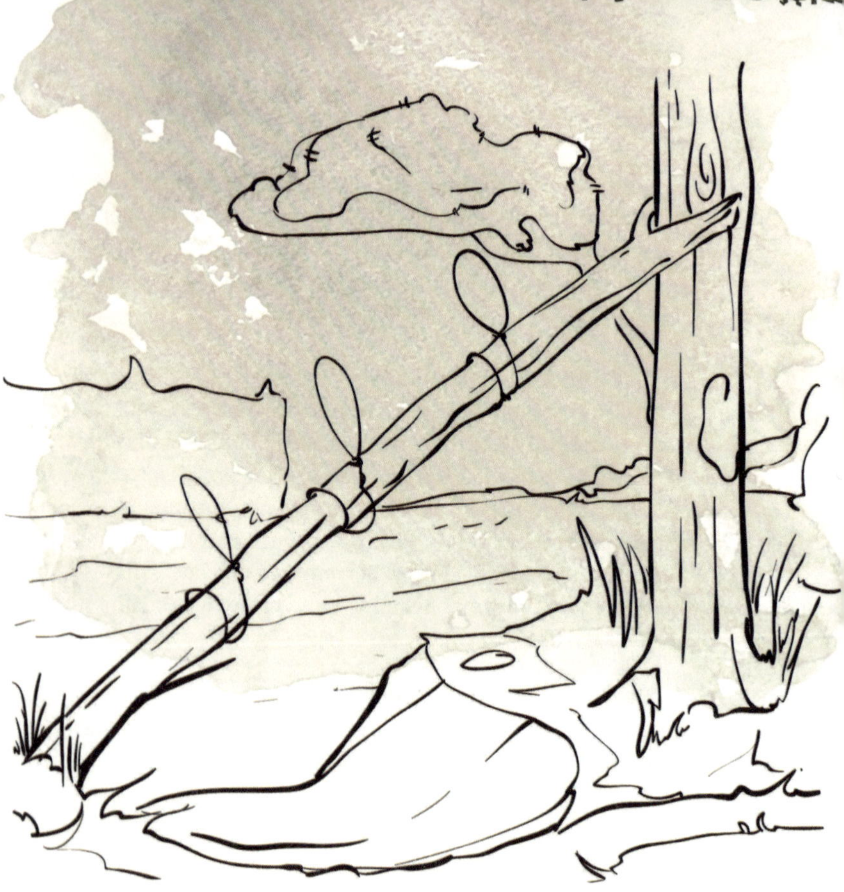

So kann eine Falle für Eichhörnchen aussehen. Am besten funktionieren mehrere Schlingen hintereinander. Sie müssen noch mit Blattwerk getarnt werden.

## Vögel

Das Fleisch älterer Vögel, besonders von Raben und Drosseln, ist sehr zäh und sollte längere Zeit gekocht werden. Die jüngeren Vögel dieser Art kann man dagegen grillen – behaupten Soldaten einer Sondereinheit. Nach Möglichkeit meide Aasfresser, denn sie übertragen in der Regel Infektionen,

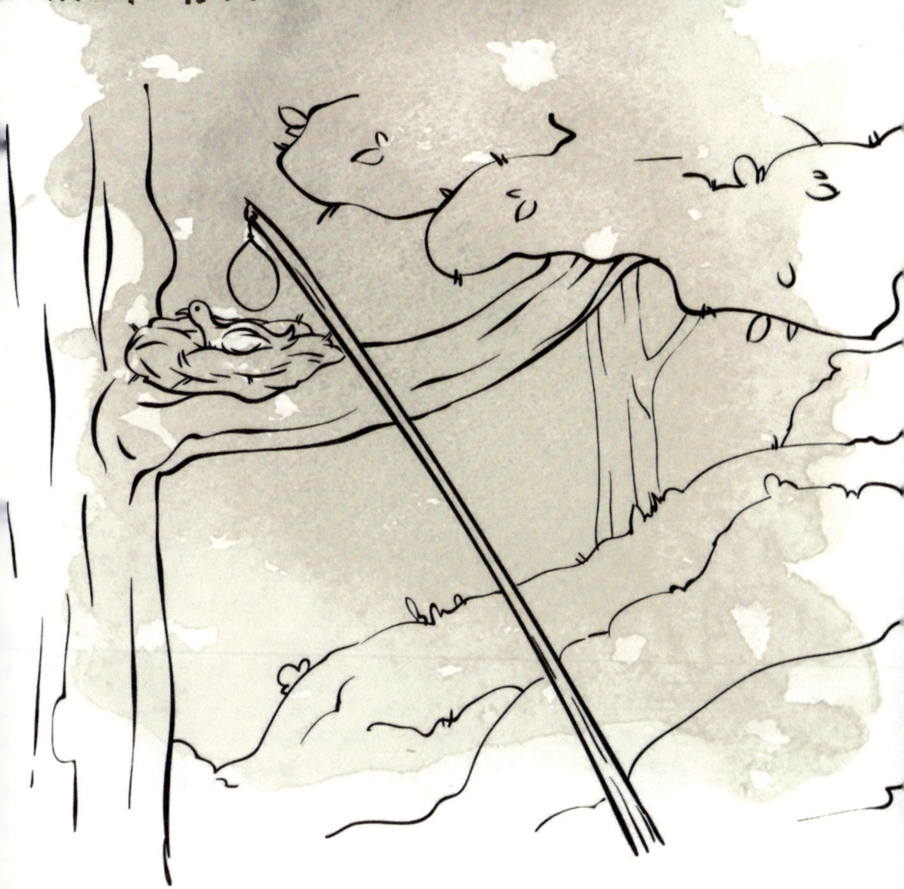

**Vögel kann man mit einer Schlinge an einem längeren Stock im Nest fangen. Das geht am besten nachts, wenn die Tiere weniger aufmerksam sind.**

Läuse und Zecken. Im Notfall koche sie wenigstens 20 Minuten lang, damit alle Parasiten abgetötet werden. Erst danach brate oder backe sie.

Am einfachsten ist es, die Vögel zu fangen, wenn sie brüten. In dieser Zeit sind sie weniger schreckhaft. Deshalb kannst du dir in der Nacht die Vögel holen, wenn du tagsüber ein Nest entdeckt hast. Dazu reicht es, sie entwe-

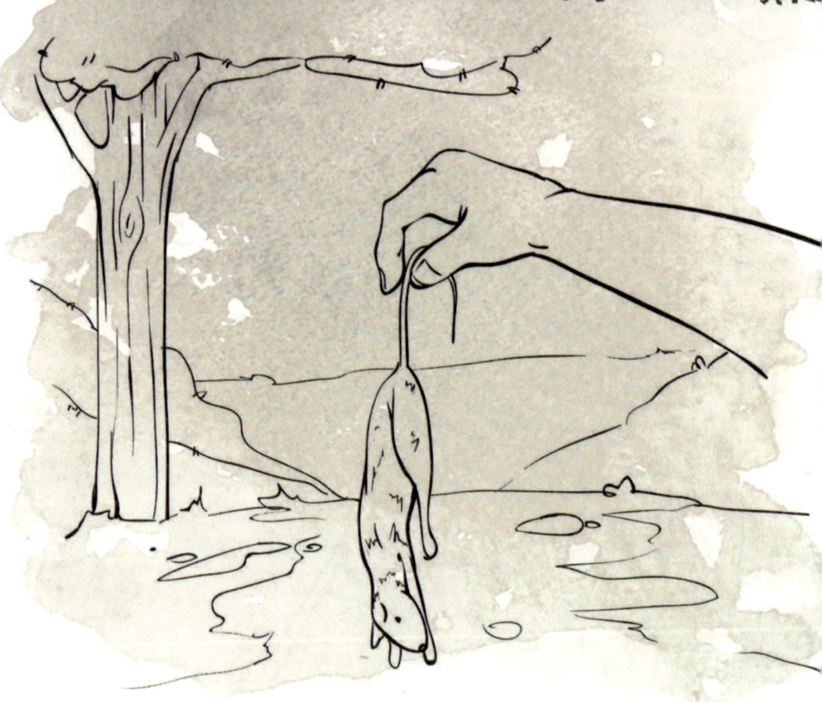

Nagetiere sind Träger von Erregern. Man sollte sie sehr gut untersuchen und bei erkennbaren Krankheiten nicht verzehren. Sonst auf jeden Fall gut abkochen!

der mit der Hand zu ergreifen oder mit einer an einem Stock befestigten Schlaufe. Außer den Vögeln selbst kannst du in einem Nest noch die Eier oder die Nestlinge erbeuten.

## Nagetiere

Endlich sind auch Mäuse und ähnliches Getier zu etwas nütze. Allerdings ist es nicht ganz einfach, sie auszunehmen. Sogar Ratten können gegessen werden – obwohl es vielleicht ein ekelhaftes Gefühl ist. Rattenfleisch ist durchaus genießbar und kann bei entsprechendem Einsatz in der Küche sogar lecker sein. Im Gegensatz zur allgemeinen Meinung fressen Ratten keine verdorbenen Lebensmittel, übertragen dafür aber Krankheiten und Läuse. Also solltest du auf keinen Fall von einer Ratte gebissen werden. Fasse sie nie mit bloßen Händen an, bevor du dich nicht überzeugt hast, dass sie wirklich tot ist. Erst recht, wenn an ihrem Fell irgendwelche Verletzungen zu erkennen sind. Beim Zerlegen eines Rattenkörpers entsorge die Innereien, den Kopf und die Wirbelsäule mit dem Fell. Das Fleisch sollte danach sorgfältig gekocht werden.

Auch Igel sind genießbar. Die beste Art sie zuzubereiten ist in einer Lehmhülle. Einen ausgenommenen Igel bestreichst du mit einer dicken Lehmschicht und rollst diese Kugel ins Lagerfeuer oder legst sie auf glühende Holzkohle. Nach einer Garzeit von etwa 1,5 bis 2 Stunden lösen sich die Nadeln und die Haut mit dem Lehm ganz leicht vom Fleisch.

## Das Wichtigste aus Kapitel 10:

- es gibt viel mehr Kleintiere als große Tiere, sie versprechen daher als Beute größeren Jagderfolg
- Kleintiere fängt man am besten mit Fallen, wie zum Beispiel mit ausgelegten Schlingen
- beim Fallenaufstellen sollte man möglichst wenig Spuren hinterlassen
- Fallen müssen abgebaut werden, wenn man sie nicht mehr braucht
- auch Vögel, Frösche, Nagetiere und anderes kann als Nahrung dienen
- grundsätzlich sollte man jede Beute gut abkochen, um Erreger abzutöten

# ALLES, WAS FLIEGT, KRIECHT UND SCHWIMMT

Folgen wir mal dem Rat weiser Chinesen! Aus Garten- und Weinbergschnecken kann man ein recht ordentliches Menü zubereiten, und auch die bei uns reichlich vorkommenden Nacktschnecken sind nach entsprechender Behandlung essbar. Ebenso Erd- und Holzwürmer, Raupen, Zikaden, Käfer und deren Larven oder auch Libellenlarven (sowie auch Libellen selbst) – also eigentlich alle kriechenden oder fliegenden Insekten.

Im Wasser findest du essbare Teich- und Flussmuscheln, Wasserkäfer und viele andere Wasserinsekten. In vielen Regionen der Welt sind getrocknete und gemahlene Heuschrecken eine Delikatesse und werden auf Wanderungen oder Reisen mitgenommen, um Fladenbrot backen oder Brei kochen zu können. In der Vergangenheit haben auch Einsiedler derartiges Getier mit in den Wald genommen, um davon zu leben. Heuschrecken lassen sich sogar roh essen – sie müssen also nicht unbedingt gebraten werden.

Auch Skorpione sollte man lebendig verzehren, damit mehr ihrer wertvollen Inhaltsstoffe erhalten bleiben. Allerdings muss man das letzte Schwanzglied entfernen. In diesem befindet sich nämlich die Giftdrüse.

Sogar Stechmücken können gegessen werden! Und dazu sind sie noch leicht zu bekommen. Klatsche dir mit der Hand auf die Wange und lecke von deiner Hand ab, was von den Mücken übrigbleibt. Oder sammle sie auf einem Stück Stoff, um eine Suppe zu kochen. Endlich kannst du dich an den lästigen Mücken so richtig rächen! Zum ersten Mal wirst du dich über sie freuen – je mehr von den Viechern du erlegst, desto nahrhafter ist die Suppe.

Für den in eine Notsituation geratenen Menschen ist es einfach, langsam kriechende Schnecken, Würmer oder Larven zu fangen, da sie sich oft in größeren Ansammlungen zusammenrotten. Wenn du weißt, wo sie hei-

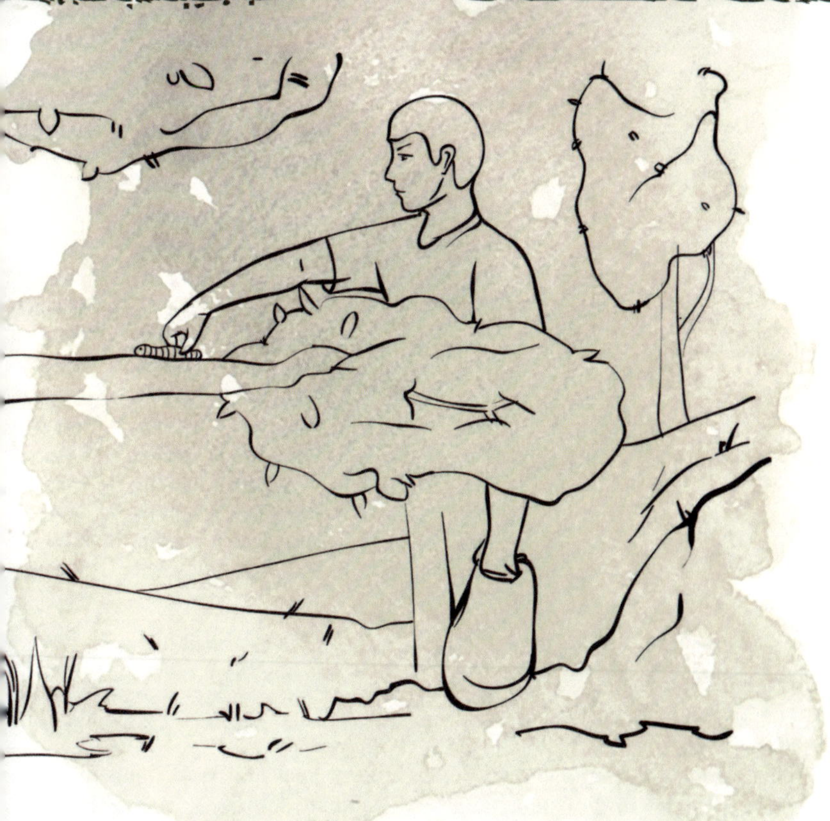

**Einfache Beute: Insekten und Larven, die langsam kriechen, kann man einfach einsammeln und muss sie nicht mühsam jagen.**

misch sind, wirst du sie finden. Einem entkräfteten Überlebenskämpfer wird es schwerer fallen, hüpfende und fliegende Insekten zu fangen. Es ist viel einfacher, bodenlebende Insekten oder ihre Larven auf alten, toten Bäumen und Baumstümpfen zu suchen. Übrigens sind Larven generell essbar.

Um geeignete Insekten zu sammeln, musst du Baumstämme auf Risse, Höhlungen und andere Vertiefungen untersuchen, gegebenenfalls die Rinde abziehen und dort die Larven einsammeln. Sie sitzen meist in oder unter der Borke. Auf Wiesen und Waldlichtungen lassen sich Insekten von langen

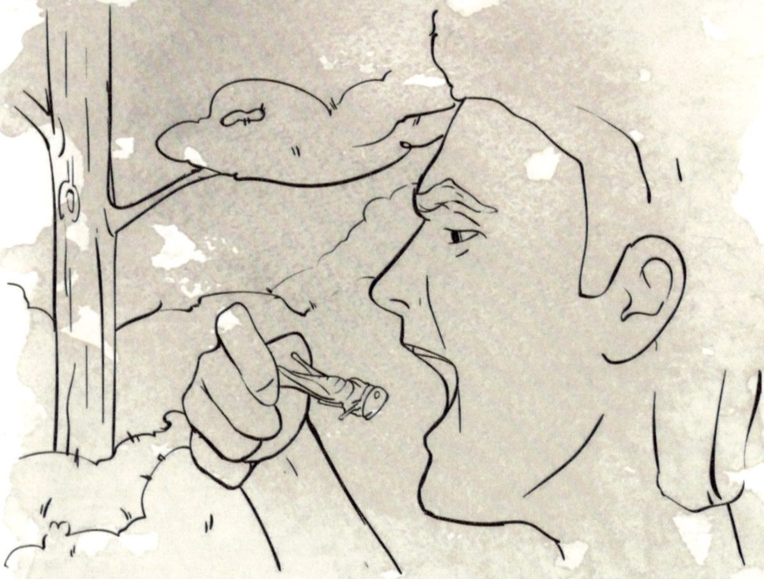

Heuschrecken kann man roh essen. Gebraten gelten sie in einigen Ländern als echte Deliatesse.

Pflanzenstielen einsammeln, an denen Spinnweben und Verdickungen zu sehen sind. Hier sind oft Raupenlarven zu finden. Schaue dir auch die Behältnisse von Pflanzensamen an, in denen sich Insekten gern verstecken – zum Beispiel auf dem Stiel und den stacheligen „Köpfen" der altbekannten Klette. Hier kannst du sogar im Winter erfolgreich Beute finden. Ob es sich lohnt, musst du selbst entscheiden.

Heuschrecken kannst du am besten morgens fangen, wenn sie wegen der kühleren Temperatur noch nicht in der Lage sind, große Sprünge zu machen. Erdinsekten findest du in der Regel an schattigen, feuchten Stellen, unter altem Laub, Steinen, Fichtenzweigen und umgefallenen Baumstämmen, oder auf dem Boden ausgetrockneter Pfützen. Wasserinsekten findest du logischerweise im Wasser – auf dem Grund von Seen, in Flüssen, Bächen, Sümpfen, großen Pfützen und auf Pflanzen, die am Ufer wachsen.

Sehr einfach sind Ameisen zu finden, denn ihre Haufen sind unübersehbar – werden sie doch bis zu zwei Meter hoch. Die kleinen Krabbler lassen sich dort einfach „abschöpfen". Bei einer anderen Methode werden die Tiere mit „Duft" in Gläsern oder anderen Gefäßen gefangen. Stelle auf ihrem Pfad ein Gefäß mit Essensresten auf. Ameisen fressen gern Gebratenes, aber auch Gebäck schmeckt ihnen gut.

Besonders wertvoll sind Honigtopf- und Zuckerameisen, die im Bau als lebende „Tanks" für Nektaraufbewahrung fungieren. Sie unterscheiden sich von den Arbeitsameisen durch ihren ungewöhnlich großen Hinterleib, der mit süßer Flüssigkeit gefüllt ist. Ameisenlarven sind nahrhafter als die ausgewachsenen Tiere. Es handelt sich dabei um kleine, oval-runde Gebilde, die wie weiße oder gelbliche Reiskörner aussehen und fälschlicherweise gerne als Ameiseneier bezeichnet werden.

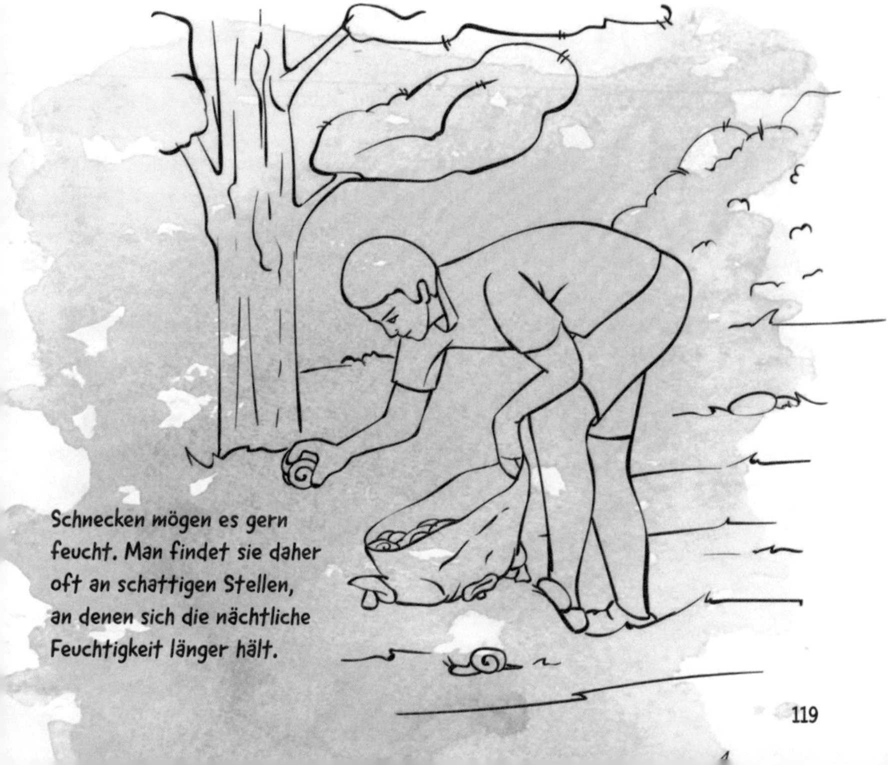

Schnecken mögen es gern feucht. Man findet sie daher oft an schattigen Stellen, an denen sich die nächtliche Feuchtigkeit länger hält.

Ganz gut kannst du dich auch mit Hilfe von Wasserinsekten verpflegen – unterschiedliche Wasserkäfer und deren Larven, Larven der Eintagsfliegen, Libellen oder Maifliegen. Sammle sie im seichten Wasser – in einem fließenden Gewässer, auf keinen Fall in einem stehenden! Zu den bekanntesten Wasserkäfern gehören Taumelkäfer und Schwimmkäfer sowie deren Larven. Diese Käfer mit bloßen Händen zu fangen, ist eine undankbare Angelegenheit. Setze dafür ein improvisiertes Netz ein. Breite ein Stück Gaze, ein Tuch oder jeden anderen Stoff aus, den du zur Hand hast. Zur Not genügt auch dein ausgezogenes Hemd oder deine Hose. Gehe schnell durch das flache Wasser und schaffe das Wasser mit dem ganzen Inhalt im Netz zum Ufer. Oder führe das Netz über den Grund.

Für den Fall, dass du gar nichts (nicht mal eine Hose) für ein Netz hast, kannst du Büschel von Wasserpflanzen herausholen und darin nach versteckten Insekten suchen. Vor dem Verzehr solltest du alle Wasserinsekten kochen, da keine Garantie besteht, dass sie sich in einem sauberen Gewässer aufgehalten haben. Halte dich von Insekten fern, die du im Dünger oder auf toten Tieren findest – sie können Infektionen übertragen.

Nichts Besonderes – kulinarisch gesehen – sind die Larven auf den Unterseiten von Blättern. Sie sind für einen Menschen nicht unbedingt gefährlich, können aber giftige und stark riechende Flüssigkeiten ausdünsten, die einen Fressfeind abschrecken sollen. Sammle auch generell keine Insekten, die eine sehr grelle und auffallende Farbe besitzen. Das ist ein natürliches Warnsignal für Vögel: „Nicht essbar!" Genauso ist es nicht ratsam, sich zu überwinden, Larven und Raupen zu essen, die übel riechen.

Nur bedingt zu den essbaren Insekten gehören Raupen mit dickem Fell, ausgewachsene Falter, Weichtiere ohne Gehäuse sowie auch die auf Tierkörpern lebenden Zecken, Fliegen, Bremsen und andere nicht wirklich sterile Insekten. Wegen ihres Stachels potenziell gefährlich können Bienen, Wespen und Hornissen sein.

## Das Wichtigste aus Kapitel II:

- es gibt fast keine Tiere, die man nicht essen kann
- Insekten, Schnecken und Larven sind meist leicht zu finden und sehr nahrhaft
- es ist leichter, Insekten zu suchen, die nicht fliegen oder springen
- grundsätzlich sollte man alle Tiere, wenn möglich, vor dem Verzehr gründlich kochen oder braten
- vermeide Insekten, die du auf Aas findest

Im Notfall kann dein Hemd mit verknoteten Ärmeln als Ersatz für ein Netz zum Einfangen von Wasserkäfern und Insekten dienen.

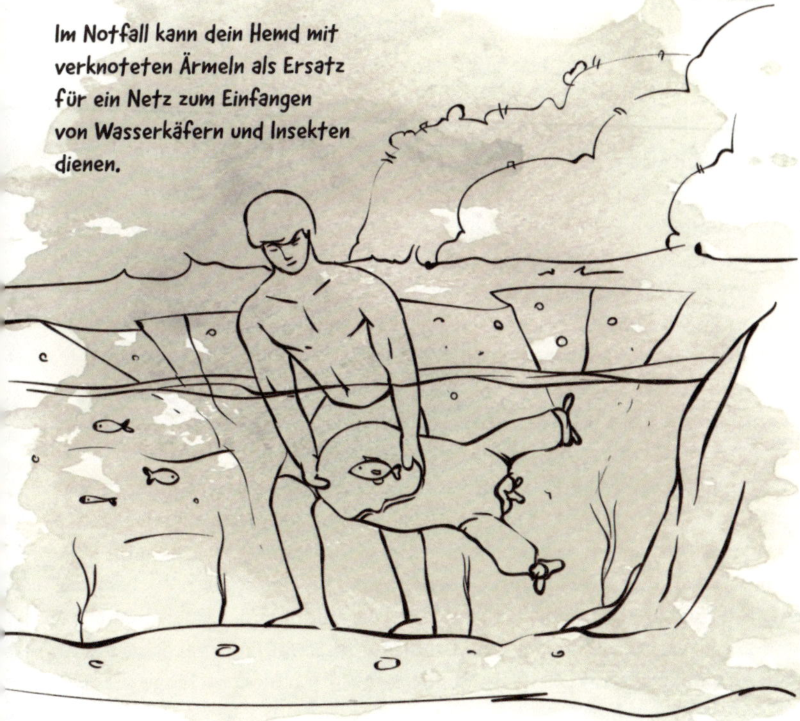

# ZUBEREITUNG VON INSEKTEN

Die einfachste und ungefährlichste Zubereitungsmöglichkeit von Insekten ist das Kochen. Wegen der hohen Temperaturen werden beim Kochen Bakterien und Parasiten abgetötet. Wenn kein Kochgeschirr vorhanden ist, können Insekten auf heißen Steinen oder in glühender Holzkohle gebacken werden. Bei größeren Exemplaren wie Heuschrecken oder Grillen solltest du die Flügel, Fühler und Beinchen entfernen, da sie beim Runterschlucken deine Speiseröhre reizen können. Bei Käfern entferne die harte Schale und esse nur das Innere. Kratze am besten das Innere aus den Chitin-Schalen heraus und bereite eine Suppe oder ein Püree daraus.

Solltest du dich entscheiden, doch von haarigen Raupen zu kosten, dann entferne vorher die Haut. Das geht ganz einfach, indem du das Innere in irgendein Gefäß ausdrückst und die leere Haut entsorgst. Dickere Larven sollten ausgenommen werden. Dazu das hintere Ende abschneiden und unter fließendem Wasser auswaschen.

Ameisen und Termiten können zur Konsistenz einer Paste zerrieben und dann zu einer Suppe oder Brei gekocht werden. Wenn du im Moment gerade kein Hungergefühl verspürst, kannst du sie auf Vorrat trocknen lassen, um sie später zu verwenden. Auf jeden Fall solltest du versuchen, sie innerhalb von fünf bis sechs Minuten zu kochen, damit sich das Ameisengift abbaut.

Alle schwimmenden und am Ufer kriechenden Schnecken sowie auch Nacktschnecken sollten ausschließlich frisch gegessen werden. Schnecken sind schnellverderbliche Lebensmittel. Idealerweise sollte man die gefangenen Schnecken ein paar Tage hungern lassen und danach auf frisches Gras oder Moos setzen, damit sie es schaffen, giftige Schlacken und Verdauungsrückstände abzusondern. Auf die gleiche Weise agieren Züchter, die ihre Schnecken an die Gastronomie liefern. Anschließend werden sie im kochenden Salzwasser etwa 10 bis 20 Minuten mit etwas Gras gekocht, damit sich der Verdauungstrakt entleert. Schnecken sollten nicht zu lange gekocht

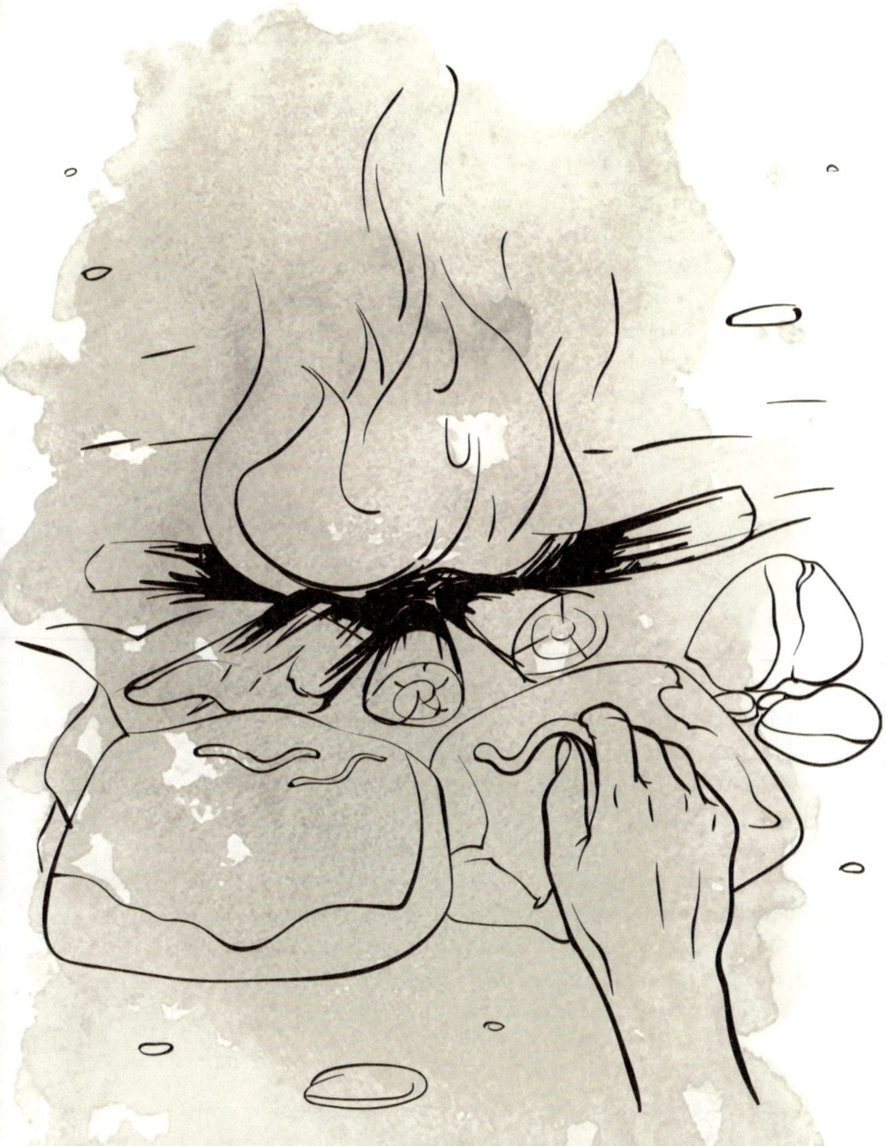

Würmer und Insekten kann man auf heiße Steine neben dem Feuer legen, um sie auf diese Weise abzukochen.

werden, da das Fleisch sonst zäh wird. Der Nahrungswert von Schnecken ist nicht hoch, nur 50 kcal je 100 Gramm. Dafür sind sie leicht zugänglich. An einem Fluss kannst du in kurzer Zeit locker einen Sack voll sammeln.

Regenwürmer oder andere Würmer solltest du einen Tag lang ohne Fressen ausharren lassen. Anschließend ziehst du sie durch deine Finger, um die Verdauungsreste herauszubekommen. Danach kannst du sie kochen oder auf heißen Steinen oder in einer leeren Dose backen. Schüttele sie von Zeit zu Zeit, damit sie nicht anbrennen. Anschließend zerreibe sie zu Pulver, um daraus Suppe zu kochen oder auf Vorrat aufzubewahren.

Bienen, Wespen und Hornissen (auch deren Larven) sind prinzipiell essbar. Entferne vor dem Verzehren die Flügel, Beinchen – und natürlich den Stachel. Für einen besseren Geschmack können sie gekocht oder gebacken werden. Bienen und Wespen kannst du mit einem Kescher an Blüten oder in Nestern sammeln. Vergiss nicht, dass das Gift von Wespen und Hornissen viel stärker und die Stiche daher schmerzhafter sind als bei Bienen.

Wenn du starken Hunger spürst, scheue nicht vor frischem Fallwild zurück. So bezeichnet man Tiere, die durch Altersschwäche, Krankheit, Unfälle oder andere Einwirkungen verendet sind und die du tot auffindest. Untersuche das Tier und suche die essbaren Stücke heraus, wasche sie in fließendem Wasser aus und verzehre sie, nachdem du sie gut gekocht hast. Fallwild kann auch aus Gruben und Verstecken ausgegraben werden, in denen größere Raubtiere ihre Beutestücke verstecken. Zum Beispiel versteckt ein Bär seine Beute, indem er sie von allen Seiten mit Erde bedeckt. Anhand dieser Häufchen aus frischer Erde kann man ohne Schwierigkeiten ein derartiges Lebensmittelversteck finden. Überzeuge dich aber vorher, dass der rechtmäßige Besitzer sich nicht in der Nähe aufhält, denn sonst könntest du bald unter einem Nachbarhäufchen liegen.

Im extremen Notfall können ausgekochte Fischgräten, Knorpel und andere Abfälle gegessen werden. Du brauchst sie nur zu zerkleinern, zum Beispiel indem du sie zwischen Steinen verreibst, sorgfältig auskochst und mit viel Wasser isst. Das ist aber nur für den äußersten Fall gedacht!

## Das Wichtigste aus Kapitel 12:

- es gibt zahlreiche Tricks, um Insekten, Schnecken und Würmer (besser) essbar zu machen
- gruzndsätzlich sollten sie immer gut abgekocht oder anderweitig erhitzt werden, um mögliche Erreger abzutöten
- Haare, Flügel, Stachel, Beine und harte Schalen müssen vor dem Verzehr entfernt werden
- gefangene Schnecken und Würmer sollte man wenn möglich einen oder mehrere Tage hungern lassen, um ihren Verdauungstrakt zu entleeren
- tote Schnecken müssen rasch verzehrt werden, sie sind schnell verderblich
- Fallwild kann man nach sorgfältiger Prüfung essen, sollte es aber besonders gut abkochen
- lege dich nie mit einem Bären an!

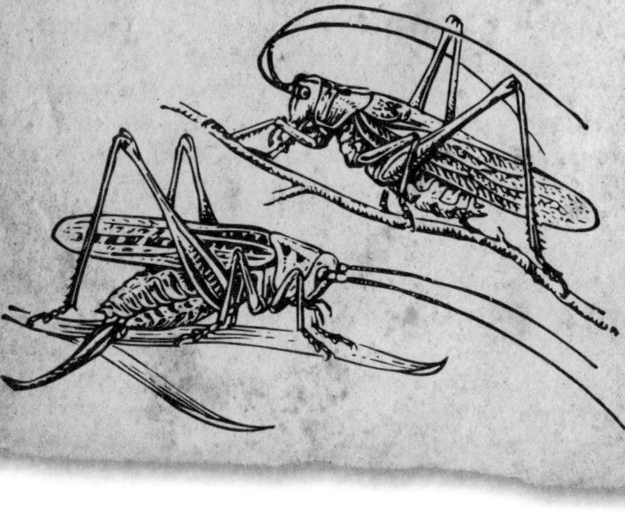

# NAHRUNG AUS PFLANZEN

Rohrkolben sind Pflanzen, die aussehen wie eine dünne Stange mit einer braunen „Zigarre" an der Spitze. Diese Pflanze wird oft mit Teichschilf verwechselt. In Wirklichkeit ist es Rohrkolben! Er wächst immer am Wasser. Diese Pflanze kann fast komplett gegessen werden. Dazu gehören vor allem die Blätter – allerdings nur bei Exemplaren, bei denen noch kein Haarkranz gewachsen ist. Und dann nur jene Blätter, die noch nicht grün, sondern weiß sind. Diese Blätter wachsen in der Pflanzenmitte. Um an sie heranzukommen, musst du die äußeren Blätter wie die Schale einer Banane abziehen. So gelangst du an das weiße, süßliche Fruchtfleisch. Je näher zur Mitte, desto leckerer und zarter sind die Blätter. Das Mittelstück kann so gegessen werden Es enthält viele Ballaststoffe, aber auch Stärke, die du als Kohlenhydratlieferant für deine Bewegungsenergie benötigst.

Womit noch, außer mit den Blättern, kann uns der Rohrkolben außerdem Freude machen? Mit den Wurzeln! Die älteren Wurzeln haben eine bräunliche Farbe, die jüngeren eine weiße. Es können beide gegessen werden. Um an die Wurzeln heran zu kommen, kannst du an der Pflanze ziehen oder mit der Hand unter ihr in die Erde greifen und sie so ausgraben. Die Wurzeln mehrerer Pflanzen können ineinander verschlungen sein, deshalb ist es manchmal nicht so einfach, die einzelnen Stränge zu separieren. Aber der Boden am Wasser ist in der Regel locker, und so müsste es funktionieren. Rohrkolben zu „ernten" lohnt sich auch deshalb, weil du davon schnell satt wirst.

Die Wurzel kannst du direkt im Wasser waschen. Wir brauchen die dicken Wurzeln. Eine Pflanze hat davon drei bis vier Stück. Fangen wir mit den jüngeren – weißen – Wurzeln an. Du kannst sie einfach essen. Natürlich vorher die Haut abziehen! Bei den alten Wurzeln musst du erst die schwammige Haut entfernen und kannst dich dann den mit Stärke durchtränkten Fäden widmen, aus denen das Innere besteht. Gegessen werden sie etwas eigenartig: Du ziehst die geschmacksneutralen Fäden durch die Zähne und

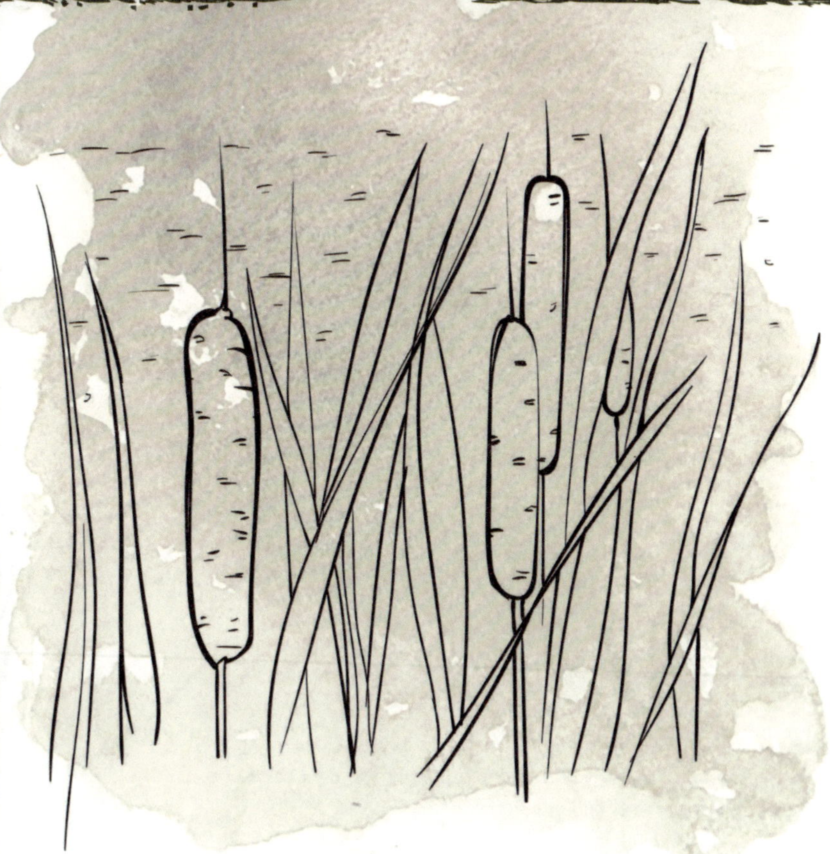

**Rohrkolben kann fast komplett gegessen werden, von den Blättern bis zu den Wurzeln. Man findet ihn an Bächen, Flussufern und Seen.**

kratzt dabei die Stärke ab. Die Fäden selbst solltest du lieber nicht essen, außer wenn wirklich Not am Mann ist. Du solltest sie lieber aufbewahren und zur Herstellung von Schnüren verwenden, damit du ein Seil oder eine Fangschlinge basteln kannst.

Die alten Wurzeln kannst du auch auf Steinen backen. Das schmeckt in etwa wie eine Kartoffel. Wenn die Wurzeln gekocht werden, schmecken sie eher nach Spargel.

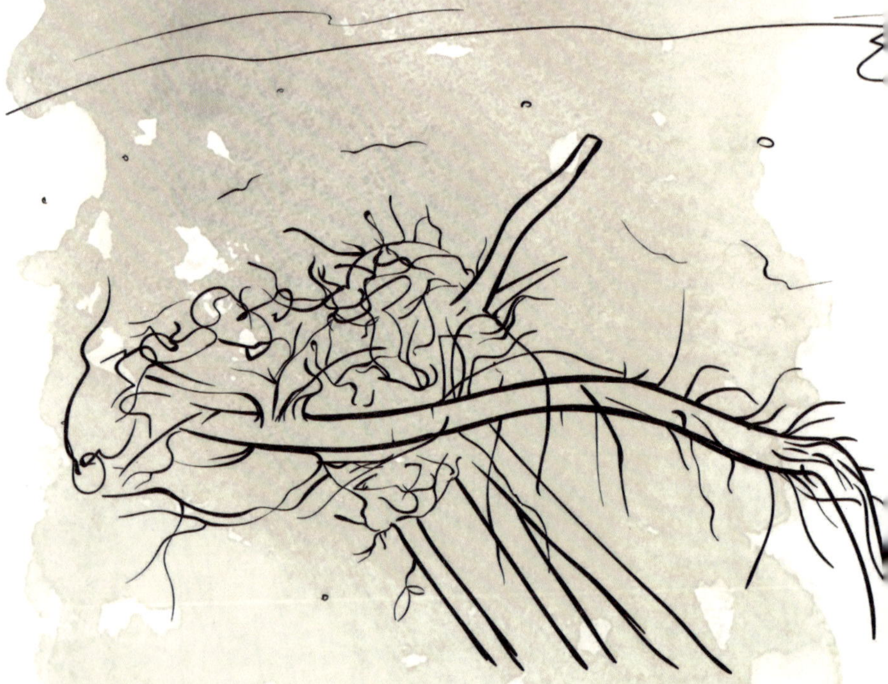

Die älteren, dickeren Wurzeln sind nahrhafter. Vor dem Verzehr werden sie gewaschen und geschält.

## „Katsch" aus Lindenrinde

Dabei handelt es sich um ein altes ostslawisches Rezept – den „Brei von der Axt", der die Bauern in vielen Hungerjahren vor dem Tod gerettet hat. Wir benötigen dazu Lindenrinde. Sie wird auch uns vor Hunger, Vitaminmangel, Erkältungen und anderen Heimsuchungen und Krankheiten bewahren.

Das „Katsch"-Rezept ist sehr einfach: Die in Streifen geschnittene Lindenrinde wird von der oberen Schicht befreit. Die geputzte Rinde kann und sollte gekostet werden. Die innere Schicht ist weiß und süß, die äußere

Schicht hat eine braun-grünliche Farbe und schmeckt bitter. Je sorgfältiger die Rinde geputzt wird, desto köstlicher wird unser „Katsch". Wünschenswert ist es, die Streifen vorher mit einem Stein zu quetschen, damit sie beim Kochen schneller gar werden. Überhaupt ist es die erste Aufgabe dieses Arbeitsabschnitts: Zuerst putzen, dann quetschen, zerkleinern, lang und quer klein schneiden, wobei hier Vorsicht beim Schneiden mit dem Messer gefragt ist. Der Saft der Lindenrinde reagiert nicht gut auf Kontakt mit Metall, und der Pressling kann ohne Saft seinen Geschmack verlieren. Die leckerste Linde ist natürlich die jüngere.

## Brei aus Fichtensamen

Pinienkerne und andere Samen von Koniferen sind bekanntlich kalorienreich. In der Taiga wachsen aber überwiegend Zedern. Immerhin wächst in Zentralrussland (und nicht nur dort) ein für alle sehr bekannter und gewöhnlicher Nadelbaum – die Fichte. Fichten gibt es auch in Deutschland in großer Zahl.

Die Zapfen einer Fichte enthalten Samen, die genauso kalorienreich wie Pinienkerne sind – nur etwas kleiner. Sie haben sogar den identischen Geschmack. Im Prinzip handelt es sich dabei nur um Zellulose. Am besten können sie im Frühling und Sommer gesammelt werden. Bei trockenem Wetter fallen die Zapfen herunter und öffnen sich. Jetzt lassen sich die Samen herausholen. Natürlich haben es auch Vögel und Nagetiere auf diese Samen abgesehen, aber sie werden für alle reichen. Nimm nur die frischen Zapfen vom aktuellen Jahr.

Um die Samen aus den Zapfen herauszubekommen, brauchst du nur mit dem Zapfen auf die Hand zu klopfen. Wenn du die Samen zwischen den Fingern reibst, lösen sich die Flughäute von den schwarzen Körnern. Jetzt brauchen die Samen nur „umfächelt", das heißt die Spreu von den Körnern getrennt werden. Das machst du, indem du sie von einer Hand in die andere siebst und darauf pustest. Die Spreu fliegt ab, und zurück bleiben nur die Samen.

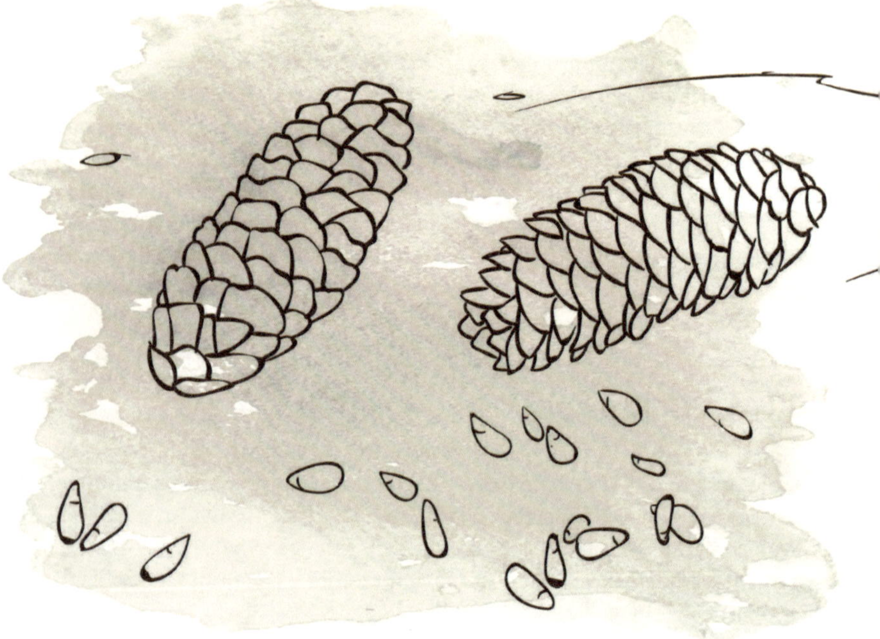

**Die gekochten Samen der Fichtenzapfen sind nahrhaft und schmecken gut, doch die Gewinnung ist etwas mühsam.**

Das ist allerdings ein längerer Prozess, denn du kannst immer nur eine kleine Menge Samen in die Hand nehmen, um nicht alles zu verlieren. Für einen Vorrat in einem „industriellen Produktionsmaßstab" benötigst du einen Sack oder ein einfaches T-Shirt. Binde bei dem T-Shirt die Ärmel zusammen, um einen Sack daraus zu machen. Idealerweise bindest du auch noch den Halsausschnitt zu. Alternativ kannst du ihn auch einfach mit einer Hand zuhalten, was aber ein wenig mühsam ist.

Wir sammeln die geöffneten Zapfen in den Sack und fangen an, ihn zu schütteln. Die Samen werden von selbst herausfliegen und sich auf dem Sackboden sammeln. Nicht zu stark schütteln, da die Zapfenschuppen ebenfalls brechen und mit den Samen auf dem Sackboden landen. Um diese

Mischung dann hinterher wieder mühsam zu trennen, brauchst du zu viel Zeit – bis dahin bist du verhungert!

Die Fichtenzapfen nimmst du aus dem Sack heraus und deponierst sie separat an einer Stelle. Auf diese Weise verwechselst du sie nicht mit den vollen, wenn du in Teilpartien vorgehst. Der gröbere Abfall wird sofort mit der Hand weggeräumt, den Rest lässt du im Sack. Du bindest ihn komplett zu und hältst ihn mit einer Hand fest, mit der anderen reibst und knetest du den „Ballon“, damit sich die Spreu in Staub verwandelt. Je feiner, desto besser wird sie sich von den Samen trennen – und vom Wind verweht.

Lege den „Ballon“ auf deine Knie und öffne ihn. Mit der Hand holst du eine Portion der Mischung heraus und pustest leicht darauf, damit die Spreu wegfliegt und die schweren Samen in den Sack zurückfallen. So kannst du zwar nicht den ganzen Abfall loswerden, aber das ist auch nicht weiter schlimm. Die Samen weiter so sieben, bis Spreu und Fichtennadeln ganz weg sind. Du kannst die Mischung auch aus einer Höhe von 50 bis 70 Zentimeter in den Sack rieseln lassen, wenn ein leichter Wind weht. Er wird alles Überflüssige wegwehen.

Im Laufe einer Stunde kannst du eine anständige Ration für eine Person zusammen haben. Die Sättigung hält eine lange Zeit vor, und Energie ist ausreichend vorhanden. Du musst nur noch das Kesselvolumen abschätzen, das du zum Kochen deiner Mahlzeit aus Fichtenkernen benötigst – die Samen sollten zu einem Drittel den Kessel füllen. Das Kochgeschirr sollte also schön groß sein, da du ansonsten den Brei mehrmals ansetzen musst, was sehr unproduktiv ist.

Entzünde das Feuer, fülle den Kessel mit Wasser, lege die Samen hinein und stelle den Kessel ins Feuer. Es wird bis zum Aufkochen gegart, das heißt bis die Samen sich in zwei Fraktionen geteilt haben. Ein Teil wird oben schwimmen – das sind leere Samen – der andere Teil bleibt auf dem Kesselboden liegen. Das sind die vollen Samen mit Inhalt. Die leeren Samen sollten nicht gegessen werden. Du kannst sie entweder weggießen oder mit zwei Stöckchen wie mit einer Pinzette aus dem Kessel holen. Wenn der Kessel klein ist,

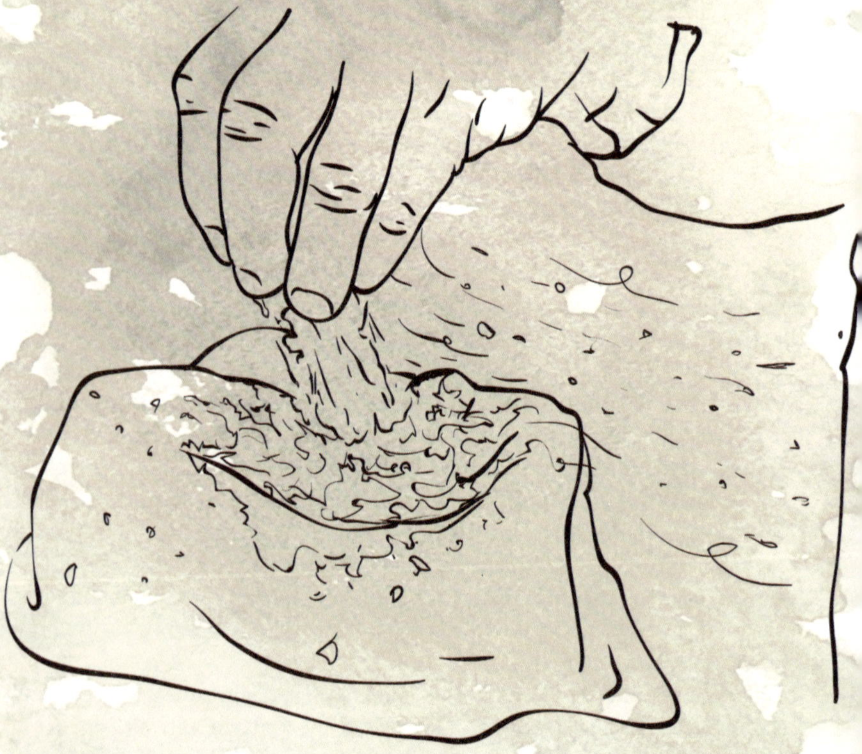

Um die Schalen von den Samen zu trennen, kann man die Spreu leicht wegpusten oder den Wind zu Hilfe nehmen.

klappt es mit dem Abgießen nicht immer gut. Dann musst du die Samen per Hand herausholen. Du kannst davon ausgehen, dass leere Samen noch mehrmals auftauchen werden.

Entferne alles, was auf der Oberfläche schwimmt. Das muss weg. Nebenbei bemerkt: Wegen der unvermeidlichen Nadeln und Harzreste nimmt das vorher klare Wasser im Kessel beim Kochen schnell eine bräunliche Farbe an

– und einen recht unangenehmen, harzig-bitteren Geschmack. Aus diesem Grund solltest du die erste Portion Kochwasser vorsichtig komplett abgießen. Ein Vorgang, den du vielleicht noch ein paar Mal wiederholen solltest, um das Ergebnis deiner Kochkunst zu verbessern. Die Samen werden dann in sauberem Wasser weiter gekocht.

Im Verlauf des Kochens bilden sich so drei Schichten im Kessel: die untere aus schweren Samen, die mittlere (trennende) aus sauberem Wasser, und die obere aus leeren Kernen, Nadeln, Spreu. Im Endergebnis bekommst du die gekochten Kerne. Die Schalen brauchst du nicht mal herausspucken, so bleibst du länger satt. Salz oder Zucker wirst du auch nicht vermissen.

## Das Wichtigste aus Kapitel 13:

- es gibt viele essbare Pflanzen, eine der wichtigsten ist der nahrhafte Rohrkolben
- man kann beim Rohrkolben die Blätter und die Wurzeln essen, roh oder gekocht
- aus zerquetschter Lindenrinde kannst du »Katsch« kochen – einen leckeren Brei
- auch aus Fichtensamen kann man einen Brei kochen
- um die Samen aus den Zapfen zu lösen, schüttelst du sie in einem Sack oder zugeknoteten Hemd
- mit Pusten oder mit Hilfe von Wind trennst du die Spreu von den Samen
- dann werden die Samen gekocht, um volle Samen von leeren zu trennen

# HYGIENE

*„Im Wald ist alles da, was ein Mensch benötigt."*

(E. Thompson Seton)

Ein Stöckchen von einem Fichten- oder Kiefernzweig oder aus einem frischen Ast der Linde oder Espe ist wunderbar geeignet, um die Zähne zu putzen, das Zahnfleisch zu festigen und vor Mundgeruch oder Entzündungen zu schützen. Ein natürlicher Zahnputzstock enthält auch keine Schadstoffe.

Die Zahnputzstöcke werden folgendermaßen vorbereitet: An einem Stock mit einem Durchmesser etwa wie ein Bleistift machst du in einem Abstand von etwa 5 bis 15 Zentimetern ein paar Einschnitte. Nach Bedarf weichst du ihn in Wasser oder direkt im Mund auf und kaust ein Ende durch, bis es weich wird. Es sollte am Ende aussehen wie ein flauschiger Pinsel. Der Kauprozess selbst wirkt schon antiseptisch und ist heilend für Zähne und Zahnfleisch.

Der bereits benutzte Teil des Stöckchens ist schon von Bakterien befallen und sollte abgeschnitten werden. Die kurzen Stöckchen kannst du als Einwegbürsten gebrauchen. Sie sind dadurch zum Reisen sehr praktisch und hygienisch zugleich.

Es gibt mehrere Pflanzen und Gewächse, die du als Seife für die Körperpflege einsetzen kannst. Das sind:

- Hundeseife oder Seifenkraut ist eine etwa 30 bis 50 Zentimeter hohe Pflanze aus der Familie der Nelkengewächse. Sie hat längliche Blätter und weiße Blüten. Wenn die getrockneten und zerkleinerten Seifenkrautwurzeln mit Wasser gemischt werden, entsteht Schaum. Sei vorsichtig: Das Zeug ist giftig! Auf keinen Fall schlucken oder essen!

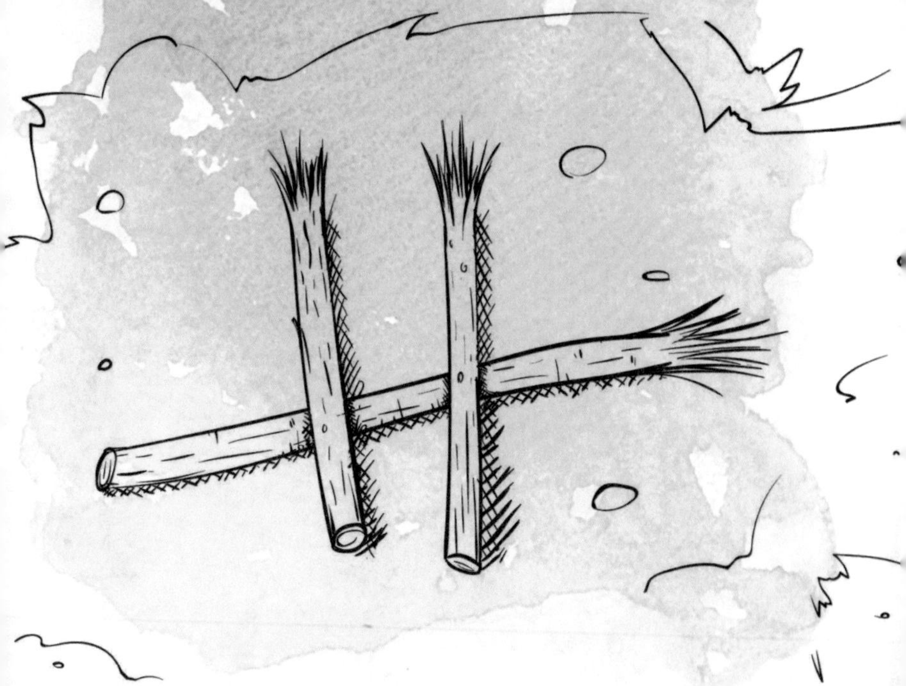

Aus den Zweigen von Fichten oder anderen weichen Hölzern kann man prima Zahnbürsten machen. Die Enden werden dazu weichgekaut.

- Baumschwamm (der innere Teil) – wächst vor allem auf Totholz, aber auch auf noch lebenden Stämmen.

- Holunderbeeren – geben keinen Schaum ab, waschen aber gut den Schmutz ab.

- Lehm eignet sich gut zum Wäschewaschen und sich selbst waschen. Man braucht aber reichlich Wasser zum Spülen.

Du solltest dich darum kümmern, dass deine Unterwäsche und Socken immer sauber und trocken bleiben. Beim täglichen Rasten (Übernachten) solltest du Kleidung und Schuhe wenigstens ausschütten, lüften und trocknen.

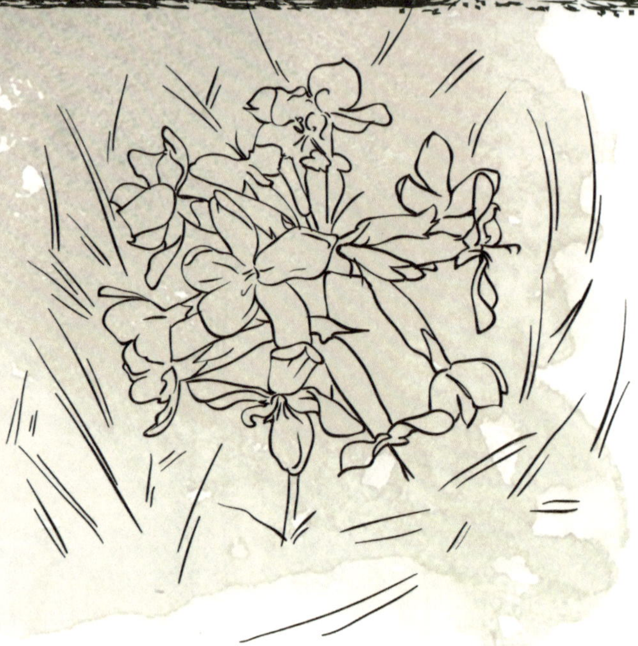

Aus den Wurzeln des Seifenkrauts kann man eine schaumige Seife herstellen. Allerdings ist sie giftig!

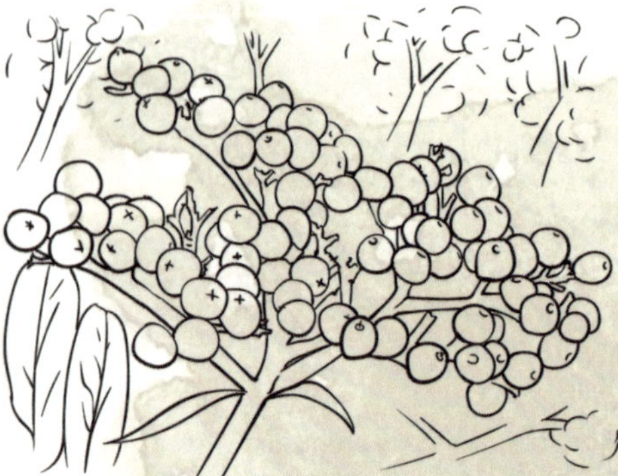

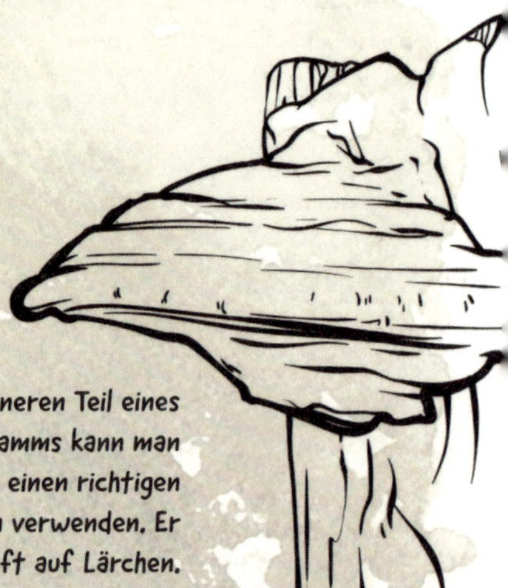

Holunderbeeren machen zwar keinen Schaum, wirken aber gut als Reinigungsmittel. Außerdem kann man sie essen.

Den inneren Teil eines Baumschwamms kann man gut wie einen richtigen Schwamm verwenden. Er wächst oft auf Lärchen.

Die Hände solltest du wenigstens regelmäßig mit kaltem Wasser waschen, besser mithilfe eines Seifenersatzes.

Hüte dich vor Magen-Darm-Erkrankungen und Infektionen. Kaue nicht an den Nägeln, esse nicht mit schmutzigen Händen – reibe die Hände vor dem Essen wenigstens sorgfältig mit sauberem Gras oder Blättern ab oder nimm trockenen Sand. Überlege dir, ob du nicht besser mit Stäbchen isst, damit du deine Nahrung nicht mit deinen verschmutzten (kontaminierten) Händen anfasst. Schnitze dünne Stäbchen und iss mit deren Hilfe. Nur so kannst du dich vor Magen-Darm-Infektionen schützen. Trinke kein schmutziges Wasser. Es sollte vorher abgekocht und gefiltert werden. Schütze deine Nahrungs- und Wasservorräte vor Fliegen und anderen Insekten, entsorge rechtzeitig die Abfälle.

Wenn kein Wasser in der Nähe ist (keine Möglichkeit sich zu waschen) – räuchere dich mit dem Rauch deines Feuers. Rauch tötet Bakterien ab und riecht angenehmer als ein ungewaschener Mensch.

**Das Wichtigste aus Kapitel 14:**

- auch in einer Notsituation ist Körperpflege wichtig
- die Zähne kannst du mit einer selbstgebastelten Bürste reinigen
- Seifenkraut, Baumschwamm, Holunderbeeren oder Lehm kann man gut als Ersatz für richtige Seife verwenden
- halte deine Socken und Unterwäsche trocken und sauber, um Hautpropbleme zu vermeiden
- versuche, beim Essen möglichst viel Hygiene zu bewahren, esse nicht mit schmutzigen Händen!

# HEILMITTEL AUS DEM WALD

Die Rinde von Weiden (Kopfweide, Trauerweide) enthält Salicin. Dieser Stoff ist der Salicylsäure sehr ähnlich und wirkt gut gegen Schmerzen und Entzündungen. Kaue einfach an einem Weidenzweig und schlucke den gewonnenen Saft herunter.

Torfmoos ist in Flach- wie Hochmooren weit verbreitet und hat eine rötliche oder gelbliche Farbe. Es wird abgerissen, von den groben Teilen der unteren Stängel befreit, mit den Händen ausgewrungen und dann getrocknet. Danach kannst du es zerreiben, damit es weicher und feiner wird. Dieses Moos saugt Feuchtigkeit gut auf und enthält Mittel, die die Keime von vereiterten Wunden, Kratzern oder Schnitten abtöten. Die keimtötenden Eigenschaften des Torfmooses können auch bei Verbrennungen und Erfrierungen eingesetzt werden.

Torfmoos saugt Feuchtigkeit um 20- bis 25-fach intensiver auf als Watte. Während des Zweiten Weltkriegs setzten die russischen Partisanen Torfmoos anstatt Watte bei chirurgischen Operationen ein. Es kann eine große Menge an Blut, Eiter und anderen Flüssigkeiten aufsaugen. Die Partisanen haben daraus für sich ihre persönlichen Verbandspäckchen zusammengestellt.

Das Moos wird vorsichtig vom Boden aufgesammelt und von Schmutz und anderen Fremdstoffen befreit. Danach wird es getrocknet – aber nicht in der Sonne, sondern im Schatten. Es wirkt wie ein blutstillender Schwamm, aber eben mit pflanzlicher Herkunft.

Im Prinzip haben wir bereits ein Verbandspäckchen. Jetzt suchen wir im Wald nach Spinnweben und umhüllen damit unsere Moosknolle. Nur ein Spinnennetz reicht dafür aber nicht. Wir müssen so viele Spinnweben wie möglich einsammeln. Die Spinnenfäden halten unser Moospäckchen zusammen. Zudem enthalten sie ein antiseptisches Mittel.

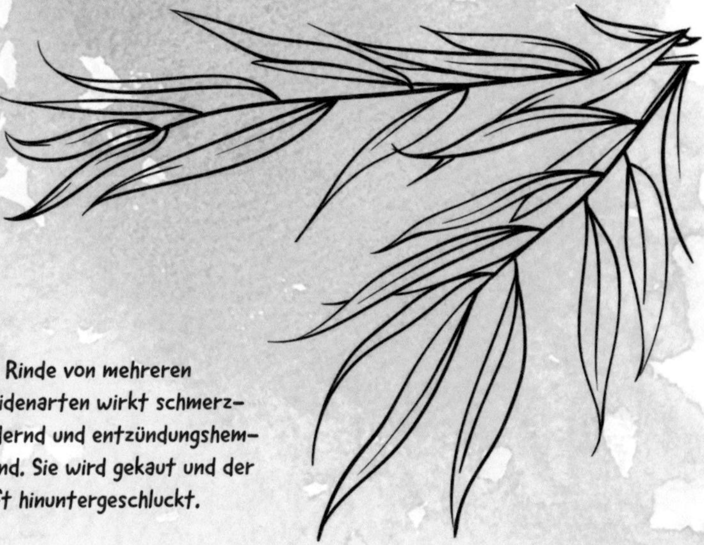

Die Rinde von mehreren Weidenarten wirkt schmerzlindernd und entzündungshemmend. Sie wird gekaut und der Saft hinuntergeschluckt.

Dieses blutstillende Paket legen wir in eine Hülle aus Birkenrinde, die vorher sorgfältig gereinigt und gewaschen wird. Eine Hülle wird zum Aufbewahren unseres Verbandspäckchens gebraucht, damit es seine antiseptischen Eigenschaften nicht verliert, wenn wir es zwischen unseren Habseligkeiten tragen. Die Birkenrinde kann mit einer flexiblen Fichten- oder Kiefernwurzel zusammengebunden werden. Du kannst noch ein Schritt weiter gehen und einen Streifen von deiner Kleidung abreißen, ihn waschen und trocknen und anschließend damit das Birkenrindenpäckchen umbinden. Bei Bedarf öffnen wir unser selbstgebasteltes Verbandspäckchen, holen das Moos heraus, legen es auf die Wunde und verbinden sie mit dem Stoffstreifen.

Die antibakteriellen und pilzabtötenden Eigenschaften von Torfmoos eignen sich auch bei Pilzbefall der Haut. Ein geniales Mittel sind Einlegesohlen aus Torfmoos. Du kannst sie selbst ganz einfach herstellen, indem du das getrocknete Moos in die Schuhe legst. So entsteht eine weiche und bequeme Sohle, die sich dem Fuß anpasst und gegen Schweiß und unangenehme Gerüche wirksam ist. Wenn sie verbraucht ist, kannst du die Reste einfach ins Feuer kippen und neues Moos in die Schuhe legen.

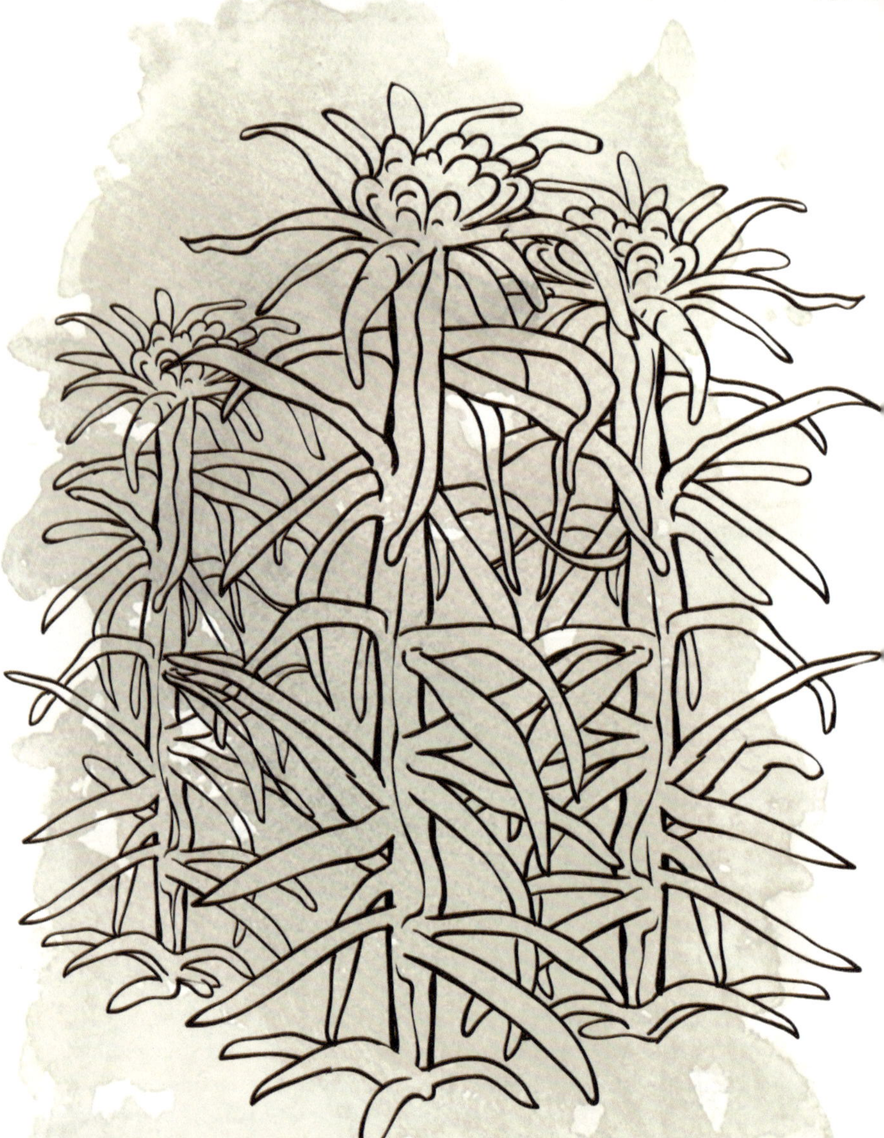

Torfmoos hat viele positive Eigenschaften. Man kann daraus vorbeugend ein Verbandspäckchen machen, um es im Notfall zur Hand zu haben.

Das einfachste Desinfektionsmittel ist der eigene Urin. Er kann bei Schnittwunden, Kratzern oder Brandwunden verwendet werden. Ähnlich wirksam zum Desinfizieren ist Tannenharz. Fichten- oder Kiefernharz ist dagegen nicht so effizient, da es dickflüssiger ist und daher nicht so gut in die Wunde eindringt.

Hier müssen wir auch kurz auf die Gefahr eines Schlangenbisses eingehen. In Russland gibt es praktisch nur eine Giftschlange, und zwar die „Viper", bei der es sich aber um die Kreuzotter handelt. Vom Biss dieser Schlange stirbt man normalerweise nicht, leidet aber unter Atemnot, Herzbeschwerden und Lähmungen. Gefährlich sind nur zwei Fälle: Wenn die Schlange in den Kopf oder Nacken gebissen hat, was grundsätzlich selten passiert, oder es zu einem anaphylaktischen Schock kommt.

Nimm die Bissstelle in den Mund, wenn es geht, und versuche, so viel Blut wie möglich abzusaugen. Du darfst aber auf keinen Fall eine Verletzung im Mund haben, da das gerade ausgesaugte Gift dann dort wieder in den Körper eindringen kann. Spucke das Gift mit dem Speichel aus und vergiss nicht, hinterher den Mund gründlich auszuspülen. Drei bis vier Stunden nach dem Biss können vorübergehend Lähmungen oder Blindheit auftreten – der Körper kämpft gegen das Gift an und leitet es heraus. In diesem Fall musst du dich zusammenreißen, die Angst überwinden und auf Besserung warten.

**Das Wichtigste aus Kapitel 15:**

- die Natur liefert dir Ersatz für Medikamente und Heilmittel
- Weidenrinde wirkt schmerzstillend, wenn man sie kaut
- Torfmoos wirkt antibakteriell und gegen Pilze und saugt sehr viel Flüssigkeit auf
- bei Schlangenbissen versuche, das Gift sofort aus der Wunde zu saugen

# HILFSMITTEL AUS HOLZ

## Kessel aus Birkenrinde

Ein Einwegkessel kann aus Birkenrinde gebastelt werden. Birkenrinde brennt nicht so schnell. Warum ist es trotzdem ein Einweg-Kessel? Ganz einfach – er ist schwer zu reinigen. Nachdem du in diesem Kessel eine Fischsuppe gekocht hast, wird dein Tee nach Fisch riechen.

Ein Kessel aus Birkenrinde wird auf besondere Weise benutzt. Wenn der Kessel mit Wasser gefüllt ist, kann er in offenen Flammen erwärmt werden, allerdings nur unter der Bedingung, dass die Flammen nicht den Rand erreichen, wo das Wasser nicht hinreicht.

Die Feuerflammen sind recht lang, deshalb ist es besser, den Kessel auf heißen, heruntergebrannten Holzscheiten oder Holzkohle aufzuwärmen. Noch besser ist, es eine kleine Vertiefung, so breit wie den Kessel, auszubuddeln. In dieser Vertiefung entzünde das Feuer oder lege die Glut hinein. Nun kannst du den Kessel mit Wasser füllen und auf das Loch stellen.

Die Rinde für den Kessel kann an frisch umgefallenen Birken abgezogen werden. Nimm ein großes (viereckiges) Stück und forme einen viereckigen „Kessel" daraus. Die Ecken werden dabei mit aufgespaltenen Stöckchen wie mit Klammern zusammengehalten. Die Ecken müssen nach innen gebogen werden, damit sie nicht abbrennen. Dann müssen noch von innen Spreizlatten eingebaut werden, damit sich das Kochgeschirr nicht von der Hitze zusammenzieht.

## Essgeschirr aus Holzscheiten

Mit Hilfe von Holzkohle kannst du Vertiefungen in Holzscheiten machen. Diese Methode nimmt Zeit in Anspruch, ist aber sehr simpel. Die ganze Ar-

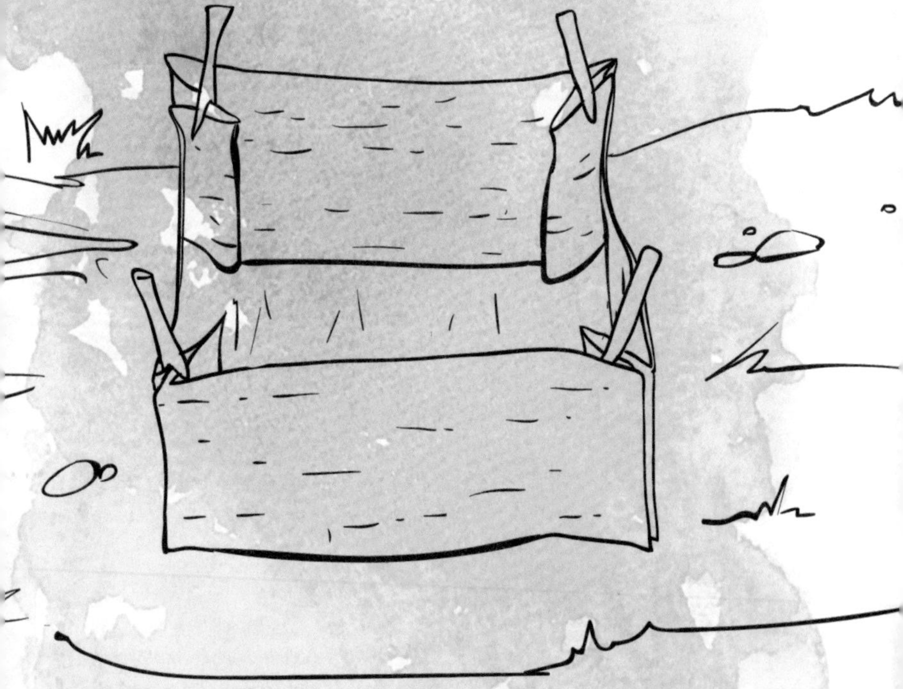

Zu einer Kiste zusammengefaltete Birkenrinde kann als Kessel zum Erhitzen von Wasser dienen. Besser als offene Flammen sind heiße Steine oder Kohlen.

beit macht die Kohle. Um einen Behälter mit dem Inhalt von etwa einem Liter fertig zu stellen, benötigst du eine Stunde Zeit.

Es gibt zwei Bedingungen:

• Das Holz sollte sehr trocken sein (beim „Ausbrennen" wird das Holz etwas eintrocknen und frisches Holz kann einfach reißen). Außerdem wird das Essen von diesem Geschirr einen Nachgeschmack nach Harz haben.

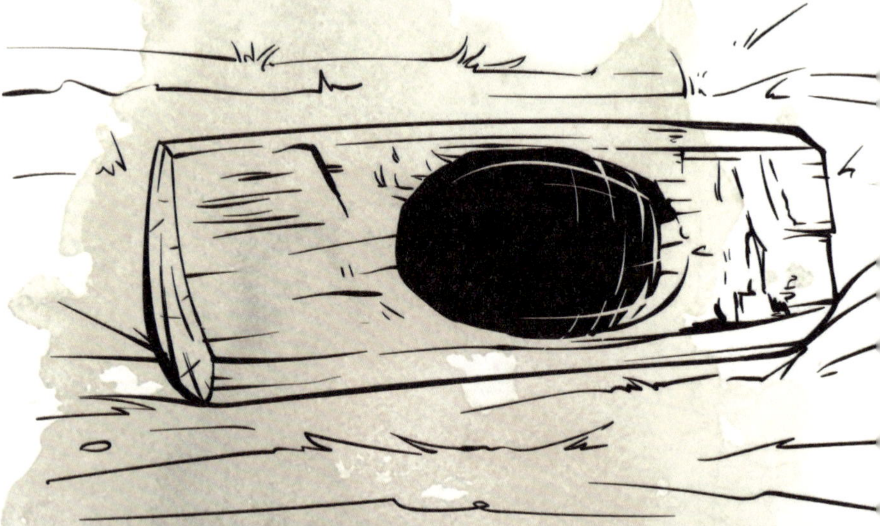

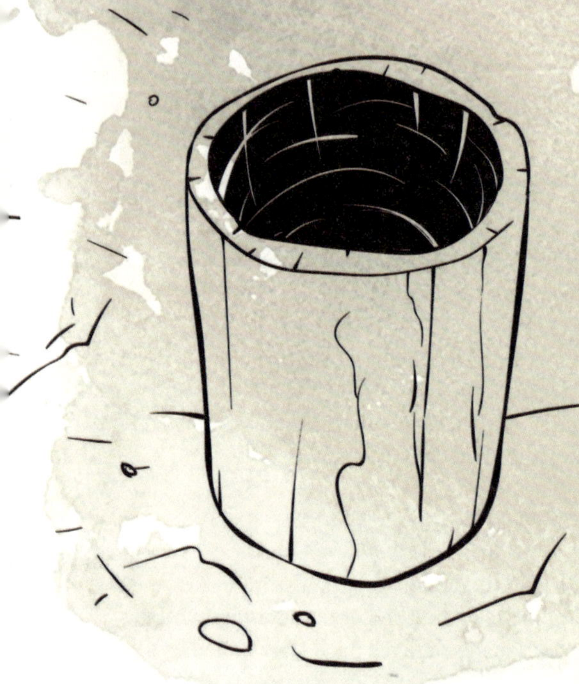

Man kann sehr einfach Vertiefungen in Holzscheite einbrennen. Dazu eignet sich Holzkohle beziehungsweise Glut, die man konzentriert auf eine Stelle legt. Sie wird nach dem Abkühlen entfernt und das verbrannte Holz herausgekratzt.

• Es funktioniert nur mit weichen Holzarten (Linde, Espe, Pappel, Erle usw.), Harthölzer würden zu viele Stunden brauchen.

Der minimale Holzdurchmesser beträgt 15 Zentimeter, idealerweise aber 20 bis 30 Zentimeter. Mit Hilfe von Keilen oder einem Messer wird nicht mehr als ein Viertel des Holzklotzes der Länge nach abgeschnitten beziehungsweise abgespalten. Auf der so entstandenen Fläche machst du dann eine Vertiefung, in der du die Glut anhäufst. Die Glut bleibt dadurch an einer Stelle zusammen, wenn du sie in die Mulde legst. Um den Prozess zu beschleunigen, kannst du gezielt auf die Glut pusten oder sie leicht hin und her bewegen, damit sie aufglüht. Pass dabei aber auf, dass der Rand nicht verbrennt. Lass die Glut jeweils 15 bis 20 Minuten abkühlen, um anschließend die angebrannten Wände mit einem Messer, einem scharfen Stock oder Stein abzukratzen. Auf diese Weise vergrößerst du die Vertiefung Stück für Stück.

Damit die Ränder nicht verbrennen, kannst du sie mit Lehm, Kieseln oder Flusssand abdecken und so vor der Hitze schützen. Im Winter nimmst du Schnee. Auf diese Weise wirkt die Hitze nur nach unten, und die Höhlung wird immer tiefer. Und achte darauf, dass der Boden deines neuen Gefäßes nicht durchbrennt!

Nach dieser Bearbeitung wird der Holzklotz ziemlich viel an Gewicht verloren haben. Du hast einen Teil davon entfernt, und die Hitze hat das anfangs noch feuchte Holz ausgetrocknet. Jetzt müssen nur noch die abgebrannten Wände sauber gekratzt werden, und das Geschirr ist einsatzbereit.

Natürlich kannst du auch eine Vertiefung an der Kopfseite in den Holzklotz machen, anstatt länglich. So lässt sich zum Beispiel ein Becher herstellen. In diesen Behältern kannst du sogar Wasser kochen oder Essen zubereiten, wie in uralten Zeiten: Du erhitzt Steine im Feuer und legst sie außen um dein Geschirr herum – oder in die Behälter mit dem Essen.

Hier noch ein Tipp: Es gibt eine Methode, mit der du eine Art Salzwasser zum Kochen gewinnen kannst – und zwar aus Holzasche. Dafür gibst du die Asche deines heruntergebrannten Feuers in ein Gefäß und gießt warmes Wasser hinzu. Rühre sorgfältig um. Nach drei bis vier Stunden Ruhezeit wird das Wasser etwas salzig schmecken. Wenn du das Wasser jetzt noch filterst, kannst du es zum Kochen verwenden.

## Das Wichtigste aus Kapitel 16:

- du kannst einfache Gebrauchsgegenstände, die du zur Essenszubereitung und zum Essen selber brauchst, aus Holz herstellen
- die einfachste Methode, um Vertiefungen zu formen, ist das Ausbrennen. Es braucht etwas Zeit, kostet aber keine Anstrengung und funktioniert ohne Werkzeug
- je nach Tiefe und Lage der Vertiefung kannst du so Teller, Töpfe, Bechern, Löffel und mehr machen
- mit etwas Geschick kannst du aus frischer Birkenrinde einen Kessel basteln, in dem du Wasser zum Kochen bringen kannst

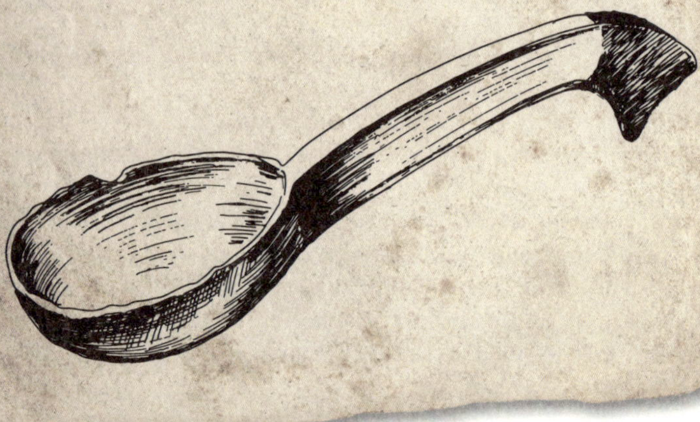

## Wettervorhersage mit dem Astbarometer

Nadelbaumzweige besitzen eine besondere Eigenschaft: Sie senken sich vor Niederschlägen ab und heben sich bei sonnigem Wetter. Sogar trockene Tannenzweige behalten diese Fähigkeit. Deshalb kannst du daraus ein Naturbarometer bauen, dass das Wetter acht bis zwölf Stunden vorhersagen kann. Für die Fertigstellung dieses Barometers nimmst du einen kleinen Stamm (etwa 25 bis 30 Zentimeter lang), an dem sich noch ein Ast von etwa 30 bis 35 Zentimeter Länge befindet. Diesen Holzstamm mit dem Ast musst du an einem Baum aufhängen. Achte dabei darauf, dass der Ast sich frei bewegen kann. Das Aufrichten des Astes bedeutet Sonne und schönes Wetter, das Absenken Regen oder trübes Wetter.

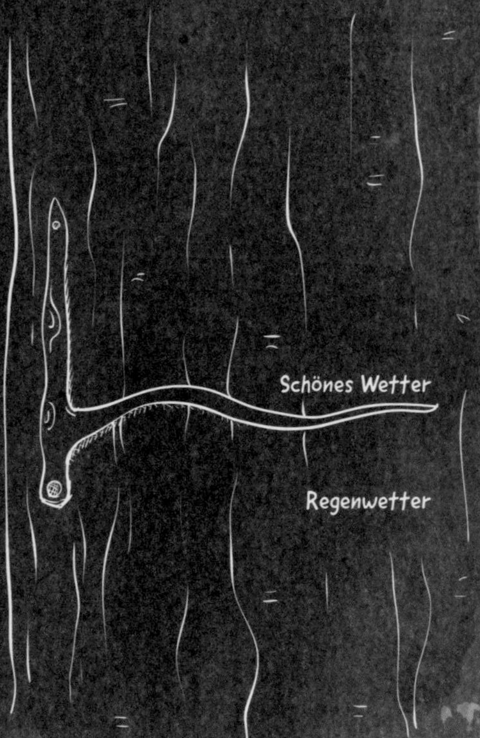


Natürliche Alternative zur Wetter-App: Ein Nadelbaum-Ast hebt oder senkt sich und bildet damit eine einfache Wettervorhersage.

# Überleben im Winter

Das Jahr besteht nicht nur aus dem Sommer. Deshalb geht es in diesem Kapitel um das Überleben im Winter. Die winterliche Variante ist bedeutend schwerer als die sommerliche. Klar, du kannst ein Loch graben, ein Versteck gegen einen Schneesturm bauen. Nach ein paar Tagen musst du aber auf jeden Fall eine feste Unterkunft finden. Hier wird jetzt erst mal beschrieben, wie du direkt im Schnee übernachten kannst. Wie das einfachste Versteck aufgebaut ist, wie ein Iglu zu bauen ist – und wie du letzten Endes eine mehr oder weniger brauchbare Hütte baust.

Gleichzeitig lernst du hier aber auch, wie du dein alltägliches Leben in einer Waldhütte ausrichten kannst, wenn du über Ausrüstung und Vorräte verfügst. Wir leben nicht mehr im alten Sparta, wo die Fähigkeiten, ein Haus zu bauen, ein Tier zu erlegen und Kleidung zu nähen genauso alltäglich waren wie für uns mit dem Auto fahren zu können oder einen Computer zu bedienen. Deshalb ist es heute durchaus normal, wenn du auf ein Vorhaben wie das von dir geplante etwas Ausrüstung und Vorräte für den Zeitraum von einem Jahr mitnimmst – es wird sogar als notwendig eingestuft.

*Anfang Oktober fing es an zu schneien. Maxim verließ seine Behausung kaum. Er begriff, dass die Wärme jetzt erst in fünf Monaten wieder zu erwarten war, nicht eher, er nahm es aber gelassen auf. Ganz langsam kam es in seine Seele und beherrschte sie in Frieden. Der Frieden wurde nicht durch irgendwelche logischen Überlegungen hervorgerufen, er war einfach da.*

*(Andrej Reutow: „Traumwandler")*

Es gab in der Geschichte einige Fälle, bei denen Leute eingebuddelt im trockenen Schnee übernachtet haben (in nassem Schnee zu nächtigen ist beinahe unmöglich). Diese Variante ist jedoch nur empfehlenswert, wenn du über wasserfeste Kleidung verfügst, Lebensmittel dabei hast, bei guten Kräften bist, um deinen Schlaf kontrollieren zu können – oder wenn ein Schneesturm herrscht, den man nicht auf den Beinen abwarten kann. Geschickt ist es, sich in eine Schneeverwehung hinter einem Hindernis oder zwischen zwei Sträuchern einzubuddeln. Während eines Schneesturms brauchst du dich allerdings nicht extra in den Schnee eingraben – das erledigt der Wind. Er wird dich mit Schnee wie mit einem dicken „Pelzmantel" umhüllen und zudecken.

Erstaunlicherweise schützen Schneeunterkünfte einen Menschen bei weitem besser vor Kälte als Hütten aus konventionellen Materialien wie Stoff, Ästen oder Zweigen. Für die Errichtung einer Schneehütte brauchst du weniger Zeit und Kräfte als für das Sammeln von Brennholz und das Entfachen eines Lagerfeuers.

Beim Bau einer Schneeunterkunft wird nicht nur das Hauptziel – Schutz gegen die Kälte – erreicht, sondern auch ein paar Nebenziele, wie etwa das Aneignen einiger Fertigkeiten beim Bauen mit Schnee. Schon deine zweite Hütte oder Iglu wirst du in kürzerer Zeit und mit weniger Energieeinsatz fertigstellen. Es ist sinnvoll, sich das Können anzueignen, bevor die Situation kritisch wird.

Die Gewissheit, dass dir der tiefe Schnee und die Eiskruste darauf eine sichere Übernachtung gewähren, gibt dir in einer Extremsituation die Möglichkeit, einen sehr langen Fußmarsch absolvieren zu können. Wenn du dazu noch über Lebensmittelvorräte verfügst, wird es möglich sein, acht bis zwölf Stunden am Tag aktiv zu sein: Zehn Stunden für den Schlaf, eine bis drei Stunden für die Errichtung einer Unterkunft.

Hinzu kommt, dass wir alle in unserer Kindheit „Schneehäuschen" mit unterschiedlicher Raffinesse gebaut haben. Hier sind nur die Spieleinsätze höher gesetzt, aber keine großen Unterschiede vorhanden.

## Ein Loch im Schnee

Der schlimmste Feind eines Menschen bei Frost ist der Wind. Er verursacht am schnellsten eine Unterkühlung. Also besteht deine erste Aufgabe darin, dich vor Wind zu schützen. In einem Wald spürt man den Wind nicht wirklich. Das reicht aber nicht. Suche dir eine Stelle mit tiefem Schnee. Verschließe alle Öffnungen in deiner Kleidung – Taschen, Schlitze etc. – durch die Schnee eindringen kann. Umwickle den Kopf mit einem losen Stück Stoff – oder noch besser: Stecke ihn in einen leeren Rucksack.

Schaufle den Schnee bis zum Erdboden weg. Das kannst du mit Hilfe von Ski, Brettern oder Ästen schaffen. Die Grube im Schnee wird die Wärme deines Lagerfeuers reflektieren und dich gegen den Wind schützen. Achte nur darauf, dass die Grube groß genug ist, damit die Funken deine Kleidung nicht erreichen und dich verbrennen, wenn du am Feuer liegst. Wenn du noch etwas Zeit hast, entzünde ein Feuer auf dem Boden der Grube und wärme die Erde auf. Du wirst bedeutend besser schlafen können.

Den Boden legen wir mit einem Teppich aus. Wenn du keinen zur Hand hast, dann mit Tannenzweigen, Ästen oder Gräsern. Du kannst auch dünne Gerten auslegen. Das wird zum Schutz gegen Kälte und Feuchtigkeit von unten ausreichen.

Es ist unheimlich wichtig, die Füße warm zu halten! Mit kalten Füßen kannst du nicht einschlafen. Viel Wärme verlierst du über den Kopf. Wenn kein Stoff vorhanden ist, umwickle deinen Kopf mit einem Schal oder mit den abgerissenen Ärmeln deines Pullovers – und dann umarme dich. Du musst auf der Seite liegen, in der Taille etwas geknickt.

Der Schnee wird sich zuerst auf den Beinen sammeln, dann auf dem Rücken und der Brust. Wenn keine wärmedämmende Matte da ist, kannst du auf angewinkelten Armen und Beinen, mit gekrümmtem Rücken, schlafen. In dieser Position werden die überlebenswichtigen Organe geschützt, denn die stärkste Auskühlung entfällt so auf Ellenbogen und Knie. Die Schlafposition solltest du von Zeit zu Zeit wechseln.

Damit sich während eines Schneegestöbers eine tiefe Schneeverwehung bilden kann, solltest du an der dem Wind zugewandten Seite ein paar Äste in den Schnee stecken oder andere höhere Gegenstände aufstellen. Der Wind

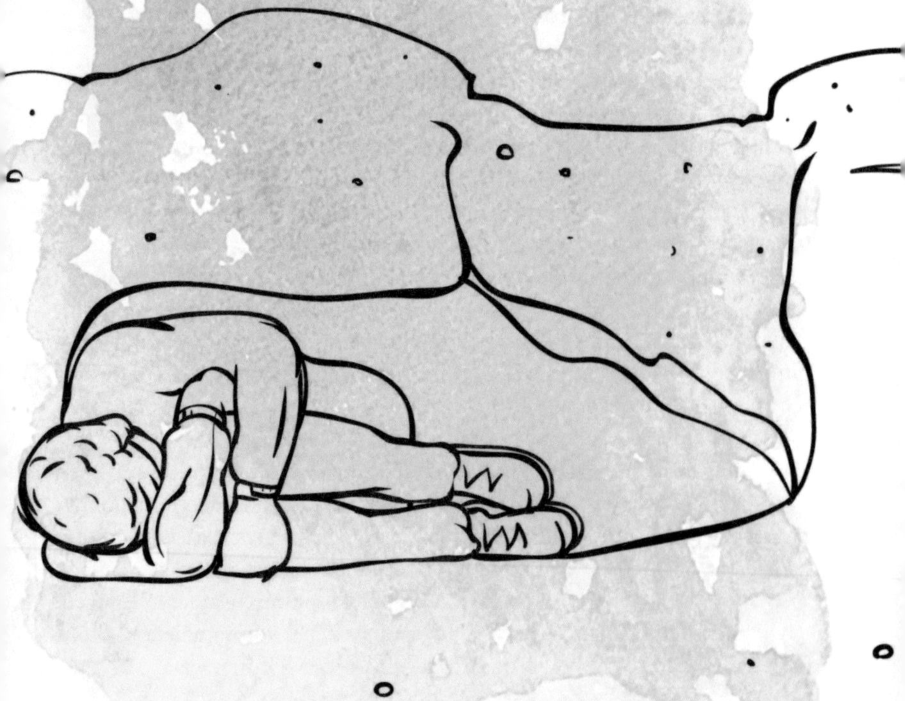

**Eine Kuhle im Schnee schützt vor dem Wind. Schließe alle Taschen und kauere dich eng zusammen, um möglichst wenig Wärme zu verlieren.**

wird den Schnee davor höher auftürmen als in der Umgebung, und dein Höhleneingang liegt dahinter im Windschatten.

Nicht empfehlenswert ist es, sich in einem Loch zu verkriechen, wenn ein Schneesturm tobt. Wenn der Eingang zugeschüttet wird, kann es schwierig bis unmöglich werden, sich in der engen Höhle zu bewegen oder wieder herauszukommen. Eine feste Schneeschicht kannst du mit den Beinen nur schwer wegtreten.

## Grundsätze für Schneeunterkünfte

Die Errichtung einer Schneeunterkunft beginnt wie bei jedem Bauunternehmen mit der Vorbereitung der Baustelle. Im Winter solltest du lange vor Einbruch der Dunkelheit nach einem passenden Platz für dein Notlager suchen. Die Hektik in deinen Handlungen, bedingt durch den Wunsch, schnellstens in die Wärme zu kommen, wird nur zu Kräfteverlust, Unterkühlung, Verzweiflung, Resignation und Antriebslosigkeit führen. Besser ist es, wenn du dir etwas Zeit lässt mit dem Bau und die Arbeit nur einmal und vernünftig ausführst, anstatt unüberlegtes Schnell-Schnell mit zehn Versuchen, die allesamt nicht zum gewünschten Ergebnis führen. Außerdem wirkt sich Hektik auf die Qualität der Unterkunft aus, die dann oft nicht vor der Kälte schützen kann.

Wenn eine minderwertige Unterkunft zusammenbricht, und dann noch nachts, kann das schwere und tragische Folgen haben. Beim Aufbau einer Schneeunterkunft (besonders der geschlossenen Art) sondert dein Körper viel Wärme ab. Der auf der Kleidung oder den Schuhen gelandete Schnee wird tauen, und dadurch wird sich die Bekleidung mit Nässe vollsaugen. Daher solltest du überflüssige Kleidungsstücke lieber vorher ablegen, damit sie anschließend trocken wieder angezogen werden können.

## Schneegrube mit Dach

Das ist das einfachste Versteck: In einem Schneehaufen (nach Möglichkeit an einer windgeschützten Stelle) wird mithilfe einer Schneeschaufel, einem Stück Holz, der Spitze eines Skis oder einfach mit einem Topf oder Kessel eine schmale Grube ausgegraben. Wenn gar kein Werkzeug zur Hand ist, kannst du die Grube mit den Händen graben oder mit den Füßen trampeln. Manchmal ist diese Art und Weise sogar wirksamer als das Graben mit Werkzeug.

Die Grubenbreite beträgt gewöhnlich ein bis zwei Meter, je nachdem, welches Material du zur Verfügung hast. Sobald die Grube tiefer als etwa 1,5

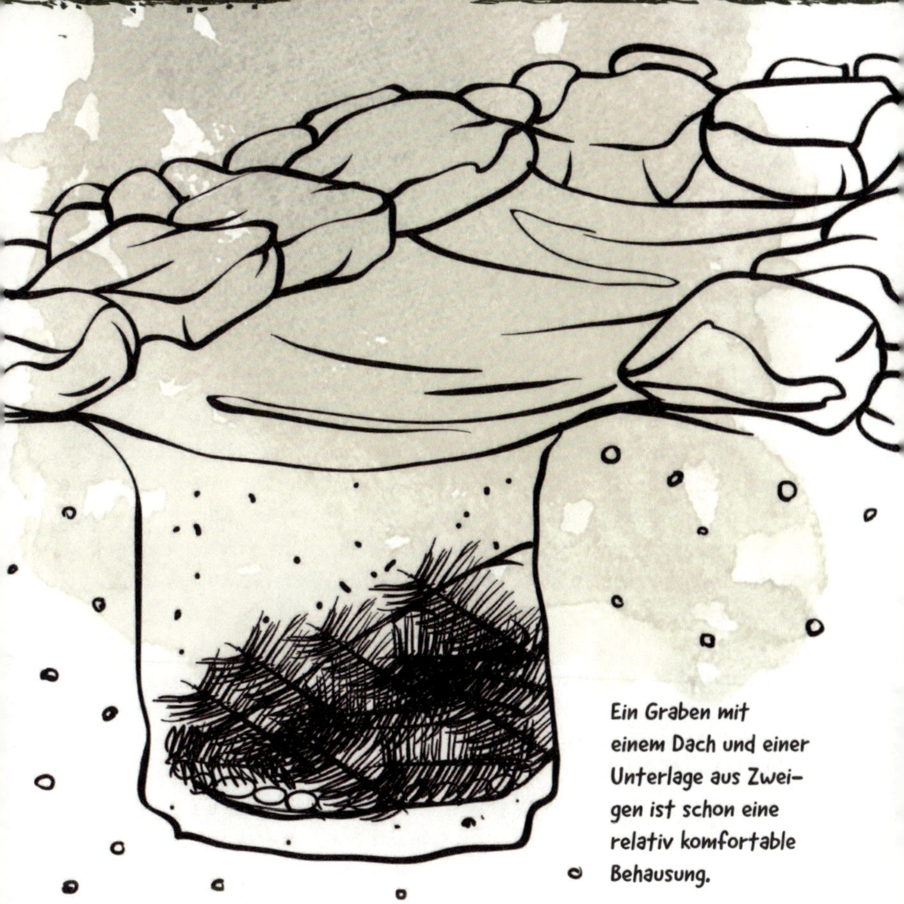

Ein Graben mit einem Dach und einer Unterlage aus Zweigen ist schon eine relativ komfortable Behausung.

Meter wird, so dass du darin sitzen kannst, ohne mit dem Kopf an das Dach zu stoßen, kannst du sie oben abdecken. Quer über die Grube werden in einem Abstand von etwa 30 bis 50 Zentimeter zueinander „Dachlatten" – wie feste Äste oder Skistöcke – gelegt, die anschließend mit einer Folie oder einem Stoff zugedeckt werden. Falls der Schnee locker ist, müssen an den Grubenrändern längere Äste ausgelegt werden. Sie nehmen die punktuelle Belastung des Schnees weg und lassen ihn nicht abrutschen. Die Abdeckung beschweren wir an den Rändern mit Steinen, Eisstücken, Stämmen oder Schneeblöcken.

Um die Wärmedämmung zu verstärken, sollte man auf der Abdeckung etwa 15 bis 20 Zentimeter Schnee aufschichten. In diesem Fall müssen die Dachlatten etwas näher aneinander gelegt sein, damit der Stoff unter dem Schneegewicht nicht einbricht. Für den Fall, dass Folie oder Stoff zu schmal sind, um ein vollwertiges Dach zu bauen, der Schnee aber fest genug ist, kann die Schneegrube in Trapezform gegraben werden, also breiter zum Boden und schmaler nach oben.

Wenn gar kein Stoff oder Folie vorhanden ist, kann man das Dach mit großen Platten, die aus der Schneekruste ausgeschnitten werden, abdecken. Außerdem kann die Abdeckung aus einer dicken Schicht Tannenzweige gemacht werden. Dabei müssen die Dachlatten vorher mit zusätzlichen, länglicheren Gerten verstärkt werden. Es sollte wie ein „Karree" aussehen. Die Tannenzweige mit Schnee zuzuschütten ist nicht wirklich sinnvoll, da er durch die Äste rieseln wird, und wenn es im Versteck wärmer wird, auch tauen.

Den Eingang in die Schneegrube macht man gewöhnlich an der Kopfseite. Wenn der Schnee fest genug ist, kann man zum bequemeren Betreten auch ein paar Stufen ausschneiden. Der Eingang wird mit einem Stück Stoff geschlossen, der frei bis zum Boden hängt, mit Steinen und Schneeblöcken an den Rändern befestigt. Im Notfall kann der Eingang mit einem Rucksack voll mit Ästen und Tannenzweigen wie mit einem Korken zugestopft werden. Noch besser ist es, wenn der Eingang nicht mit nur einer, sondern mit zwei oder drei Türen hintereinander verschlossen wird. Je mehr Hindernisse der Kälte den Weg versperren, desto wärmer wird es drinnen.

Eine andere Art Schneegrube – eine echte Taiga-Schneegrube – wird neben einem großen Baum mit einer tief über den Boden hängenden Krone gegraben. Rund um den Stamm oder daneben gräbst oder trampelst du eine Grube bis zu seinen Wurzeln. Die im Weg stehenden Äste werden entweder nach außen herausgezogen oder abgerissen. Als Dach dienen in diesem Fall die dichten, tief wachsenden Zweige, deren Wärmedämmung du optimieren kannst, indem du darauf noch eine zweite Lage Zweige ausbreitest. Darüber oder dazwischen kannst du auch einen breiten Stoff oder eine Folie ausbreiten – sofern vorhanden. Du kannst in dieser Grube bequem sitzen und sogar liegen, wenn du dir ein Kissen aus Tannenzweigen am Boden auf die Baumwurzeln legst und dich an den Stamm lehnst.

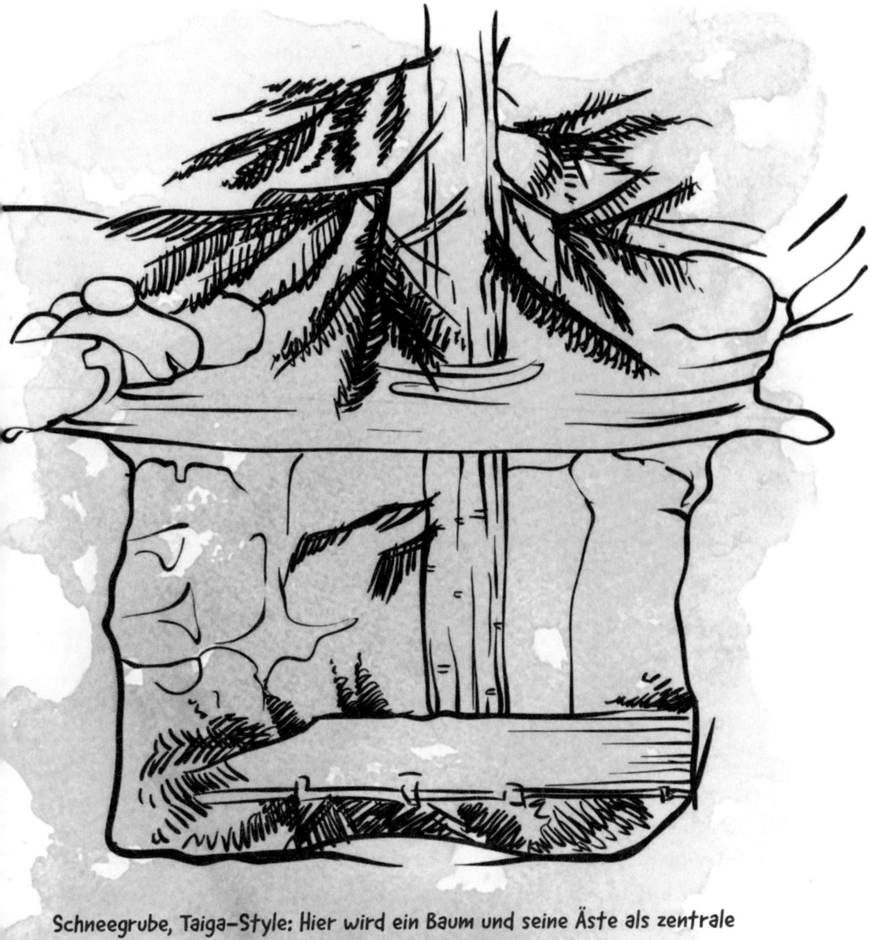

Schneegrube, Taiga-Style: Hier wird ein Baum und seine Äste als zentrale Stütze und Bedachung für die Grube genutzt.

## Schneegrube ohne Dach

Die Schneegrube ist ein einfache Notunterkunft, die gewöhnlich dann in tiefem, festem Schnee gegraben wird, wenn keine Baumaterialien für die Einrichtung eines vollwertigen Dachs da sind. Beim Bau einer Schneegrube beginnen wir mit dem Ausgraben eines bis zu zwei Meter tiefen Schürftunnels, mit einem Durchmesser von 60 bis 70 Zentimetern. Man bleibt auf dem Boden dieses Tunnels stehen und schiebt den Schnee von irgendeiner Seite nach oben, damit man weiter in den Schneehaufen eindringt.

Wenn der Schnee ganz fest ist, lässt er sich leicht mit einer Säge oder einem Messer herausschneiden und in Blöcken nach draußen transportieren. Lockerer Schnee kann mit einem Topf, Kessel, Eimer oder einer Schaufel abgetragen werden.

Die Deckenstärke hängt von der Schneequalität ab. Wenn der Schnee locker ist, muss sie 60 bis 80 Zentimeter betragen, um nicht einzubrechen. Ist der Schnee fest, reichen 15 bis 20 Zentimeter. Damit die Decke unter dem eigenen Gewicht nicht einsackt, solltest du ein hohes Gewölbe in sie einschneiden. Der Eingang kann mit einem Stück Stoff, Folie oder einem Rucksack geschlossen werden. Auf dem Boden der Grube ist es angebracht, eine bis zu 50 Zentimeter hohe Liegestelle einzurichten.

## Schneehöhle

Der Bau einer Schneehöhle erfordert mehr Krafteinsatz als der Bau anderer Unterkünfte, deshalb sollte man sie erst dann bauen, wenn die anderen Konstruktionen nicht realisiert werden können. Eine Schneehöhle wird in einer sicheren Böschung (bezogen auf Lawinen) bei einer Schneehöhe ab 1,5 Meter gebaut. Einen passenden Schneehaufen kann man in einer Gegend mit wenig Schnee an einzeln stehenden Felsen, Wänden, Steinen oder Sturmhölzern finden oder da, wo der Schnee eine Art Überdach bildet: Am Abhang einer Schlucht, an steilen Flussufern – mit anderen Worten dort, wo der Wind den Schnee zu einer einheitlichen Masse aufgetürmt hat.

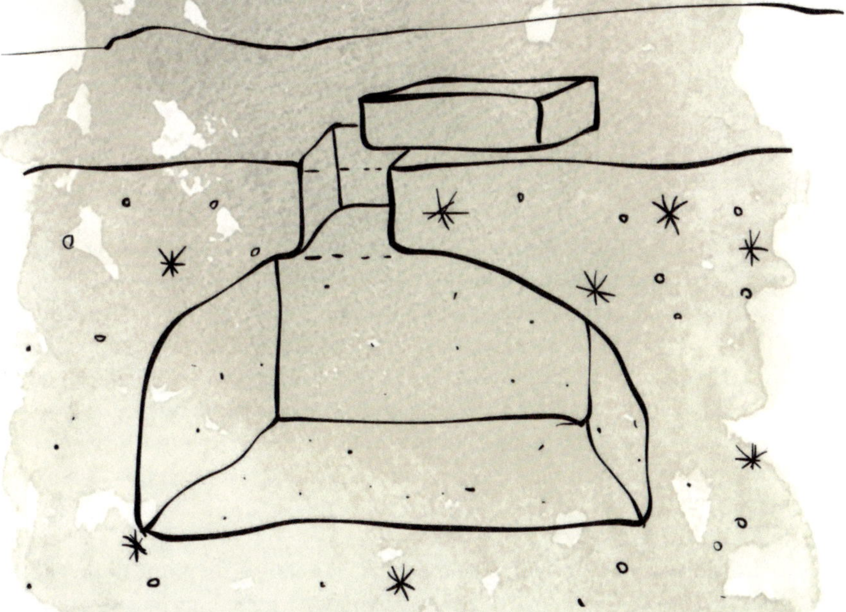

**Selbsttragende Konstruktion: Wenn der Schnee fest genug ist, kann man auf stützende Äste verzichten und ein reines Schneedach bauen.**

Der Bau einer Ein-Mann-Höhle dauert rund eine Stunde. Bevor du mit dem Bauen anfängst, überzeuge dich, dass es unter der Schneedecke keine störenden Steine, Felsen, Grundwasser oder Eis gibt. Mit einem umgedrehten Skistock oder mit einem dicken Ast testest du den Schneehaufen an fünf bis sechs Stellen zwei bis drei Meter tief.

Bevor du dich an die Arbeit machst, ziehe alle überflüssige Kleidung aus, ziehe eine Kapuze über und schließe alle Reißverschlüsse und Taschen – wenn man sie nicht schließen kann, dann auf links ziehen – damit kein Schnee hinein kommt. Die Hosenbeine lässt du über die Schuhe hängen, den unteren Jackensaum stopfst du in die Hose oder bindest ihn mit einer Schnur zu. Wenn du im Schnee arbeitest, ist es empfehlenswert, ein Stück Folie, Tannenzweige oder Äste unter dich zu legen, damit deine Kleidung so wenig wie möglich mit dem Schnee in Kontakt kommt. Sie wird sonst nass.

Der Bauplan einer derartigen Höhle ist äußerst einfach. Im Schnee machst du mit den Füßen eine Vertiefung, von der aus du seitwärts einen schmalen Tunnel in die Tiefe gräbst. Das Ende dieses Tunnels wird nach oben gezogen und bis zu den gewünschten Maßen breiter gemacht.

Den Schnee sägst du mit einer Schneeschaufel, einem langen Messer oder einer Hand- und Bügelsäge aus und transportierst den „Aushub" mit Topf, Kessel, Schüssel oder Eimer heraus. Falls keine Werkzeuge vorhanden sind, wird der Schnee mit einem Stock oder mit Schuhabsätzen abgeschlagen und herausgeholt. Sehr bequem ist es, mit einer Bügelsäge halbrunde lange Schneeblöcke von der Decke bis zum Boden herauszuschneiden. Das Vorhaben lässt sich noch einfacher durchführen, wenn die Höhle sich an einer Böschung befindet. In diesem Fall wird der Schnee fast von selbst heraus rollen.

Die schwierigste und nasseste Bauphase ist die erste – der Tunnelbau. Die ersten ein bis 1,5 Meter des Tunnels können locker mit einem Skistock oder einem festen Ast draußen stehend geschaffen werden, während die weiteren Arbeiten nur von innen weiter geführt werden können. Am einfachsten ist es, auf einer Folie liegend auf der Seite oder auf dem Rücken in den Tunnel zu gleiten. Dabei stemmst du dich mit den Füßen ab. Dann mit den Händen nach vorne blind den Schnee herausschneiden und diesen über sich weiter zu den Füßen und mit den Füßen nach außen transportieren. Je nachdem wie breit die Höhlung wird, vereinfacht sich die Bausituation, und die Leistung steigt.

Über die besten wärmedämmenden Eigenschaften verfügen die klassisch gebauten Höhlen – ein schmaler, waagerechter Kriecheingang, der sich nicht größer als 60 Zentimeter im Durchmesser in die Tiefe eines Schneehaufens erstreckt und dabei für etwa ein bis 1,5 Meter in einem leichten Winkel nach oben ansteigt. Dabei verbreitert sich der Gang zu den Seiten bis zum gewünschten Maß.

Die Höhlendecke hat die Form eines hohen Gewölbes. In die Wände kannst du Nischen für Rucksäcke oder andere Sachen schneiden, oder auch ein

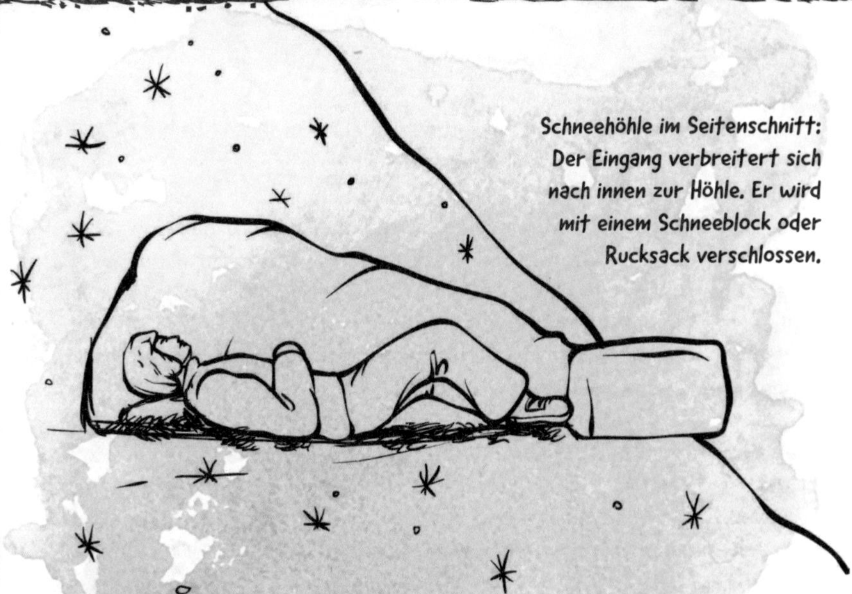

Schneehöhle im Seitenschnitt: Der Eingang verbreitert sich nach innen zur Höhle. Er wird mit einem Schneeblock oder Rucksack verschlossen.

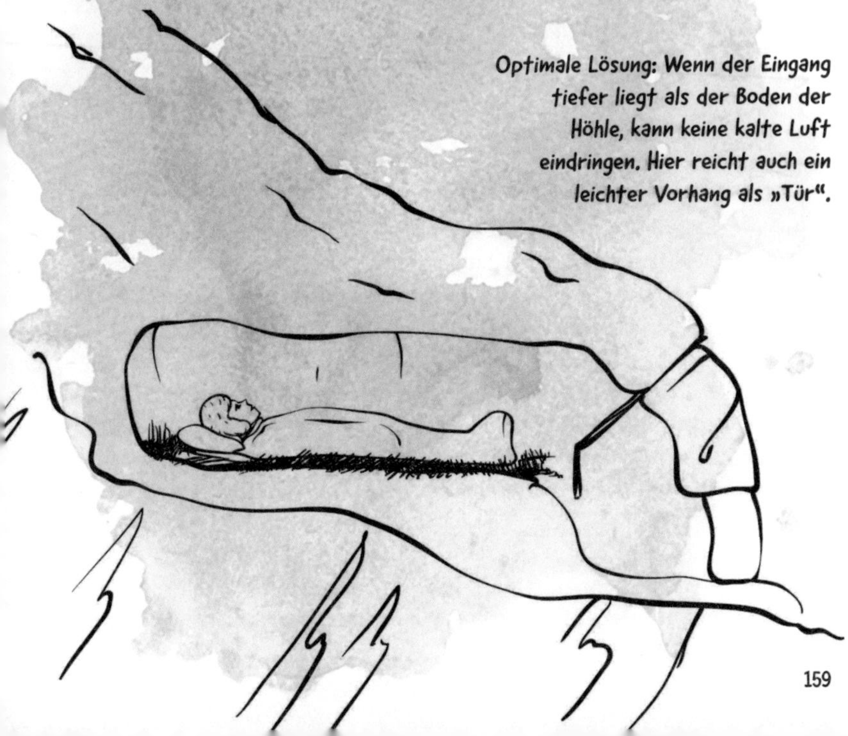

Optimale Lösung: Wenn der Eingang tiefer liegt als der Boden der Höhle, kann keine kalte Luft eindringen. Hier reicht auch ein leichter Vorhang als »Tür«.

paar Regale für anderen Krempel, zum Beispiel Kerzen. Die Größe der Höhle wird nur durch die Höhe des Schneehaufens begrenzt.

Eine derartige Unterkunft kann zehn und mehr Leute beherbergen. Je größer die innere Fläche der Höhle ist, desto stärker sollte allerdings die Decke sein und desto tiefer der Halbkreis des Gewölbes. Damit die Decke bei großflächig gebauten Höhlen nicht einsackt, kann man in der Mitte ein bis zwei Schneesäulen mit einem Durchmesser von 40 bis 70 Zentimeter stehen lassen – je nachdem wie fest der Schnee ist.

Die wärmedämmenden Eigenschaften einer klassischen Schneehöhle können dadurch erklärt werden, dass der Kriecheingang tiefer als der Boden liegt. Auf diese Weise fließt die kalte Luft nach draußen, die leichtere, wärmere Luft hält sich oben in der Höhle und bildet dort einen Wärmepuffer.

Wenn der Tunnel lang genug ist, kann der Eingang sogar geöffnet bleiben. Ein kurzer Tunnel wird mit einem Schneeblock oder Rucksack geschlossen, oder mit einem Stück Stoff oder Folie zugehängt.

Eine Variante dieser Höhle unterscheidet sich dadurch, dass der Eingang ebenerdig oder etwas höher als der Höhlenboden gelegen ist. Das heißt, dass der Kriecheingang waagerecht gegraben wird und sich bereits nach einem halben Meter bis einem Meter verbreitert. Damit die kalte Luft nicht in diese Höhle eindringt, muss der Eingang mit einem Schneeblock geschlossen werden. Je fester der Block in die Öffnung hineinpasst, desto kleinere Fugen werden zurückbleiben, und umso wärmer wird es in der Höhle.

Es ist schwer, den Eingang zu schließen, während man in der Höhle sitzt, da man den Block nur schlecht greifen kann. Dieses Problem lässt sich einfach lösen, indem man den Skistock mit der Griffseite durch den Block durchbohrt, bis ihn der Stockteller abbremst. Jetzt kann man rückwärts in die Höhle kriechen und mit dem Skistock den Block zu sich ziehen und damit zuverlässig die Lücke schließen. Manchmal wird der Eingang auch mit aufeinander gelegten „Schneesteinen" geschlossen, oder auch mit einem aus festem Schnee ausgeschnittenen Kegel wie mit einem Korken zugemacht.

Im Inneren der Höhle baust du eine Liege aus Schneeblöcken oder zusammengepresstem Schnee, so dass sich die Liegefläche höher als das Eingangsloch befindet. Dadurch befindest du dich im Inneren in einer Zone mit warmer Luft.

Es gibt noch eine vereinfachte Bauart einer Höhle. Sie wird eingesetzt, wenn die Behausung in kürzester Zeit errichtet werden soll und wenn die Schneekruste so fest ist, dass es möglich ist, größere Schneeblöcke daraus zu schneiden. Man kann diese Art von Höhle bauen, wenn man mit den Füßen in einem Schneehaufen einen waagerechten Tunnel tritt und darüber eine tiefe und sich nach oben ausbreitende Nische zum Liegen ausschneidet. Die fertige Nische wird mit Schneeblöcken zugedeckt, hinein geht es durch das untere Einstiegsloch. Das gleiche Ergebnis erreicht man, wenn in einem Schneehaufen eine Vertiefung in Form des Buchstabens „T" ausgeschnitten und das waagerechte Loch mit Schneeblöcken abgedichtet wird.

Es existieren noch mehrere Bauarten der Schneehöhlen. Zum Beispiel, wenn der Tunnel in Form eines lang gezogenen Rechtecks oder Ovals (in der ganzen Länge der zukünftigen Höhle) gebaut wird. Weiter wird wie oben beschrieben gebaut – das heißt mit einer Vorstufe und einer Liege. Anschließend werden die Ecken mit Schneeblöcken so zugestopft, dass der Eingang enger wird. Wenn du in der Höhle ein Lagerfeuer entzünden willst, muss ein Abzugsloch in die Decke gemacht werden.

Von allen bekannten Schneeverstecken ist eine Höhle am besten geeignet für Menschen, die im Schneebau noch unerfahren sind. Im Gegensatz zu vielen Blockunterkünften, die bei falschem Aufbau einfach auseinander fallen können, verzeiht eine Höhle ihren Schöpfern die Unerfahrenheit sowie auch Nachlässigkeiten beim Bau. Sie kann mal besser, mal schlechter gelingen, sie klappt aber fast immer!

Der einzige schwere Fehler, der unbedarften Konstrukteuren von Zeit zu Zeit unterläuft, ist das Durchbrechen der Decke. Obwohl ein versehentlich geschaffenes Loch mit einem Stück Stoff oder einem Block aus Schneekruste wieder geschlossen werden kann, wird die Wärme innen nicht mehr die gleiche sein. Deshalb lasse dich beim Graben einer Schneehöhle nicht zu sehr fortreißen und kontrolliere dich selbst. Messe wiederholt die Deckenstärke. Am einfachsten ist es, wenn du immer mal wieder mit einem Stock die Decke durchstichst und misst, wie weit er draußen herausschaut.

Trotz ihrer Einfachheit ist die Höhle die wärmste Unterkunft im Vergleich zu den vielen anderen Schneebehausungen. Ein weiterer Vorteil einer Höhle ist ihre Vielseitigkeit. Eine Höhle kann überall gebaut werden – in der Taiga, Tundra, auf dem Scholleneis des Arktischen Ozeans, im Hochgebirge, in einer Wintersteppe. Man kann immer eine kleine Schneeverwehung ausfindig machen, in die sich eine Ein-Mann-Höhle graben lässt.

## Die „Bärengrube“

Die „Bärengrube“ wird in der Taiga in tiefem Schnee, zwischen Windbruch und Erdfallholz eingerichtet. An solchen Stellen kann man Schneeverwehungen finden, die eineinhalb bis zweimal mehr Schnee enthalten als alle anderen Stellen.

Den Bau beginnst du genauso wie bei der Schneehöhle – mit dem Einrichten eines Schlupftunnels. Also zuerst am Ansatz des Haufens einen rechteckigen Graben austreten. An der Stirnseite wird mit Hilfe von Skistöcken, Ski oder Füßen ein Loch geschaffen, das etwa deinem Körperdurchmesser entspricht. Der Tunnel wird waagerecht weitergeführt und in einer Tiefe von eineinhalb bis zwei Metern (bei einem kleineren Schneehaufen weniger) etwas breiter gemacht und abrupt nach oben gezogen. Damit erreichen wir, dass sich am tiefsten Punkt eine Art Vorstufe bildet, die zu der kalten Luft von draußen ein Hindernis darstellt. Danach kann man sitzend oder kniend weiterarbeiten. Der „Wohnraum“ wird verbreitert bis zur gewünschten Größe.

Die bequemste Schneegrube ist eine Grube, die in einer mit Schnee gefüllten Nische zwischen der Erde, einem umgefallenen Baum und seinen Wurzeln gegraben wird. Dabei musst du beachten: Je größer der umgefallene

Baum ist, desto stärker ist sein Wurzelteller, desto größer kann eine Grube gebaut werden. Genauso kannst du auch Windfallholz samt einem zersplitterten Baumstamm verwenden.

Was noch für diesen Bau nützlich sein kann, sind umgefallene und mit den Kronen und Ästen ineinander verschlungene Bäume. In diesem Fall ist es wichtig, die fehlenden Baumstämme im Kopf nachzuzeichnen, damit du die Stelle bestimmten kannst, an der du mit dem Bau anfängst. Eine Grube kann auch zwischen zwei nahe zueinander stehenden Tannen gegraben werden. Die Stämme und Zweige werden als tragendes Gerüst dienen, das eine Schneedecke hält. Im Dickicht ist der Schnee meistens lockerer, deshalb kann eine Schneeunterkunft ohne Unterstützung leicht zusammensacken. Beim Baum solltest du darauf achten, dass sich die Zweige und der Stamm oben im Gewölbe treffen.

Bevor du deinen Schlupftunnel unter Windfallholz einrichtest, musst du unbedingt überprüfen, ob die umgefallenen Bäume nicht abrutschen können – und dich dann erschlagen. Beim Bauen in einem Schneehaufen solltest du hereinragende Äste und dünne Stämme mit äußerster Vorsicht absägen oder abreißen, da es möglich ist, dass der ganze Stamm genau von diesen Zweigen gehalten wird – und du ihn durch das Entfernen zu Fall bringst. Bei der kleinsten Bewegung eines solchen Baums oder der Grubendecke klettere nach draußen und überprüfe die Stabilität der Sturzhölzer.

## Iglu

Diese interessante Unternehmung nimmt mindestens eine Stunde Zeit in Anspruch. Bei minus 25 oder 30°C Außentemperatur wirst du innerlich kochen. Versprochen! Das klassische Iglu wird aus Schneeblöcken aufgeschichtet, die man mit einer Säge oder einem langen Messer aus einer kompakten Schneeschicht ausschneidet. Die Blöcke werden dann in einer Spirale aufgeschichtet, so dass sie leicht nach innen geneigt sind. Dazu müssen die Blöcke an der Ober- und Unterseite etwas abgeschrägt werden. Jede Windung ragt ein kleines Stück weiter nach innen, stützt sich aber am

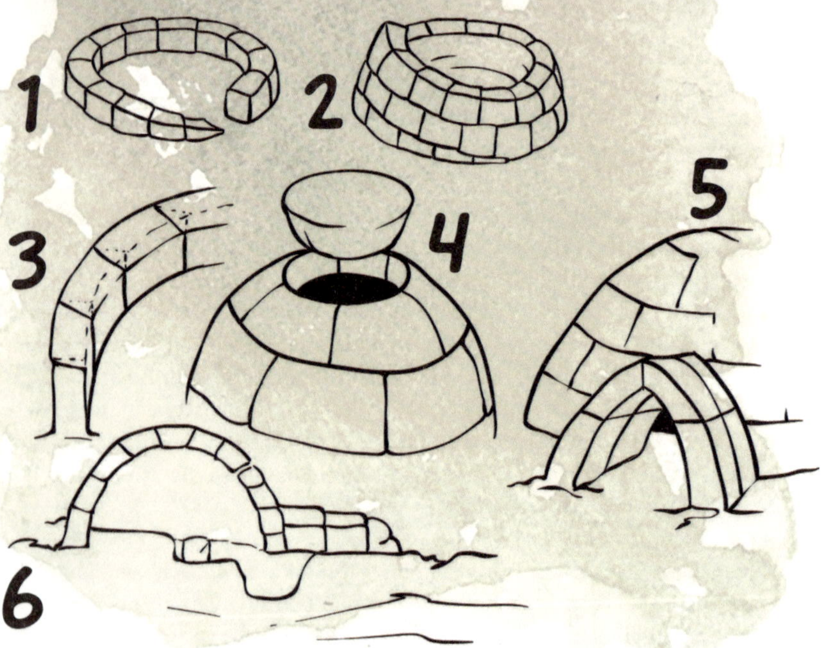


Ein Iglu wird aus ringförmig gestapelten Schneeblöcken aufgebaut, die leicht nach innen geneigt sind. Der Eingang wird unter dem Tunnel tiefer gelegt.

davor aufgesetzten Block ab. Wenn ganz oben schließlich nur noch eine kleine annähernd runde Öffnung vorhanden ist, schließt du diese mit einer runden Platte. Den Eingang vertiefst du und überbaust ihn mit einem Tunnel. Das Niveau des Innenraums sollte sich über dem Eingang befinden und kann mit Zweigen oder Gras bedeckt werden. Das isoliert auch nach unten.

Jetzt zur Variante mit aufgehäuftem Schnee: Dafür muss ein Schneehaufen zusammengetragen werden. Wenn nur wenig Schnee da ist, rollst du Schneekugeln zusammen und räumst an dem ausgewählten Platz alles Überflüssige weg. Danach den Boden feststampfen. Dann werden Äste etwa alle 30 Zentimeter eingeschnitten und von allen Seiten in den verfestigten Schnee gesteckt. Wenn du von innen weiter gräbst und bis zu diesen Stöcken kommst, wirst du sofort wissen, dass die Höhlung nicht weiter vergrößert werden darf, da sonst das Iglu zusammenbrechen kann. Das Graben fängt mit einem schmalen Schlupfgang an. Dieser wird dann senkrecht verbreitert und anschließend waagerecht. Wenn du sofort in die Breite gräbst, könnte das Iglu einsacken. Die Größe eines Iglus ist ausreichend, wenn du darin auf Knien stehen kannst.

Nach dem Ende der „Bauarbeiten" legst du den Boden in deinem Schneeversteck mit Tannenzweigen aus – und am besten zusätzlich noch mit trockenem Gras oder Schilf. Der Eingang wird für die Nacht mit einer Schneekugel zugemacht. Sei aber vorsichtig: Über Nacht könnte die Kugel festfrieren und ist dann mit den Füßen nur schwer herauszubekommen. Dann musst du die Verschluss-Kugel mit einem Messer herausschneiden. Der Eingang kann auch mit einem Rucksack geschlossen werden.

Jetzt noch etwas zur Lüftung: Viele Menschen haben Angst, in diesem Bau zu ersticken. Das ist überflüssig. Im Gegensatz zu Eis ist Schnee porös, die warme Luft steigt nach oben und dringt langsam durch den Schnee nach außen. Es bildet sich ein Unterdruck im Inneren und die frische Luft wird von außen durch die Wände eingesogen.

Wenn du jedoch ein Lagerfeuer im Inneren anlegen willst, musst du unbedingt eine Lüftung einbauen. Mache eine Öffnung in der Decke und lege den Eingang tiefer als den Boden. Im Großen und Ganzen erfordert eine Übernachtung im Iglu aber auch bei niedrigeren Temperaturen kein Feuer zum Wärmen. Es reicht, die Wände etwas dicker zu gestalten.

Die dritte Variante des Iglus ist die „mobile" Version. Sie besteht aus einem Gerüst aus Ästen und einem darüber ausgebreiteten Stück Stoff. Auf diesen Stoff schüttest du Schnee und klopfst ihn fest. Die Schicht sollte mindestens 20 Zentimeter dick sein. Danach schneidest du ein Loch in die Hülle und nimmst vom Inneren aus vorsichtig die Äste aus dem Gerüst – wenn es dich stört und du den Stoff für etwas anderes einsetzen willst. Du kannst diese Hilfskonstruktion aber auch stehen lassen. Anschließend beziehst du dein neues Heim und wärmst dich auf. Den Eingang stopfst du mit deinem Rucksack oder einer Tasche zu.

## Feuermachen im Winter

Im Winter kann Feuer mit Hilfe einer „Eislupe“ gemacht werden. Dazu braucht man ein zugefrorenes Gewässer. Die oberste Eisschicht wird zwar eher matt sein (im Prinzip ist es der gefrorene Schnee), die untere Schicht kann aber durchaus klarer sein. Das Stück Eis muss geschliffen werden, damit es ganz klar wird.

Mit Hilfe deines Messers gibst du zuerst einer Eisscholle die Form einer Scheibe (grobe Bearbeitung). Nach der Methode von Michelangelo muss „alles Überflüssige entfernt werden“. Verleihen wir also dem Stück Eis die Form einer großen Tablette. Wir bekommen ein Rohrstück mit einem Durchmesser von etwa 30 Zentimetern und zehn Zentimetern Stärke. Je größer der Durchmesser der Linse, desto mehr Licht wird in einem Punkt fokussiert, und desto einfacher ist es auch, ihr eine halbkugelige Form zu geben. Hier ist auch ein Limit gesetzt: Je größer die Linse, desto schwerer wird sie und desto länger muss man sie bearbeiten.

Jetzt gehen wir zur Säuberung über. Dafür wird ein Schleifgerät benötigt. Du kannst deinen Becher einsetzen und mit seinem oberen Rand schleifen, während du den Becherboden festhältst. Das Eisstück kannst du auf den Schnee legen und dich selbst auf die Knie setzen (so ist es bequemer). Manche Stellen können auch mit einem Messer gesäubert werden.

Seine endgültige Form bekommt das Stück, indem du es mit den Händen glättest. Das Eis wird bei Berührung mit den warmen Händen etwas antauen, was es glatter und durchsichtiger macht. Du könntest auch warmes Wasser über das Eis gießen (aber woher sollte man das ohne Feuer herhaben?) oder deinen Urin – es ist aber nicht sicher, dass das den notwendigen Effekt gibt. Den letzten Schliff sollte man dann doch versuchen, mit den Händen hinzubekommen. Die Linse wird von beiden Seiten bearbeitet, damit sie doppelt gewölbt ist

Das Prinzip ist: Ein fokussierter Sonnenstrahl wird durch die Linse auf ein Stück Stoff oder Zunder gerichtet. Es muss natürlich sonniges Wetter herr-

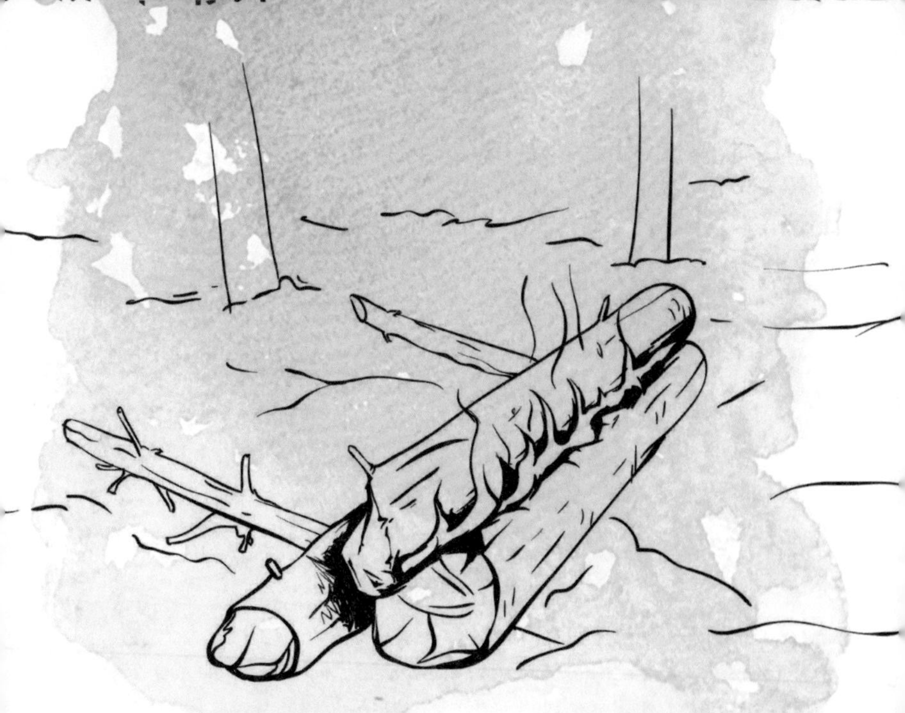

**Auf Schnee wird das klassische Stapelfeuer auf untergelegten Ästen aufgebaut, die es vom Untergrund entfernen.**

schen. Die Sonne zeigt sich im Winter nur relativ kurz, und du brauchst ihre ganze Kraft. Daher sollte die Linse bereits vorbereitet sein. Ein geübter Bastler macht so eine Linse in einer knappen Stunde. Die Betonung liegt hier auf dem Wort „geübt".

Das Feuer darf im Winter nicht direkt auf dem Schnee entzündet werden – es sei denn, die Schneedecke beträgt maximal zehn Zentimeter. Im anderen Fall wird der Schnee tauen und das Feuer mit dem tauenden Schnee in einer großen Wasserpfütze untergehen. In manchen Fällen sogar bis in mehrere Meter Tiefe! In diesen Fällen ist es sinnlos zu versuchen, das entstandene Loch mit Holzstämmen zu zustopfen und ein neues Feuer darauf zu legen. Es geht von vornherein natürlich auch einfacher.

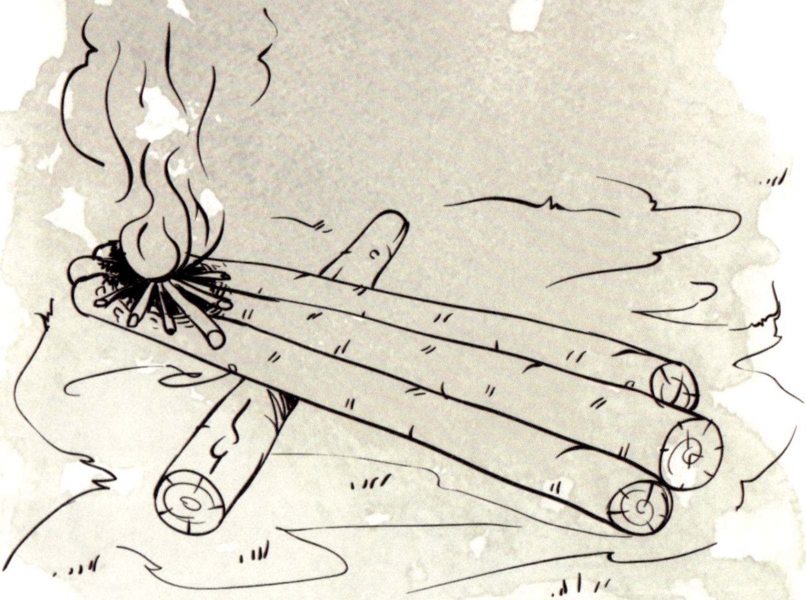

**Das Kanonenfeuer sieht dem Ewenkenfeuer ähnlich. Hier dienen die quer liegenden Stämme aber nur als Unterlage für das eigentliche Feuer.**

Wenn du ein Stapelfeuer entzünden willst, musst du die eigentlichen Feuerstämme auf zwei zusätzliche Querstämme legen. Sie müssen nicht unbedingt dick sein. Wichtig ist nur, dass ein direkter Kontakt des Feuers mit dem Schnee vermieden wird. Umso mehr strahlt das Stapelfeuer seine Wärme seitlich ab und nicht nach unten. Wenn der Schnee trotzdem etwas antaut, werden die Querstämme durch die größere Fläche nicht zulassen, dass das Feuer in die Tiefe sackt. Es bildet sich vielleicht eine Vertiefung unter dem Stapelfeuer. Aber das ist nicht schlimm.

Wenn wir ein Feuer zum Kochen benötigen, greifen wir besser zum Taiga-Lagerfeuer vom Typ „Kanone". Das ist ein Lagerfeuer, das auf einer Unterlage aufgebaut wird. Das „Kanonenfeuer" ist dem Ewenkenfeuer sehr ähnlich, das bereits beschrieben wurde. Auch hier wird ein Baumstamm auf den Boden gelegt und quer darauf die Stämme wie ein Fächer (am besten fünf

Stämme, es gehen aber auch drei) ausgebreitet. Tatsächlich ähnelt der Aufbau von der Seite sehr einer Kanone – Räder und Lafette darauf. Dieses Feuer ist auch sehr praktisch, wenn man keine dicken Stämme zur Hand hat, denn hier eignen sich auch mitteldicke.

Im Unterschied zum Ewenkenfeuer wird das „kleine" Feuer nicht unter den überstehenden Stämmen gezündet, sondern darauf. Sie dienen hier als Unterlage für das Feuer. Angesichts dessen, dass sie im Winter hartgefroren sind, werden sie nicht direkt angezündet, sondern nur das Brennholz darauf. Die Stämme selbst verbrennen nur langsam. Wenn auch diese Stämme durchbrennen, können sie einfach weiter nach vorne geschoben werden. Dieses Feuer dient als Wärmequelle und zum Kochen. Natürlich wird Glut herunterfallen, und der Schnee wird unter dem Feuer etwas absacken. Dank der Unterlage bleibt das Feuer aber an einer Stelle, weil zwischen Feuer und Schnee ein großer Abstand besteht.

## Das Wichtigste aus Kapitel 17:

- dein größter Feind ist der Wind, schütze dich davor, so gut es geht
- versuche, trocken zu bleiben, das heißt vermeide es von außen oder innen (schwitzen!) nass zu werden, sonst wirst du später frieren
- Schnee wärmt sehr gut und kann dir viel Schutz bieten
- es gibt verschiedene Methoden, Schneegruben oder Schneehöhlen zu bauen
- wähle die Form aus, die bei den gegebenen Verhältnissen am besten zu bauen ist
- ein Iglu zu bauen, ist keine Hexerei, macht aber etwas Mühe
- wenn du ein Feuer entzündest, dann stelle sicher, dass es nicht im Schnee versinkt

# EINRICHTEN EINES FESTEN LAGERS

Nehmen wir an, du hast genug die Möglichkeit, dich für längere Zeit in der Natur und Einsamkeit aufzuhalten, einschließlich des Winters. Vielleicht in der russischen Taiga, vielleicht in Kanada? Auf jeden Fall brauchst du ein Land, in dem es möglich und zulässig ist, ein festes Lager aufzubauen, mit richtigen Gebäuden.

Suche dir an einem Fluss mit hoch gelegenen Ufern einen Lagerplatz, wo das Gewässer einen scharfen Knick macht oder sich vielleicht eine Gabelung vor einer Flussinsel befindet. Auch eine Einbuchtung hinter einer felsigen Engstelle ist gut geeignet, denn an solchen Stellen wird oft Treibholz angeschwemmt. Eine Quelle oder ein kleiner Bach, der dort in den Fluss mündet, sorgen für Trinkwasser, und bieten eine prima Gelegenheit zum Fischfang. Boote werden immer am Nebenarm oder in der Bucht mit einem langen Seil festgebunden. In angebundenem Zustand werden sie auch bei schnell steigendem Wasser und starker Strömung kaum von einem schwimmenden Stamm mitgerissen, und deine Netze nicht durch eine versetzte Strömung zerstört werden.

An dieser Stelle wirst du wahrscheinlich reichlich trockenes Treibholz finden, das als Brennholz geeignet ist, aber auch Bretter oder ganze Stämme, die du für den Bau deines Lagers und eines Vorratsschuppens benötigst. Ganz abgesehen davon, dass du hier auch gut ein oder mehrere Fischernetze aufstellen kannst. Entsprechend reduziert sich die Zeit für die Kontrolle der Netze, so dass mehr Zeit für die Hauptarbeit und Erholung bleibt.

Die Stelle für das wintertaugliche Quartier sollte mindestens drei bis fünf Meter über dem Wasserspiegel liegen, da der Wasserpegel in einem Fluss bei starkem Regen stark steigen kann. Dann sind die ganzen Anstrengungen zur Einrichtung eines Winterlagers umsonst gewesen – und deine spirituelle Reise ist zu Ende.

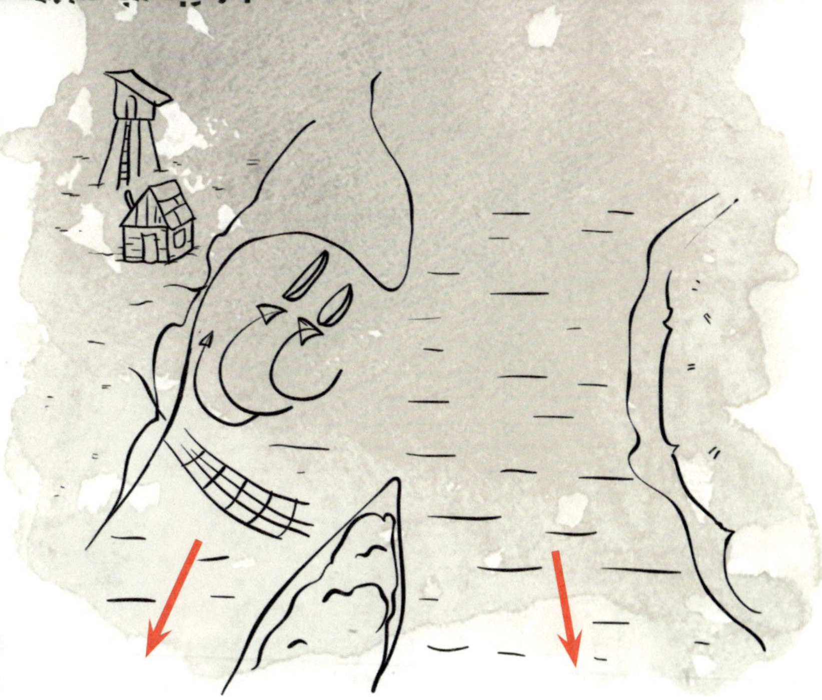

Der ideale Ort für unser festes Lager ist neben einem Fluss, am besten an einer Flussgabelung oder einer kleinen Bucht.

## Provisorische Überdachung

Sobald du dir eine Stelle ausgesucht hast, wird entladen. Für Säcke mit Mehl und Gerste baust du aus Treibholz eine Plattform, auf der dann deine Vorräte gelagert und mit Folie gegen Regen und Tau abgedeckt werden. Danach schneidest du dir acht bis zehn Äste oder dünne Stämme mit einer Länge von fünf bis sieben Metern, aus denen du mit Hilfe einer Segeltuchplane eine Überdachung errichtest – ungefähr so wie ein einfaches Shelter. Sechs Äste nimmst du als Stützen, die beiden längsten als Querholme.

Unter der Überdachung lagerst du deine Sachen, damit sie nicht nass werden – Schlafsäcke, Kleidung, Nahrungsmittel und alles andere, was in dei-

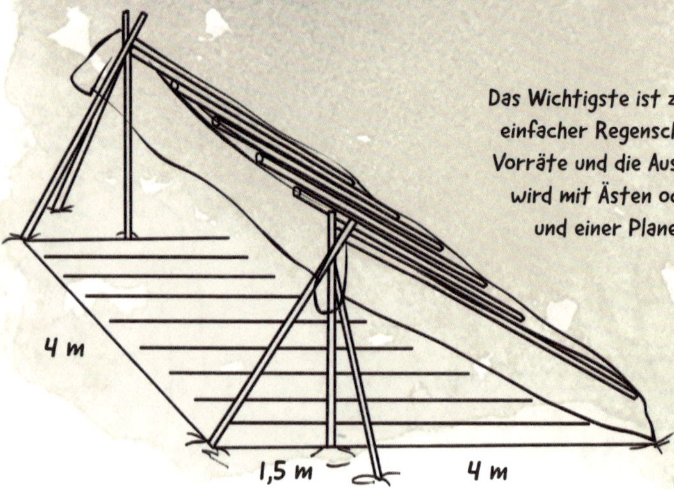


nem Boot noch liegt. Du wirst wohl kaum im Stande sein, Vorräte für den ganzen Winter in einem Rucksack unterzubringen. Die ersten zwei Wochen wirst auch du wohl unter dieser Überdachung schlafen müssen.

Am ersten Tag sortierst du das Treibholz nach Bauholz und Brennholz. Bretter, Kanthölzer und Rundhölzer von bis zu vier Metern werden nach oben gebracht und gelagert. Das restliche frische und lange Holz wird mit einer Motorsäge in vier bis fünf Meter lange Stücke gesägt und etwas höher und näher am Winterlager zum Trocknen und Sortieren gelagert. Sobald das Bauholz aussortiert ist, wird das Allernotwendigste gebaut – ein Schuppen.

## Schuppen

Der Schuppen dient als festes Vorratslager und wird wie folgt gebaut: Suche zwei bis drei Lärchen (oder andere Bäume), die in einem Abstand von etwa 1,5 Metern beieinander stehen. Sie sollen die zwei vorderen Pfosten bilden. In einem Abstand von etwa zweieinhalb Metern von diesen Bäumen gräbst du zwei weitere Pfosten mit einer Länge von gut drei Metern ein. Die Löcher sollten frostsicher sein, also mindestens 50 Zentimeter Tiefe haben.

In einer Höhe von zwei Metern errichtest du eine Plattform aus Stämmen mit einem Durchmesser von etwa 15 Zentimetern. Das wird der Boden. Die Wände machst du aus Ästen mit einem Durchmesser von etwa zehn Zentimetern. Das Dach wird mit Lärchenrinde gedeckt. Als Dachbalken nimmst du die gleichen Äste wie bei den Wänden. Die Seite zwischen den beiden Baumstämmen bekommt eine massive Tür aus Brettern.

Dann musst du nur noch eine Leiter bauen, was relativ einfach geht – es reicht, Äste von etwa 15 Zentimetern Dicke an den beiden Baumstämmen festzunageln. Somit hast du nun ein Hexenhäuschen gebaut, in dem du all

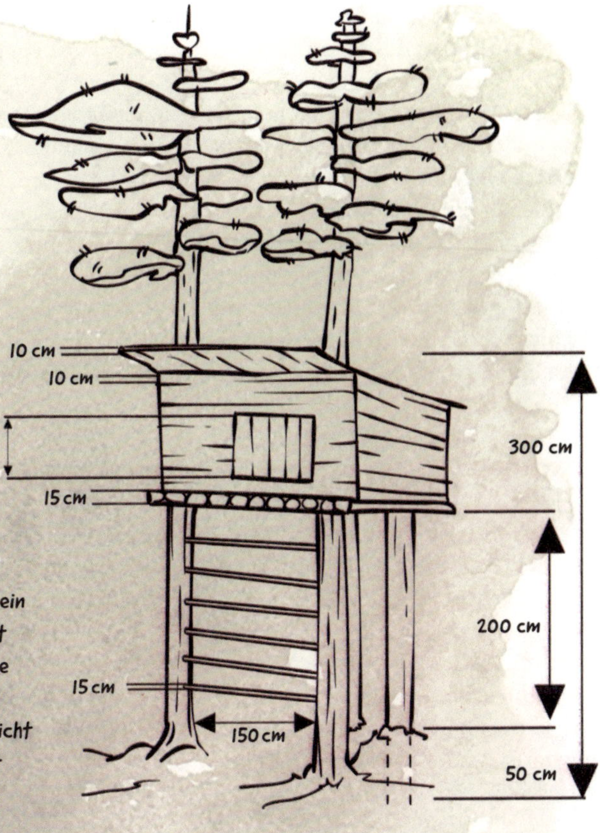


Ein Baumhaus ist ein noch sicherer Ort für dich und deine Vorräte. Er kann von Kleintieren nicht so leicht erreicht werden.

deine Lebensmittelvorräte einlagern kannst, um sie vor dem Wetter, aber auch vor Nagetieren und anderen unerwünschten „Jägern" zu schützen.

## Erdkeller

Drei bis vier Tage später richtest du einen Keller ein. Suche nach einem etwas höher gelegenen Platz mit trockener Erde und hebe ein zwei mal zwei Meter breites und 1,5 bis zwei Meter tiefes Loch aus. Die Wände kleiden wir mit Baumstämmen von etwa 20 Zentimetern Durchmesser aus – waagerecht und eng aufeinander an jeder der vier Seiten. Nachdem die Wände befestigt sind, legst du einen Fußboden ein und bringst ein paar Regale an.

Die Grube wird nun horizontal mit zwei Schichten von Holzstämmen abgedeckt, die du im Winkel von 90 Grad quer zueinander verlegst. Lass in einer Ecke eine Öffnung von etwa einem mal einem Meter als Zugang. Zum Verschließen dieses Einstiegs fertigst du einen dicht anliegenden Deckel und baust eine Leiter, die man in den Einstieg herunterlassen und wieder herausholen kann. Der Aushub aus dem Loch wird auf die Stämme der Holzdecke geschüttet und eingeebnet. Achte darauf, dass die Stärke der Erdschicht nicht nur 20 Zentimeter beträgt. Ein Bär könnte deine Vorräte wittern und sich ohne große Anstrengung durch die Decke graben.

## Zeltvordach

Über dem Erdkeller errichtest du ein drei mal drei Meter breites und 2,5 Meter hohes Vordach. Im Prinzip ist es ein zweiseitiges Zelt, nur dass es aus Treibholz gebaut ist. Zum Abdecken verwendest du am besten Lärchenrinde. Die Tür wird auch aus Treibholz gemacht. In diesem Gebäude bringst du Regale zur Trocknung essbarer Pflanzen und Wurzeln an. Die Bauweise deines Zelts gewährleistet, dass der Innenraum relativ kühl bleibt – wodurch gleichzeitig verhindert wird, dass sich der Erdkeller aufwärmt. Die Raumtemperatur des Kellers hält sich um den Gefrierpunkt. Frischer Fisch oder Fleisch verderben darin nicht.

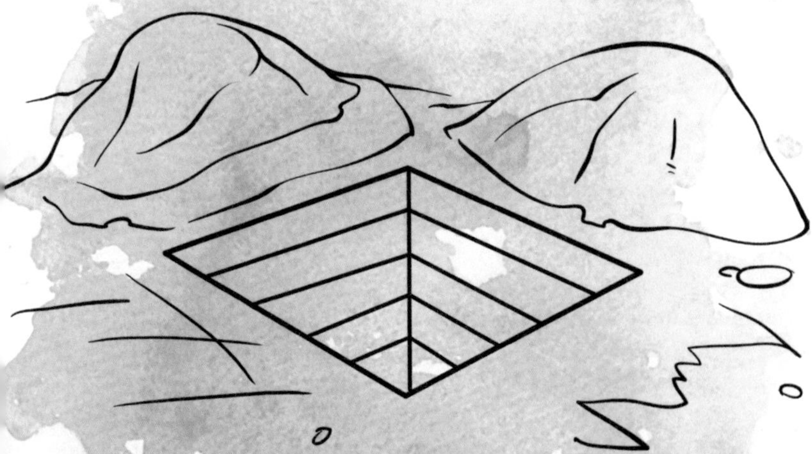

Ein Erdkeller ist ein hervorragender Kühlschrank-Ersatz. In ihm bleibt die Temperatur weitgehend konstant.

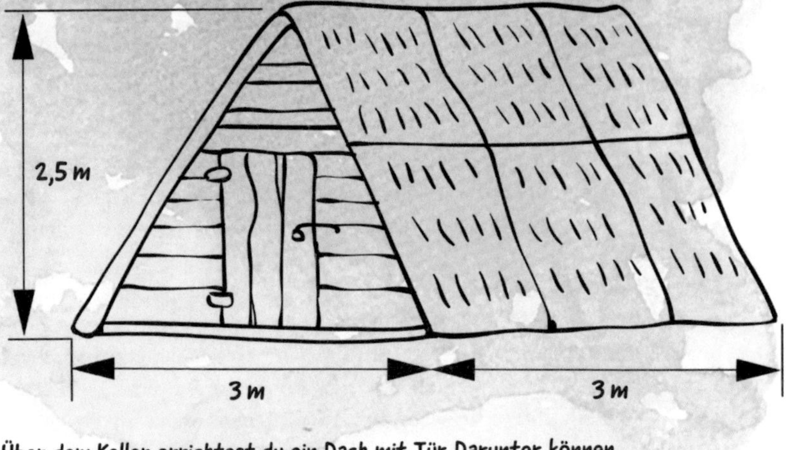


Über dem Keller errichtest du ein Dach mit Tür. Darunter können Lebensmittel gut getrocknet werden.

Im Zelt wird ein Trog fürs Fischbeizen untergebracht. Die Länge dieses Trogs beträgt 1,5 Meter. Die Breite im unteren Bereich liegt bei 40 Zentimetern, am oberen Rand bei 50 Zentimetern (der Trog wird also nach oben breiter). Die Höhe beträgt ebenfalls 50 Zentimeter. Den Trog baust du aus Brettern, das Innere verkleidest du mit Birkenrinde. Ein Brett von etwa 145 Zentimetern Länge, einer Breite von 45 Zentimetern, einer Stärke von fünf Zentimeter und einem Henkel aus Seil dient als ein Deckel und Beschwerer beim Beizen.

Ein einfaches Rezept zum Fischbeizen sieht vor, dass der Trog bis zur Hälfte mit einer Mischung aus drei Kilo Salz, einem Kilo Zucker und einem Esslöffel gemahlenem schwarzem Pfeffer gefüllt wird. Auf die eine Seite kommt der Morgenfang, und auf die andere Seite der Abendfang. Beide Fänge bleiben nicht länger als einen Tag im Trog liegen. Am nächsten Tag nimmst du den Fisch heraus, legst ihn in einen aufgeschnittenen Plastik- oder Alukanister (etwa 20 Liter Volumen). Hier muss der Fisch in kaltem Essigwasser (ein Teelöffel Essig auf drei Liter Wasser) für eine halbe Stunde ziehen. Anschließend hängst du ihn für einen Tag zum Trocknen ins Zelt. Der Essig wird die Fliegen abschrecken. Noch einen Tag später werden die Fische geräuchert, in Kartoffelsäcke eingepackt und endgültig zum Lagern im Zelt aufgehängt. Den Fisch kannst du nach Bedarf verzehren.

Mit Fleisch wird genauso umgegangen, aber es wird in einem zweiten Trog gebeizt. Fürs Beizen wird das Fleisch in Stücke geschnitten – 15 bis 20 Zentimeter lang, zwei Zentimeter stark und vier bis fünf Zentimeter breit. Das Fleisch wird solange geräuchert, bis das Stück beim Biegen knackt. Salz, Zucker und Pfeffer wie beim Fisch verwenden. Einlegen in Essig ist Pflicht.

Eine weitere Art der Fleischkonservierung ist das Einmachen in Gläser. Zunächst wird das Fleisch in Würfel mit einer Kantenlänge von rund vier Zentimetern geschnitten und gesalzen. Auf ein Drei-Liter-Glas kommen zwei Esslöffel Salz und ein Teelöffel Zucker. Einen Tag später wird das Fleisch im Glas mit Marinade aufgefüllt. Diese hast du in einem emaillierten Zwölf-Liter-Eimer aus der gleichen Menge abgekochtem Wasser und 250 Gramm 90-prozentiger Essigsäure gemischt. Nach Ablauf von vier bis fünf Stunden werden die Gläser mit einem Plastikdeckel geschlossen und im Erdkeller gelagert.

Nachdem Schuppen und Erdkeller eingerichtet sind, stellst du in einer Entfernung von mindestens 75 Metern vom Winterlager deine Toilette auf. Sie wird aus einem einfachen Grund so weit entfernt gebaut: Damit Fliegen nicht bis zur Unterkunft kommen und somit die Lebensmittel nicht verderben können. Am fünften oder sechsten Tag baust du die Räucherei.

## Räucherei

Eine Räucherei spielt eine wichtige Rolle. Sie ist lebensnotwendig in der Taiga, wenn du allein an einem Flussufer ohne Strom und den damit verbundenen Vorteilen wie Kühlschrank oder Fernsehen lebst. Durch das Räu-

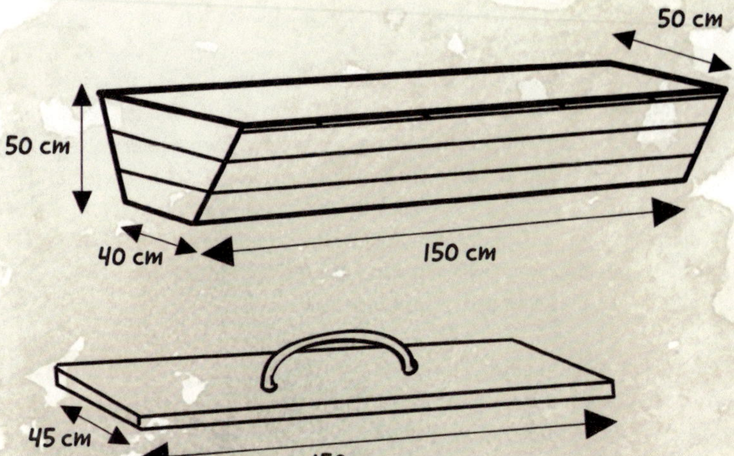


Zum Einsalzen und Beizen von Fisch brauchst du einen Trog mit einem passenden Deckel. Du kannst beides aus Brettern und Birkenrinde herstellen.

chern werden Lebensmittel haltbar gemacht, ohne die man in der Taiga nichts zu suchen hat. Die Räucherei wird auf einem hohen, feuertechnisch gesicherten Platz gebaut.

Als erstes richtest du eine Kochstelle ein. Du nimmst Steine – am besten Sandstein-Platten, Kieselsteine und flache Steine, die in der Hitze nicht platzen, und baust aus ihnen einen Herd mit einer Grundfläche von etwa 1,80 mal 1,20 Metern und einer Höhe von 30 Zentimetern. Du kannst die Steine nur zusammenlegen, aber auch mit Hilfe von Lehm fixieren. Oben werden mehrere große Steinplatten aufgelegt, zwischen denen ein Abstand von zwei bis drei Zentimetern bleiben sollte, damit der Rauch durchziehen kann – es entsteht ein Zug, auch ohne Schornstein.

Der Herd wird mit trockenem Brennholz befeuert. Er muss richtig heiß werden. In die Hitze legst du fünf bis sieben frische, grüne Weidenruten, die etwa eineinhalb Meter lang und fünf bis sechs Millimeter dick sein sollten. In der Hitze rauchen die Ruten mehr, als zu brennen. Wenn sie durch sind, kann die nächste Tranche frischer Ruten aufgelegt werden.

Um diesen Herd herum werden Gitterwände aufgestellt – in Form eines rechteckigen Gestells aus Ästen oder Gerten, die in den Boden gesteckt werden. Mit darüber gelegten Querhölzern und weiteren Zweigen erweiterst du das Gestell zu einem Flechtwerk. Die Zweige werden geflochten wie bei der Fischreuse – drüber und drunter. Darüber setzt du ein Spitzdach auf, das aus Ästen, aber auch aus denselben Gerten bestehen kann wie die Wände. Sie sind oben miteinander gekreuzt und stützen sich im Boden ab. Auf der Außenseite ist dieses Dach mit Lärchenrinde gedeckt.

Im Inneren spannst du einen Draht zum Aufhängen von Fisch und Fleisch von einer Giebelseite zur anderen. Ein Fisch ist schnell warm geräuchert. Dadurch, dass die Wände deiner Räucherei gut belüftet werden, kommt es nicht zur Überhitzung. Fisch und Fleisch trocknen dabei nicht aus.

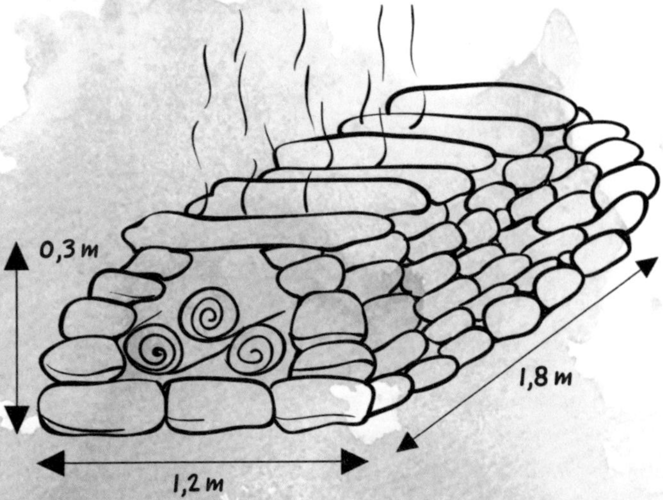


Fisch und Fleisch kann man auch durch Räuchern haltbar machen. Dafür eignet sich ein selbstgebauter Räucherofen aus Steinen.

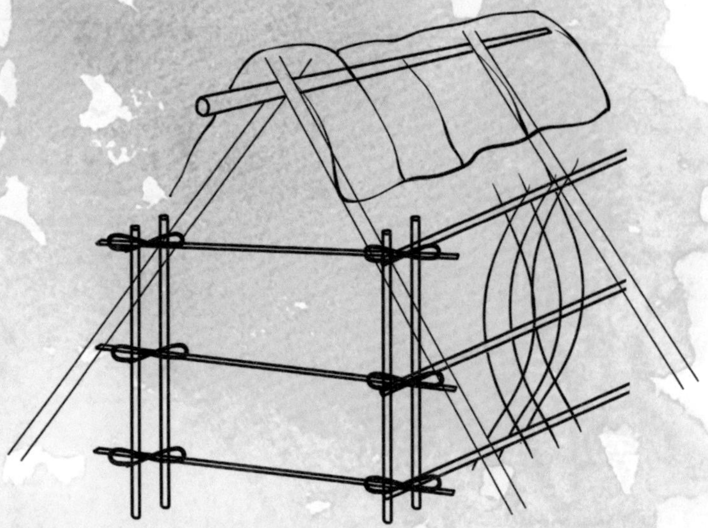

Darüber baust du ein Gestell aus Ästen oder Gerten, das mit Rinde gedeckt wird. Innen werden Fisch und Fleisch aufgehängt.

## Hausbau

Sobald diese Arbeiten im Winterlager erledigt sind, werden die nächst notwendigen Tätigkeiten vorgenommen. Sie sind die arbeitsaufwändigsten: Beschaffung und Transport von Bauholz für die Unterkunft. Stromab von deinem Lagerplatz suchst du möglichst nahe am Wasser eine größere Anzahl von Lärchen und Kiefern. Sie müssen groß und gerade gewachsen sein, mit einem Stammdurchmesser von 30 bis 40 Zentimetern. Sie werden geschlagen und mittels kurzer Stämme als Rollen ins Wasser bewegt. Im Wasser bindest du sie mit einem Seil zu Bündeln aus zwei bis drei Holzstämmen zusammen und befestigst sie an der dem Ufer zugewandten Seite deines Boots. So können die Holzstämme einfacher in den toten Flussarm oder die Bucht gelenkt werden. Wenn du etwa 40 bis 45 Stämme zusammen hast, kannst du mit dem Hausbau beginnen.

Richte das Haus nach den Himmelsrichtungen aus. Der Eingang sollte sich im Norden befinden. Als Basis nimmst du gleich große flache Steinplatten,

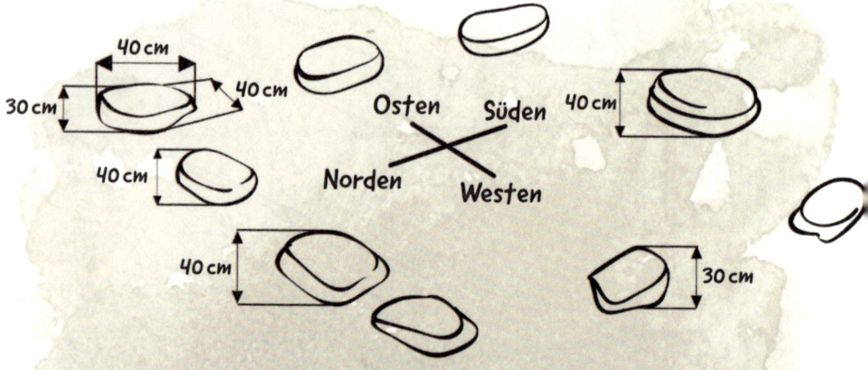


Die Basis für unsere Blockhütte bilden insgesamt neun flache Steine, die wie oben ausgelegt werden. Die Steine auf der Nord- und Südseite müssen etwas höher sein.

die zwischen 30 und 40 Zentimeter dick sein sollten. Die Steine der nördlichen und südlichen Hausseite müssen etwa 40 Zentimeter dick sein, die der westlichen und östlichen Seite etwa 30 Zentimeter. Insgesamt benötigst du neun Steine – vier im Norden und jeweils drei auf den anderen Seiten (siehe Skizze unten).

Auf die Steine kommt ein gleichmäßiger Belag aus Holzstämmen. Für die unterste Lage nimmst du altes, trockenes und festes Treibholz. Das hat einen guten Grund: Es ist bereits trocken und abgelagert und wird nicht mehr reißen oder gammeln. Auf der westlichen und östlichen Seite werden die Stämme auf die tiefer gesetzten Steine gelegt, auf der nördlichen und südlichen Seite auf die höher positionierten Steine – diese Bauweise ist üblich, da wir eine Blockhütte bauen.

Die erste, untere Reihe wird an der westlichen sowie der östlichen Seite gebaut, die Querstämme sind dann an der nördlichen und südlichen Seite und liegen entsprechend etwas höher. Sie brauchen deshalb auch die etwas

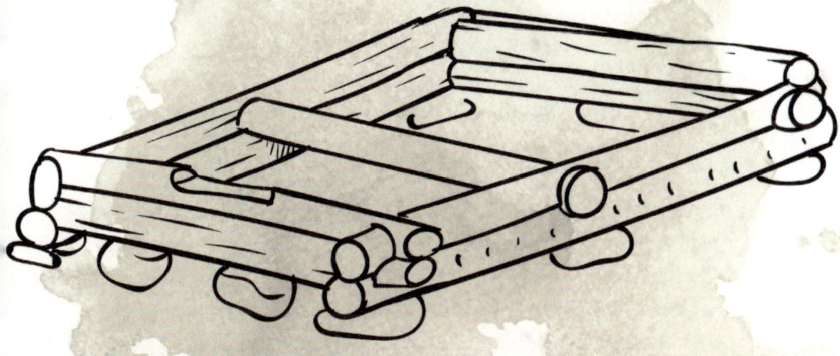

Auf dem Stein-Fundament werden Stämme zu einer Blockhütte aufgestapelt. An den Auflagestellen werden per Axt Kerben eingeschlagen.

größeren Steine. In die Stämme werden Auskerbungen gemacht, damit sie dicht aufeinander liegen bleiben.

Die Außenseite des Gevierts verkleidest du auf der ganzen Umfangslänge von innen und außen mit Steinen und Moos und schüttest Erde darauf. Auf diese Weise verhinderst du, dass sich gleich nach dem Bau unerwünschte „Untermieter“ unter deinem Haus einnisten. Außerdem kann der Wind dann nicht unter dem Bauwerk hindurch pfeifen und den Fußboden auskühlen.

Anschließend suchst du aus dem Treibholz Bretter heraus und machst daraus Bodendielen. Wenn keine Bretter vorhanden sind, gehst du wie folgt vor: Du nimmst ein paar dickere Holzstämme und sägst sie mit der Motorsäge längs durch. Wenn du keine Motorsäge hast, kannst du mit der Handsäge oder einer Axt arbeiten, was entsprechend mühsamer ist. Mit etwas Übung kannst du gute Fußbodendielen herstellen und sie in der Hütte verlegen.

Die Rinde der Stämme musst du sorgfältig vom Stamm abziehen, da du sie noch für das Dach brauchst. Die Rinde wird im flachen Wasser mit Steinen beschwert gelagert, damit sie nicht austrocknet – und nicht wegschwimmt. Die feuchte Rinde wird so bis zum Dachdecken weich bleiben und nicht mehr platzen, wenn du sie auflegst und ausbreitest. Die Rinde wird auf dem Dach mit der Basthaut nach innen gelegt. Eine derartige Dachabdeckung kann bis zu 30 bis 40 Jahre liegen bleiben, ist brandsicher und regenbeständig. Nach einem herbstlichen wochenlangen Dauerregen wird die Rinde kein Wasser mehr durchlassen.

Die Holzstämme werden bei unserer Blockhütte entsprechend ihrer Wachstumsrichtung verlegt – mit der südlichen Stammseite nach innen und der nördlichen Seite nach außen. Es ist leicht, die beiden Seiten zu unterscheiden: Auf der Südseite liegen die Jahresringe weiter auseinander, auf der Nordseite stehen sie enger beieinander. Langjährige Erfahrungen haben gezeigt, dass die Südringe beim Heizen im Winter nicht reißen, wogegen die Nordringe bis zur Hälfte des Stamms reißen können.

Die Basis der Blockhütte wird außen mit Steinen, Moos und Erde abgedichtet, damit keine unerwünschten Tiere darunter kriechen.

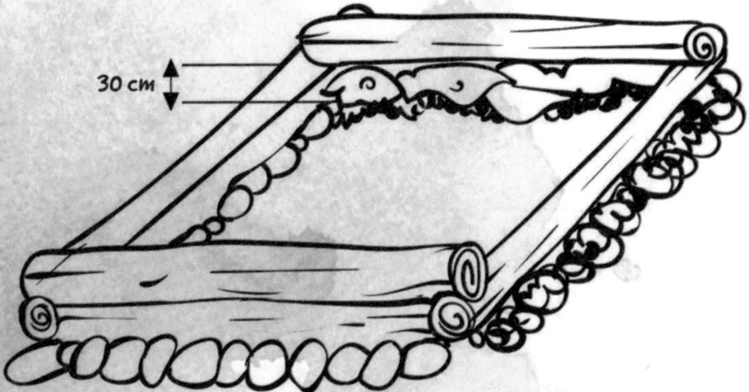


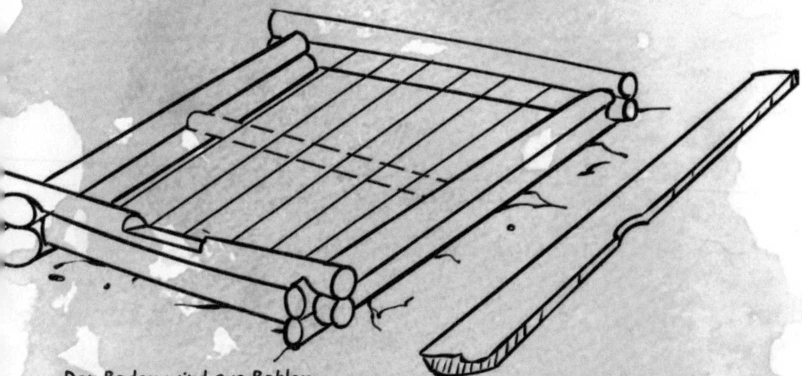

Der Boden wird aus Bohlen gefertigt, für die man Stämme der Länge nach durchsägen kann.

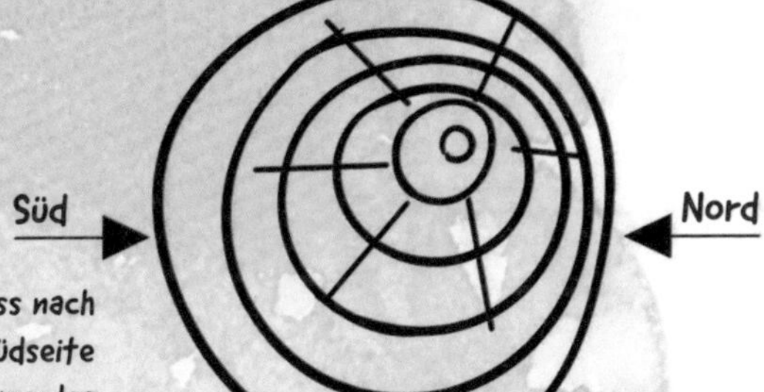


Die Nordseite der Stämme muss nach außen gerichtet sein, die Südseite nach innen. Sonst kann die Wärme des Ofens den Stamm spalten.

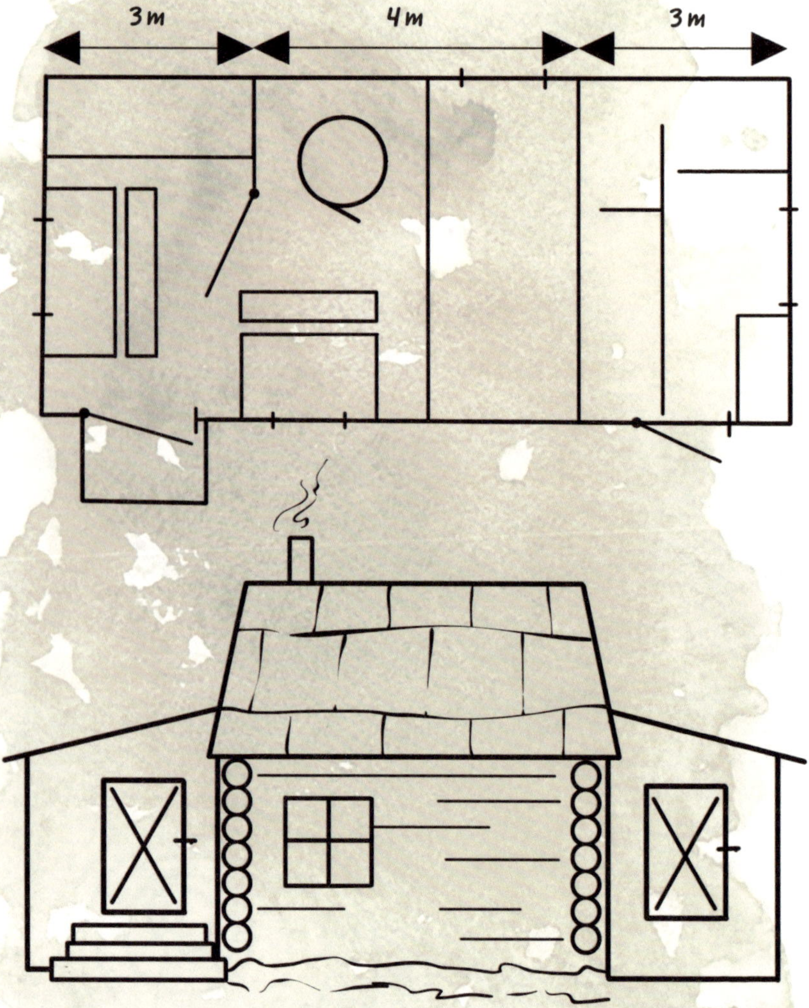


So sieht der Grundriss einer typischen Taiga-Blockhütte aus.
Er hat sich über Generationen bewährt.

Wie gut das Quartier gebaut ist, hängt von der Erfahrung des Erbauers und seinem handwerklichen Geschick ab. Ein dachfertiges Blockhaus lässt sich bei ausreichender Erfahrung in zehn bis zwölf Tagen aufstellen. Das Dach kann dabei entsprechend der vorhandenen Möglichkeiten als Flach- oder Satteldach gestaltet sein. Die Decke sollte aber, wie auch der Fußboden, mit halben Stämmen verkleidet und mit Moos abgedichtet werden. Auf das Moos kommt die Birkenrinde. Damit sie sich nicht zusammenrollt, wird sie noch mit kleinen Latten festgenagelt.

Zum Schluss wird auf das Dach noch sauberer Sand vom Flussufer aufgeschüttet – nicht weniger als 15 bis 20 Zentimeter. Dieses Gewicht hindert die Stämme daran, sich auf den Holzverbindungsdübeln zu drehen. Das Moos wird in die Zwischenräume gedrückt und sitzt damit fest. Es trocknet mit den Stämmen gleichzeitig, ohne herauszufallen. Im Herbst muss man es an manchen Stellen dann nur noch etwas nachverdichten.

Ist deine neue Behausung außen soweit fertig, kannst du dich an die Inneneinrichtung machen. Als erstes baust du eine Schlafpritsche sowie Regale, Bänke und einen Kanonenofen ein. Die Tür im Blockhaus planst du an der Nordseite, da an dieser Seite auch ein Vorraum eingerichtet wird. An der südlichen, geschlossenen Seite errichtest du außen eine Abstellkammer.

Das eine Fenster befindet sich an der östlichen Hausseite, und zwar nahe zur südlichen Giebelwand hin. Das andere Fenster an der westlichen Seite wird näher zur Nordseite ausgesägt, und zwar aus einem einfachen Grund: Auf diese Weise ist es den ganzen Tag in der Hütte hell – im Sommer nicht zu warm und im Winter, wenn die Sonne tiefer steht, nicht kalt. Die Wände, die an der Südseite von der Abstellkammer und an der Nordseite vom Vorraum geschützt sind, werden sich bei Hitze und Regen nicht verziehen und im Herbst und im Frühling windgeschützt sein. Im Winter wird sich die Wärme gut im Raum halten, so dass nur wenig Brennholz verbraucht wird – selbst bei minus 40°C!

Die Lärchenstämme werden wie folgt entrindet: Du schneidest einen vier Meter langen Stamm länglich bis zum Holz ein. Anschließend machst du

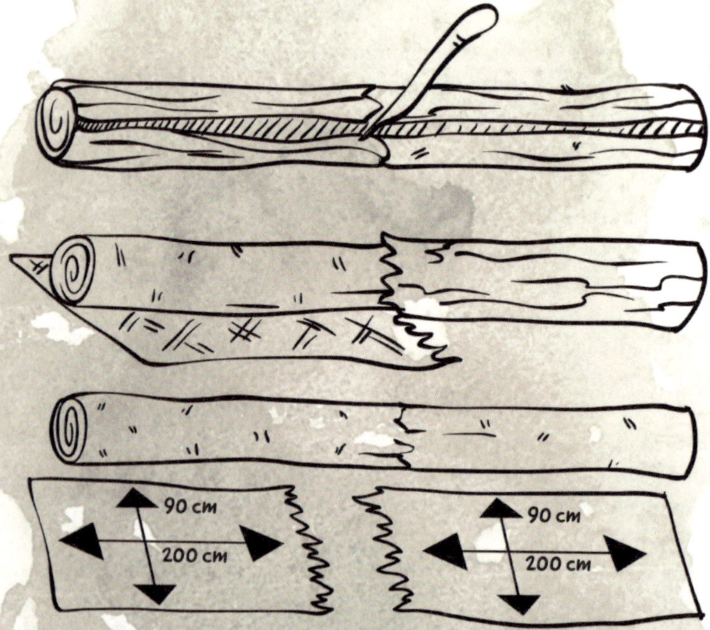


Das Dach wird am besten mit Lärchenrinde gedeckt, die von Stämmen vorsichtig abgeschält und anschließend gewässert wird.

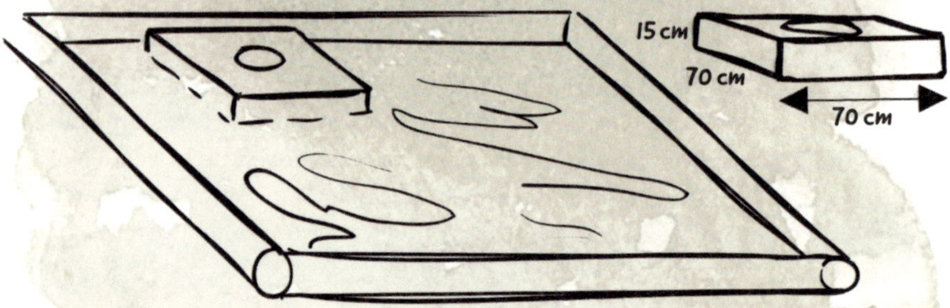


Ein mit Sand gefüllter Blechkasten mit integrierter Öffnung für den Kamin schützt das Holzdach vor der Hitze des Ofens.

mit einer Axt Einkerbungen in Zickzackform, so dass sich die Rinde mit Hilfe eines Holzkeils abziehen lässt. Du erhältst so Rindenstreifen in den Abmessungen 1 x 2 Meter. Wenn du sie sorgfältig und mit Geduld abziehst, hast du die perfekte Außenhaut für das Dach. Die abgezogene Rinde legst du ebenfalls ins flache Wasser und beschwerst sie mit Steinen, damit sie nicht wegschwimmt und weich wird, bevor sie aufs Dach kommt. Sobald das Dach und der Boden fertiggestellt sind, nimmst du ein Blech und machst dich daran, die Form für den Schornstein herzustellen.

Aus dem Blech baust du eine Kiste von 70 mal 70 Zentimetern Kantenlänge bei 15 Zentimetern Höhe und einer Öffnung in der Mitte mit einem Durchmesser von etwa 20 Zentimetern. Rund um diese Öffnung nietest du einen Ring mit der gleichen Höhe und dem gleichem Durchmesser. Die Blechkiste bringst du mit der glatten Seite nach unten fest an der Decke an und füllst sie mit Sand als Brandschutz. Auf dem Dach gegenüber der Öffnung in der Decke wird senkrecht das Dachblech mit der Öffnung für den Schornstein festgenagelt, damit der Rauchabzug hineinpasst. Der Schornstein führt wie bei den meisten Häusern durch den Dachboden und das Dach ins Freie.

Den Ofen stellst du aus einem 200-Liter-Benzinfass her. Es wird in zwei Hälften geteilt, an einer Seite schneidest du eine Tür aus. An der Oberseite schneidest du eine kreuzförmige Öffnung ein und ziehst die Seiten nach oben, so dass eine rechteckige Öffnung in der Größe 15 mal 15 Zentimeter entsteht. In diese Öffnung kommt ein Rohr mit einem Durchmesser von 20 Zentimeter und einer Länge von 2,5 Metern hinein. Auf die Bodendielen wird an der Stelle, wo der Ofen steht, eine Blechplatte gelegt und darauf eine Holzkiste mit den Kantenlängen 1,0 mal 1,2 Meter und einer Höhe von 30 Zentimetern platziert. Die Kiste wird mit Kies und Sand gefüllt. Darauf steht der Ofen. Der Kies und der Sand werden die Hitze von den Bodendielen fernhalten, wenn der Ofen heiß wird.

Die Wände hinter dem Ofen verkleidest du mit großen Flusskieseln, damit die Hitze die Wände nicht zum Brennen bringt. Die aufgewärmten Steine speichern die Wärme für lange Zeit .

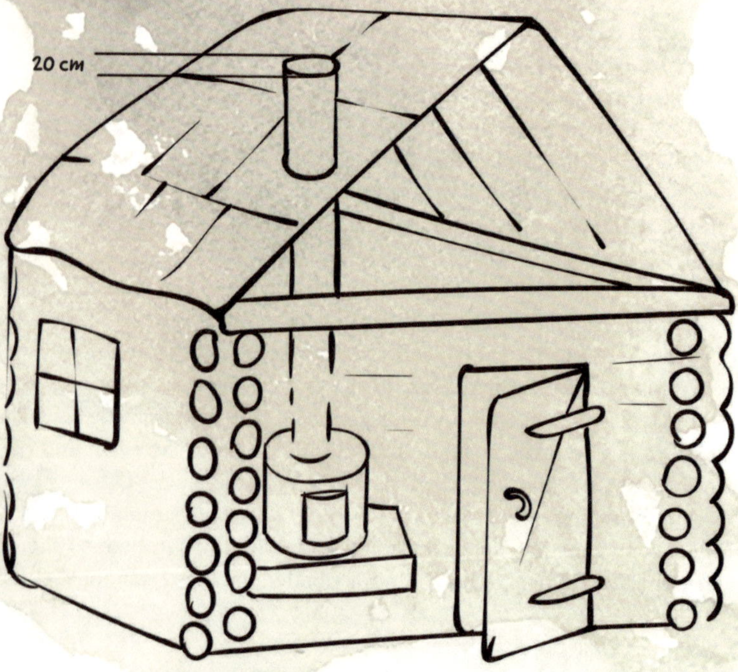


Der Kamin – ein passendes Blechrohr – führt vom Ofen durch das Dach. Er sollte einen Überstand von mindestens 20 Zentimetern haben.

Ein Kanonenofen findet in der Taiga gegenüber einem Steinofen immer den Vorzug, da er schneller warm wird. Nach einer Stunde kann man schon Tee kochen, Pfannkuchen in einer Pfanne backen oder nasse Wäsche trocknen. In der warmen und trockenen Hütte erholst du dich schnell von den Unbilden der Natur draußen.

Vor der russischen Revolution Anfang des 20. Jahrhunderts hat man öfter in großen Räumen die Heizung kombiniert – an einem gemauerten Kamin wurde seitlich noch ein eiserner Kanonenofen angebaut, um Brennholz zu sparen. Bei minus 40 bis 55°C hat ein Steinofen einen langen Zeitvorlauf,

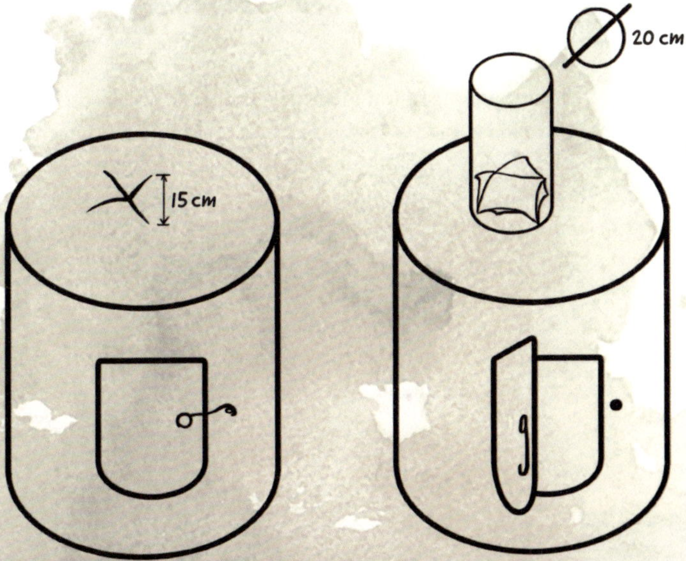


Den Ofen kann man aus einem alten Benzin- oder Ölfass bauen. Er produziert sehr schnell Wärme.

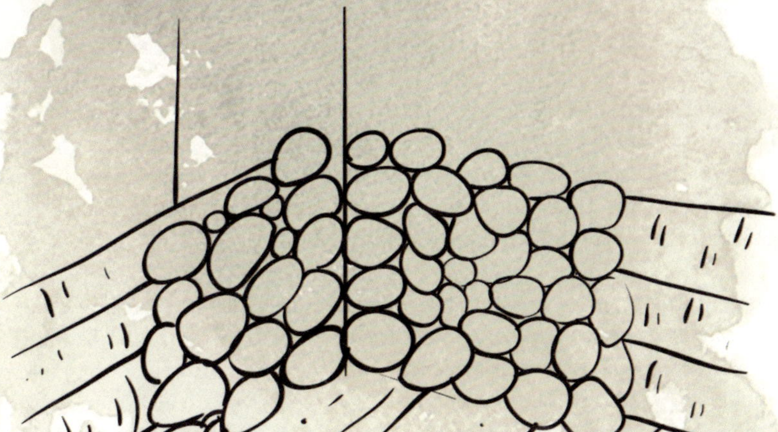

Rund um den Ofen werden Steine aufgeschichtet. Sie speichern die Wärme und dienen auch als Brandschutz.

um heiß zu werden und benötigt eine Menge Brennholz – besonders morgens. Aus diesem Grund wurde tagsüber der Kanonenofen angemacht, da er den Raum schnell aufheizte. Den Steinofen ließ man so lange ruhen, ohne dass er wirklich abkühlte. Er wurde dann für die Nacht wieder angezündet, und der Kanonenofen ruhte. Auf diese Weise konnte man rund die Hälfte des Brennmaterials einsparen.

Diese Methode ist etwas in Vergessenheit geraten, seit die Kesselheizung ihren Einzug hielt. Es wurde mehr Holz verbrannt, damit die Hitze im Kessel konstant gehalten wird, und um das Wasser in der Heizung nicht einfrieren zu lassen.

## Fische fangen

Parallel zu den Bauarbeiten läuft die Lebensmittelversorgung nach einfachster und uralter Art und Weise weiter – mit Netzen. Ein Winterquartier wird extra am Nebenarm eines Flusses aufgeschlagen, damit man so wenig Zeit wie möglich für das Beschaffen der Verpflegung verschwendet, dabei aber langfristig erfolgreich bleibt. Viele meinen, dass das Angeln mit einer Rute oder einer Wurfangel die beste Lösung sei. Das entspricht jedoch nicht der Realität, denn der richtige Umgang mit einer Rute oder gar einer Wurfangel (Spinnrute) erfordert viel Erfahrung, Können und einen großen Zeitaufwand. Damit ist es eher eine Beschäftigung für Hobbyangler. In der Taiga setzen wir aber eine andere Art ein, um uns mit wenig Kraft- und Zeitaufwand sicher mit frischem Fisch zu versorgen.

Wenn nötig, besorgst du dir bei der örtlichen Fischereiaufsicht eine Fanglizenz. Dazu packst du meterweise Netze ein: Etwa 75 bis 80 laufende Meter mit unterschiedlich großen Maschen – für Barsche zum Beispiel 25 Meter Länge bei 2,5 Meter Höhe und einer Maschengröße von 40 Millimetern, für große Hechte 25 Meter Länge bei 3,2 Meter Höhe und einer Maschengröße von 60 Millimetern. Am besten geeignet sind erfahrungsgemäß finnische Netze, da sie qualitativ hochwertig und haltbar sind.

Die Netze, die du an deinem Fluss- oder Seeabschnitt aufgestellt hast, musst du im Laufe einer Woche mehrmals umstellen, damit keine Überfischung an einer Stelle erfolgt und der Hauptschwarm für die langfristige Verpflegung erhalten bleibt. Die Netze werden für die Nacht aufgestellt. Morgens werden sie kontrolliert und danach getrocknet, der Fang wird zum Verzehr und Beizen vorbereitet. In der darauffolgenden Nacht werden die Netze an einer anderen Stelle aufgestellt, da die Fische sich am Vortag zum sicheren Fressen zu dieser Stelle bewegt haben.

Ein Fang mit den erwähnten Netzen kann durchaus drei bis zwölf Kilogramm betragen. Das reicht nicht nur für eine Suppe und fürs Braten, sondern auch zum Beizen. Ein Netz mit größeren Maschen lässt die kleinen Fische durch, hält aber einen Hecht. Die mittelgroßen Maschen halten gut Barsche, und mit einem kleinmaschigen Netz wirst du gut Rotaugen fangen, die im russischen Sommer besonders zahlreich sind und sich gut für das Beizen und Räuchern eignen. Mit den großen Fischen hast du gewöhnlich nicht viel Arbeit, aber sofort mehr Gewicht.

Barsche kannst du am besten durch den Fleischwolf zu Gehacktem drehen und daraus Frikadellen und Pirogen kochen. Aus Hechten werden Kuchen gemacht – oder was auch immer dir mit deiner Gourmet-Phantasie und Erfahrung einfällt.

Man könnte sich fragen, warum ein großmaschiges Netz 3,2 Meter Höhe haben muss und nicht nur 1,5 Meter wie ein feinmaschiges Netz. Dafür gibt es einen bestimmten Grund: Ein feinmaschiges Netz hat doppelt so viele Knoten wie ein großmaschiges, ist aber auch doppelt so fest wie ein großmaschiges Netz. Aus diesem Grund wird die Höhe um die Hälfte niedriger als bei einem großmaschigen Netz ausgewählt. Wenn in diesem Netz zwei bis drei größere Hechte (Gewicht je Fisch bis zu zwölf Kilogramm) gefangen werden, wird es ein leichtes für sie sein, das schwächere Netz zu zerstören. Dann bist du nicht nur deinen Fang, sondern auch dein Netz los. In Netze mit mittelgroßen Maschen gehen auch größere Hechte herein, deshalb hat es eine Höhe von 2,5 Metern.

Die Netze werden am Boden ausgelegt, weil Fische sich nachts eher am Boden aufhalten und erst bei Sonnenaufgang und Untergang in die oberen Wasserschichten bewegen. In einem Fluss werden die Netze immer mit der Strömung und nie quer dazu aufgestellt. Bei quer aufgestellten Netzen wirst du den natürlichen Weg der Fische unterbrechen. Die paar Fische, die in dieses Netz geraten, werden den Schwarm warnen, und er wird sich erfolgreich zu anderen Futterstellen begeben, dir einen Strich durch die Rechnung machen und dich hungrig sitzen lassen. Wenn ein Netz in einem leichten Winkel zum Ufer mit der Strömung aufgestellt ist, wird der Fisch, der stromabwärts kommt, viel leichter ins Netz geraten.

An Durchflüssen, die nicht breiter als zwölf Meter sind und eine ruhige Strömung haben, werden die Netze in der Mitte parallel zu den Ufern aufgestellt. Damit erreichst du, dass die ein- und ausgehenden Fische eher selten ein so aufgestelltes Netz verpassen.

In einem See wird das Netz dagegen in einem Winkel zum Ufer aufgestellt, da ein Schwarm aus Barschen am Ufer entlang in eine Ecke des Netzes schwimmt und dort auch bleibt.

Nach der Rückkehr in dein Winterquartier werden gefangene Karpfen und Karauschen (die es in Russland häufig gibt) in Kartoffelnetze gefüllt und die Netze fest verschlossen. Diese Behältnisse beschwerst du mit Steinen und wirfst sie an einer mäßig tiefen Stelle deiner Bucht oder deines Nebenarms ins Wasser. Vergiss nicht, sie mit einem Seil am Ufer zu vertäuen, damit sie nicht abtreiben. Die Fische bleiben dort für zwei bis drei Tage, damit sie den bei Karpfen typischen modrigen Geschmack verlieren.

Schuppen und Fischköpfe legst du nach dem Ausnehmen in einen wassergefüllten Metalltopf, den du am Lagerfeuer – nach und nach das verdampfende Wasser nachfüllend – erhitzt, bis dieser Sud zu einer gleichmäßigen gallertartigen Masse wird. Diese Masse legst du auf einem Backblech aus, wo sie anschließend nach dem Abkühlen fest wird. Anschließend trocknest du die Platte in der Räucherei weiter, bis sie so fest wie ein Knochen wird.

Bei der so gewonnenen Substanz handelt es sich um Glutinleim, der aus tierischen Abfällen durch Auskochen gewonnen wird – auch als Fisch-Kleber bekannt. Man kann ihn einnehmen, was bei Knochenbrüchen bei der Heilung hilft. Ein Esslöffel täglich reicht, denn mit seiner Hilfe wachsen die Knochen bei jungen und älteren Menschen gleich gut zusammen. Fisch-Kleber ist ein aktiver Baustein für den Aufbau des Knochengewebes: Bei Calcium- und Kaliummangel in den Knochen stellt er das Säure-Basen-Gleichgewicht wieder her. Die Substanz hilft auch bei Bandscheibenvorfällen.

Ein Gesetz der Taiga besagt, dass du morgens, bevor du dein Lager verlässt, deinen Feueranzünder vorbereiten solltest, damit du abends nach deiner Rückkehr aus dem Feld oder Wald nicht im Dunklen den Anzünder und Birkenrinde mit trockenem Brennholz suchen musst, sondern alles von den gewohnten Plätzen nimmst und in Ruhe deinen Ofen anzünden kannst. Beschaffe alles Notwendige, bevor der Winter kommt – und genieße das Alleinsein.

## Das Wichtigste aus Kapitel 18:

- für lange Aufenthalte im Wald kann man mit eigenen Kräften ein dauerhaftes Lager bauen
- das Wichtigste ist eine Überdachung für die Vorräte
- dann folgen ein fester Schuppen, ein Erdkeller und am Ende eine Blockhütte
- Lärchenholz ist optimal, man kann aber auch andere Holzarten verwenden
- Fische und Fleisch können durch Beizen und Räuchern haltbar gemacht werden
- zum Fischefangen eignen sich Netze besser als eine Angel

# Nachwort

In diesem Buch geht es um das zeitlich begrenzte Überleben in einer Extremsituation. Du kannst alles Wichtige dafür erlernen – Eichhörnchen und Fische fangen, Pilze einlegen, eine Schutzhütte bauen und vieles mehr. Wenn es dann notwendig wird, kannst du dieses Repertoire abrufen.

Diese Kenntnisse und vor allem die Erfahrungen, die du gewinnst, während du diese Kenntnisse erwirbst, werden dich aber auch verändern. Auch wenn du die Fähigkeiten nie einsetzen musst, um eine Überlebenssituation zu meistern, werden sie in dir eine neue Beziehung zur Natur aufbauen und dir mehr Sicherheit geben – in jeder Lebenssituation.

Das gilt für die russische Taiga genauso wie für den Bayrischen Wald. Es kommt nicht darauf an, wo du dich in die Natur begibst, um dich selbst zu erfahren. Wichtig ist nur, dass du es tust.

*„Die Überwindung der Todesfurcht vor dem Tod ist zugleich die Überwindung jedes anderen Schreckens; sie alle haben nur Bedeutung hinsichtlich dieser Grundfrage. Der Waldgang ist daher in erster Linie ein Todesgang. Er führt hart an den Tod heran – ja, wenn es sein muss, durch ihn hindurch. Der Wald als Lebenshort erschließt sich in seiner überwirklichen Fülle, wenn die Überschreitung der Linie gelungen ist. Hier ruht der Überfluss der Welt.“*

*(Ernst Jünger: „Der Waldgang“)*

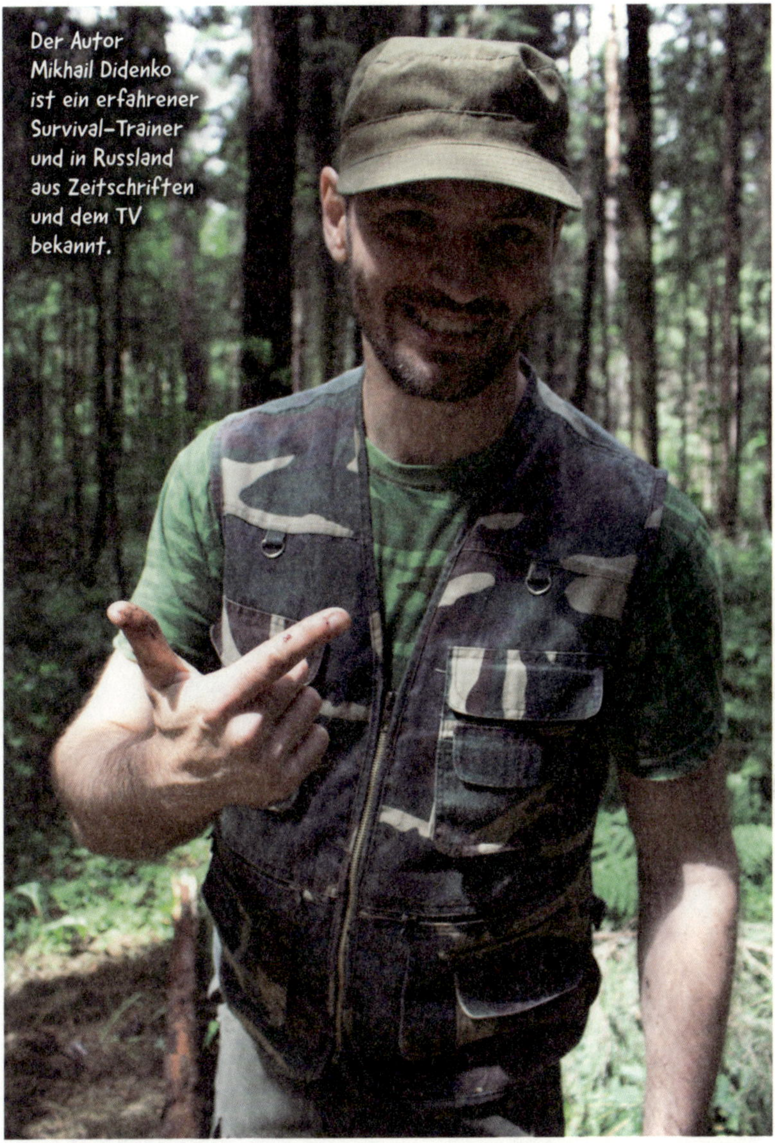

Der Autor Mikhail Didenko ist ein erfahrener Survival-Trainer und in Russland aus Zeitschriften und dem TV bekannt.